A BIENTÔT 2

Französisch für Erwachsene

Neu

Von
Detmar Hönle, Françoise Hönle-Grosjean,
Mechthild Mengler, Bernward Mindé,
Rainer Rauch, Achim Rothacker,
Susanne Wittmann und Sabine Wruck

in Zusammenarbeit mit
Heinz Haberzettl
und Jean-Pol Martin

unter Mitwirkung und Leitung
der Verlagsredaktion
Weiterbildung Fremdsprachen

Ernst Klett Verlag

A bientôt 2 – Französisch für Erwachsene – Neu

Von
Detmar Hönle, Oberstudienrat, Gießen;
Françoise Hönle-Grosjean, Agrégée de l'Université, Kursleiterin an der VHS Gießen;
Mechthild Mengler, Kursleiterin an der VHS Gießen;
Bernward Mindé, Fachbereichsleiter an der VHS Düsseldorf;
Dr. Rainer Rauch, Studienrat im Hochschuldienst, Duisburg;
Achim Rothacker, M.A., Fremdsprachenlehrer, Aix-en-Provence;
Susanne Wittmann, Studienassessorin, Flensburg;
Sabine Wruck, Professeur certifié, Französischlehrerin an der Rudolf-Steiner-Schule Neu-Isenburg/Dietzenbach;

in Zusammenarbeit mit
Heinz Haberzettl, Studiendirektor im Hochschuldienst, Erlangen;
Dr. Jean-Pol Martin, Oberstudienrat im Hochschuldienst, Eichstätt;

unter Mitwirkung und Leitung
der Verlagsredaktion Weiterbildung Fremdsprachen; Leiter: Dr. Manfred Semder;
Mitarbeit an diesem Werk: Françoise Carzunel, M.A. und Dr. Elisabeth Görg, Verlagsredakteurinnen.

An den Arbeiten nahmen ferner teil
Christel Klose, Fachbereichsleiterin an der VHS Frankfurt/M.;
Dominique Morin-Schilling, Fachbereichsleiterin am Bildungszentrum der Stadt Nürnberg.

Grafische Gestaltung:
Umschlag und Layout: Held und Rieger, Fellbach;
Zeichnungen: Peter Schimmel, München;
Karten: Joachim Krüger, Stuttgart.

Tonmaterialien zu A bientôt 2 – Neu

- 1 Cassette mit ausgewählten Lehrbuchtexten, Klettnummer 52936
- 2 Übungscassetten: Zusätzliche Übungen, Klettnummer 52939

Lieferung durch jede Buchhandlung oder, wo dies auf Schwierigkeiten stößt, zuzüglich Portokosten per Nachnahme vom Verlag.

---

1. Auflage   1 5 4 3 2 1 | 1993 92 91 90 89

Alle Drucke dieser Auflage können im Unterricht nebeneinander benutzt werden, sie sind untereinander unverändert. Die letzte Zahl bezeichnet das Jahr dieses Druckes.
© Ernst Klett Verlag GmbH u. Co. KG, Stuttgart 1989. Alle Rechte vorbehalten.
Druck: KLETT DRUCK Stuttgart/Korb. Printed in Germany.
ISBN 3-12-529310-3

Themen/Situationen	Kommunikative Lernziele	Strukturelle Lernziele
1 Ça va la santé?		**Seite 10**
– Krankheit und Alter – beim Arzt/Zahnarzt – persönliche Gespräche	– körperliche Beschwerden äußern – Befürchtungen/Empfehlungen aussprechen – Arzttermin ausmachen – seinen Namen buchstabieren – über Vergangenes sprechen	– *qu'est-ce qui/qu'est-ce que* – Besonderheiten der Pluralbildung I – *imparfait* – Verneinung mit *ne ... (plus) rien* und *ne ... (plus) personne* – *s'asseoir, devoir, écrire, ouvrir/souffrir, plaire, vivre*
2 On ne peut pas toujours faire ce qu'on veut.		**Seite 20**
– Beruf – in der Fabrik – persönliches Gespräch – auf Arbeitssuche	– seine Arbeit beschreiben – Wünsche äußern – nach Arbeit fragen – landeskundliche Informationen entnehmen	– *être en train de* – *quoi* – indefinite Pronomen I – *conditionnel* – die Relativpronomen *ce qui* und *ce que*
3 Si on allait au cinéma?		**Seite 30**
– Freizeit – Freizeitgestaltung – Befragung zum Thema Freizeit – Diskussion über Fernsehprogramm – Freizeitplanung	– sich über seine Freizeitbeschäftigungen äußern – Wünsche äußern – Vergleiche ziehen – einen Vorschlag machen/ablehnen	– *si*-Sätze – Die Einschränkung mit *ne ... que* – *lire*

Themen/Situationen	Kommunikative Lernziele	Strukturelle Lernziele

4   Je ne veux pas bronzer idiot.   Seite 42

– Französische Regionen – Ferienvorhaben – am Strand – nach dem Urlaub – auf Fahrradtour – bei der Urlaubsplanung	– Umgebung beschreiben/ bewerten – Vorsätze/Absichten ausdrücken – sich übers Wetter äußern – landeskundliche Informationen entnehmen – persönliche Postkarte/ formellen Brief verfassen	– Stellung des attributiven Adjektivs – Superlativ – *vieux* – *futur simple* – Passiv II: *se faire faire* – *falloir, pleuvoir, recevoir*

5   On n'est pas tous logés à la même enseigne.   Seite 56

– Wohnen – Wohnformen – Planung von Einteilung und Einrichtung – auf Wohnungssuche	– seine Wohnform beschreiben – Notwendigkeit/Wichtigkeit ausdrücken – bewerten – Vorschläge machen	– *subjonctif présent* I – *passé composé – imparfait* – *nouveau – neuf* – *vieux – ancien – âgé* – *valoir*

6   «La danse vient de la panse.» (F. Villon)   Seite 68

– Essen und Ernährung – Regionale Spezialitäten – Festessen, gutes Essen – Französische Weine – Schnellimbiß – Eßgewohnheiten	– sich über regionale Spezialitäten äußern – Ratschläge geben – sagen, was man soeben getan hat und gleich tun wird – seine Meinung zum Essen äußern – Empfehlungen aussprechen	– Adjektive von Regionen und Städten – *passé immédiat* – Passiv III – Graduelle Steigerung – *mourir, rire*

7   La vie en rose?   Seite 82

– Familie – Ehe – Kinder – Meinungsäußerungen zur Familie – Familie aus soziologischer Sicht – Heirats- und Geburtenfreudigkeit	– seine Meinung über „Familie" äußern – Vorlieben/Abneigungen äußern – Vergleiche ziehen – Gefühlszustände beschreiben	– das Relativpronomen *où* – *subjonctif* – Auslöser II – indefinite Pronomen II – *plus de/que* – *participe présent* – Besonderheiten der Pluralbildung II – *accueillir, haïr*

Themen/Situationen	Kommunikative Lernziele	Strukturelle Lernziele
8 Tud an Argoad ha tud an Armor – Gens des terres et gens des côtes Seite 92		
– Bretagne – bretonische Sehenswürdigkeiten – Situation einer bretonischen Hafenstadt – bretonische Bräuche und Kultur	– Legenden versprachlichen – Natur beschreiben – Statistik versprachlichen – die eigene Gegend beschreiben	– das abgeleitete Adverb – örtliche Beziehungen IV – *savoir – pouvoir* – *commencer par – finir par* – *conquérir, courir*
9 «Aux arbres, citoyens!» («La Baleine») Seite 104		
– Intakte Natur – Naturkreislauf – Umweltprobleme – Waldsterben	– Entwicklungen zueinander in Beziehung bringen – gezielt Informationen entnehmen und verknüpfen – Sachverhalte darstellen	– Verneinung mehrerer Satzteile – *plus/moins … plus/moins …* – *tout* als Adverb – *de* oder *des* vor Adjektiven – *naître, suffire*
10 Un jour pas comme les autres Seite 116		
– Fest- und Feiertage – der 14. Juli – die Französische Revolution	– Fest- und Feiertage benennen – den 14. Juli beschreiben – über den eigenen Nationalfeiertag sprechen – Informationen zur Französischen Revolution entnehmen	– Passiv IV: Zustands- vs. Vorgangspassiv

Le voyage à Lyon	Seite 8
Interlude 1	Seite 40
Interlude 2	Seite 80
Mon journal du 14 juillet	Seite 128
Testblock 1	Seite 130
Testblock 2	Seite 134
Testblock 3	Seite 138
Grammatik pro Section	Seite 142
Grammatikübersicht	Seite 165
Erklärung der grammatischen Bezeichnungen	Seite 178
Die Laute im Französischen	Seite 180
Französisch–deutsches Wörterverzeichnis	Seite 182
Alphabetische Wortliste	Seite 237

Vorwort

Der 2. Band von *A bientôt Neu* führt, auf dem 1. Band aufbauend, in 10 *Sections* zum Grundbaustein Französisch (GBS).

Die *Sections* sind, ebenso wie in Band 1, nach dem Prinzip Filtertexte + Haupttext aufgebaut; jedoch gibt es, dem fortgeschrittenen Niveau entsprechend, mehr deskriptive Texte. Nach dem „Reden in Situationen", das in Band 1 vorherrscht, wird in Band 2 nunmehr das „Reden über Themen" verstärkt präsentiert und geübt.
Dementsprechend sind die *Sections* in Themenblöcke gegliedert. Dies ermöglicht es Lehrenden und Lernenden, sich rasch inhaltlich zu orientieren.

Die Zielsetzung „Reden über Themen" hat dazu geführt, daß Band 2 weniger Dialoge und dafür mehr schriftliche Texte (Briefe, Zeitungs- oder Zeitschriftenauszüge usw.) enthält als Band 1. Besonderer Wert wurde darauf gelegt, in angemessener Weise auch literarische Texte anzubieten. Es wurde nun auch konsequent zwischen den Textsorten unterschieden: auf der Cassette finden sich nur noch die mündlichen Texte (Dialoge und Aussagen) sowie Hörverstehenstexte, die nicht im Lehrbuch abgedruckt sind. Reine Lesetexte dagegen werden ausschließlich in gedruckter Form präsentiert.

Band 2 enthält wiederum eine Vielfalt von Übungen für das Arbeiten in der Gruppe. Damit soll gleichzeitig das Französischsprechen geübt und der Kontakt der Lernenden untereinander gefördert werden. Im Gegensatz zu Band 1 schließen sich die Übungen direkt an die Texte an. Die Übungsformen sind mit den folgenden Symbolen gekennzeichnet:

   Partnerarbeit

   Kleingruppenarbeit

༄༅   Kettenübung

Zum Schluß allen, die mit *A bientôt* arbeiten: «Amusez-vous bien!»

Erklärung der verwendeten Symbole

		Definition	Funktion
Filtertexte	▽	Sprachmuster zu Minisituationen und einzelnen Themenaspekten samt den dazu notwendigen Redemitteln	● Einführung neuen Vokabulars und neuer Grammatik ● Entlastung des Haupttextes ● Bereitstellung von Redemitteln von hohem Transferwert
Haupttext	◐	Individualisierter und problemorientierter Hör- oder Lesetext, der keine neue Grammatik enthält	● Förderung der Fähigkeiten des Hörens und Lesens ● Diskussionsgrundlage
Übungen	▽	Übungen zu den Filtertexten	● Einschleifen neu erworbener Redemittel in Modellsituationen ● Umwälzung bereits bekannten Sprachmaterials
	◯	Entnahmeübungen zum Haupttext	● Überprüfung des Textverständnisses
	✿	Gelenkte und freie Transferübungen	● Freie Sprachanwendung
Grammatik	◻	Lektionsbegleitende Darstellung der Grammatik mit kontextualisierten Beispielsätzen und deutschem Regelwortlaut	● Fakultative Lern- und Gedächtnisstütze ● Insbesondere für das Nachschlagen zu Hause
Lesetexte	📖	Französische Originaltexte (nicht auf Cassette aufgenommen)	● Schulung des Leseverstehens
Hörtexte und Hörverständnisübungen	▭	Texte auf Cassette (zum Teil nicht abgedruckt)	● Schulung des Hörverstehens

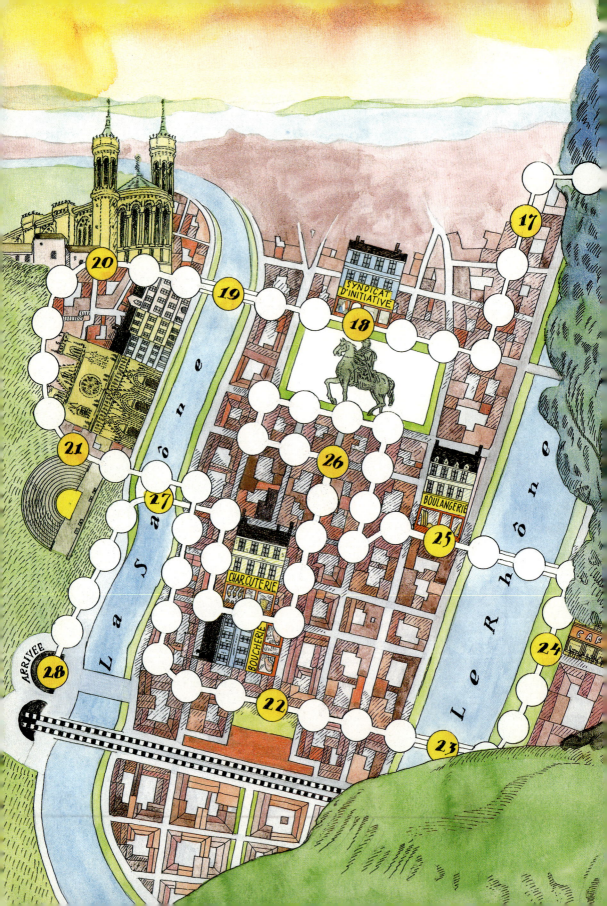

1

Ça va la santé?

Chez le médecin

 Docteur, j'ai mal à la gorge.

D: docteur   *M:* malade

M: Bonjour, Docteur.
D: Bonjour, Monsieur. Asseyez-vous, s'il vous plaît. Alors, qu'est-ce qui ne va pas?
M: Je ne me sens pas bien. J'ai mal à la gorge, et j'ai de la fièvre. Je crois que j'ai la grippe.
D: En effet, vous avez l'air fatigué. On va voir ça. Ouvrez la bouche, tirez la langue. Oui, la gorge est un peu rouge. Enlevez votre chemise, s'il vous plaît …
Respirez fort …
Ce n'est pas grave, c'est un gros rhume.
Je vous fais une ordonnance.
…
Vous me devez 90 F.
Voilà votre feuille de maladie.
M: Oui, mais je suis assuré en Allemagne.
D: Vous payez maintenant et votre assurance vous rembourse après. Merci. Et voilà 10 F.
M: Au revoir, Docteur.

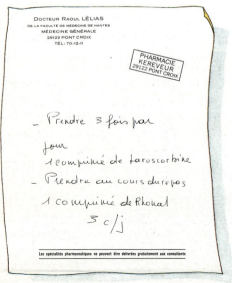

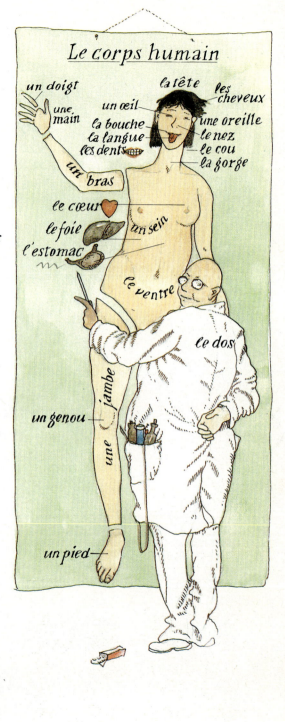

1

1. Qui dit quoi?

1. J'ai mal à la gorge.
2. Ce n'est pas grave.
3. Qu'est-ce qui ne va pas?
4. Je crois que j'ai la grippe.
5. La gorge est un peu rouge.
6. Ouvrez la bouche.
7. J'ai de la fièvre.
8. Je ne me sens pas bien.
9. Tirez la langue.
10. Respirez fort.
11. C'est un gros rhume.
12. Je suis assuré en Allemagne.
13. Vous me devez 90 F.
14. Vous avez l'air fatigué.
15. Asseyez-vous.

2. Qu'est-ce qui ne va pas?

A: B:    C: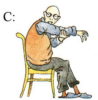

B: Il a mal aux dents.   C: Elle a mal à la jambe.   *Continuez.*

3. J'ai mal à la tête.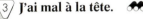

— Ça ne va pas? ~ Non, j'ai mal à la tête. — Il faut prendre de l'aspirine.   *Continuez.*

— J'ai mal à la tête.
— Je ne peux pas dormir.
— Je suis nerveux, -euse.
— Je ne me sens pas bien.
— Je suis fatigué(e).
— J'ai mal aux dents.
— Je …

Il faut — faire du sport.
— travailler moins.
— aller se coucher plus tôt.
— prendre des médicaments.
— aller voir un spécialiste.
— aller à l'hôpital.
…

4. Chez qui aller?

Vous êtes en vacances en France. Vous avez besoin d'un médecin. Chez qui allez-vous, quand, et comment?

a) Vous avez très mal à une dent. Peut-être qu'il faut l'arracher.
b) Votre petit garçon de six ans a de la fièvre et ne veut rien manger. C'est mercredi matin.
c) Depuis deux jours, votre mère souffre beaucoup de rhumatismes.
d) Votre fille de quatre ans a très mal aux oreilles.
e) Vous avez très mal au dos.
f) Jeudi après-midi. Votre mari/Votre femme a des migraines horribles.
g) Samedi. Vous avez joué au ballon avec les enfants sur un mauvais terrain. Vous avez très mal au genou.

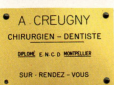

1

Chez le dentiste

2 Vous connaissez un bon dentiste?

Mme A: Qu'est-ce qui vous arrive, Madame? Ça ne va pas?
Mme B: Non, j'ai très mal aux dents. Vous ne connaissez pas un bon dentiste? Quelqu'un qui ne vous arrache pas tout de suite la dent …
Mme A: Moi, je vous conseille Mme Dumas. Elle me soigne depuis longtemps, et je peux vous dire qu'elle a bonne réputation. Elle travaille bien.
Mme B: Vous savez, je me méfie un peu des dentistes. Il y en a tellement qui travaillent à la va-vite!
Mme A: Non, pas Mme Dumas. Elle prend son temps. On peut vraiment avoir confiance en elle. N'hésitez pas à y aller.

| Vous avez confiance en Mme Dumas? | Oui, | elle a très bonne réputation. n'hésitez pas à y aller. |

| Vous avez confiance en Pantel? | Non, | je n'ai pas trop confiance. il n'a pas très bonne réputation. je me méfie un peu de lui. |

5 Elle cherche un bon dentiste.

Résumez le dialogue et utilisez les expressions suivantes:

Mme A: mal aux dents – ne pas arracher – se méfier – travailler à la va-vite
Mme B: conseiller Mme Dumas – soigner – bonne réputation – prendre son temps – avoir confiance

6 On peut avoir confiance en lui/elle.

Dites pourquoi vous conseillez un médecin/dentiste que vous connaissez.

Un rendez-vous chez le dentiste

 M: monsieur *A:* assistante

A: Allô?
M: C'est bien le cabinet du docteur Dumas?
A: Oui.
M: Je voudrais prendre un rendez-vous.
A: C'est pour quoi?
M: J'ai très mal aux dents.
A: Bon, si c'est urgent, vous pouvez venir demain à 9 heures.
M: Oui, oui.
A: C'est quel nom?
M: Schaller.
A: Vous pouvez répéter, s'il vous plaît?
M: Schaller.
A: Ça s'écrit comment? Vous épelez?
M: S-C-H-A-deux L-E-R.

Les lettres de l'alphabet

A	B	C	D	E	F	G	H	I	J	K	L	M
[a]	[be]	[se]	[de]	[ə]	[ɛf]	[ʒe]	[aʃ]	[i]	[ʒi]	[ka]	[ɛl]	[ɛm]
N	O	P	Q	R	S	T	U	V	W	X	Y	Z
[ɛn]	[o]	[pe]	[ky]	[ɛ:r]	[ɛs]	[te]	[y]	[ve]	[dubləve]	[iks]	[igrɛk]	[zɛd]

 Au cabinet du docteur Dumas

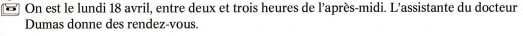 On est le lundi 18 avril, entre deux et trois heures de l'après-midi. L'assistant du docteur Dumas donne des rendez-vous.

Notez — le jour et la date du rendez-vous,
— l'heure exacte,
— le nom du client.

13

1 *avoir vielli gealtert*

Vieillir *albern*

 Avant j'étais chez moi.
Deux hommes âgés se rencontrent place Bellecour, à Lyon.

— Bonjour, comment allez-vous? On ne vous voit plus beaucoup dans le quartier.
~ C'est que je n'habite plus rue Delattre. Maintenant je vis dans une maison de retraite à Sainte Foy.
— Ah bon, j'espère que vous vous y plaisez.
~ Ah ça, j'étais quand même plus libre avant. Je me levais quand je voulais, je n'avais rien à demander à personne, j'étais chez moi, quoi.
— Pourquoi vous n'êtes pas resté chez vous?
~ Vous savez, après la mort de ma femme … elle est morte d'un cancer … j'étais seul, je n'avais plus personne. Alors, la vie n'était pas drôle.

 Qui, où, quoi?
Ecoutez le dialogue et notez
— qui parle,
— où se passe la scène,
— de quoi ces personnes parlent.

 Trouvez le mot ou l'expression.
Cherchez dans le texte
— le contraire de
  • jeune   *vieux, vieille*
  • la vie   *la mort*
  • avant   *après*
  • la vie active, *Arbeitsleben* *retraite*
— le nom d'une
  • maladie très grave   *cancer*
  • maison pour personnes âgées
  • partie d'une ville, *quartier*
— un autre mot pour «amusant», *drôle*
— une autre expression pour «vous aimez y vivre».

 Avant – maintenant
Dites
— comment ce monsieur vivait avant la mort de sa femme,
— comment il vit maintenant.

 Elle ne voit (plus) personne, elle ne fait (plus) rien.
Mme Michelet est rentrée de l'hôpital. Mais elle ne va pas trop bien.
Elle souffre de maux de tête, et elle se sent très faible.
Avant l'opération, elle se préparait un repas à midi et le soir.
Maintenant, elle ne mange plus rien le soir.   *Continuez.*

1. Elle allait voir ses enfants et ses amies.
2. A la télé, elle regardait les feuilletons.
3. Elle aimait inviter ses amies de temps en temps.
4. La ville lui envoie quelqu'un qui lui fait le ménage. Avant, elle faisait tout elle-même.
5. Quand elle était en bonne santé, elle s'occupait de tous ses papiers.
6. Comme elle aimait garder le contact, elle écrivait à beaucoup de gens.

Maintenant, …
Actuellement, …
Depuis son opération, …
Depuis qu'elle est rentrée chez elle, …

Avant la retraite, ce n'était pas pareil.

Monsieur Carrier a 58 ans. Comme il souffre de rhumatismes, on l'a mis en retraite anticipée l'année dernière.

Maintenant, il reste à la maison avec sa femme. Avant, il travaillait à la SNCF.

A 6h45, il est encore au lit.
  Avant, …
A 7h, il se lève.
A 7h30, il prend son petit
  déjeuner.
A 10h, il achète le journal.
A 12h, il est à table avec
  sa femme.
A 13h, il fait la sieste.
A 16h30, il joue aux boules
  quand il fait beau.
A 17h, il est au bistrot.

1

Lettre de la grand-mère d'Alain, Madame Fort, à sa fille

Madame Simone Clavel
38, rue du Théâtre
75015 PARIS

Caen, le 15 décembre

Ma chère Simone,

Nous sommes bien déçus de ne pouvoir passer les fêtes avec vous, mais ton père a tellement mal à la jambe que nous ne pourrons vraiment pas prendre le train. Bien sûr, nous comprenons bien que vous ne pouvez pas venir nous chercher à Caen, cela fait trop de complications. Mais je connais des enfants qui n'hésitent pas à faire même plus de deux cents kilomètres... Enfin cette fois encore, nous allons être seuls comme des vieux croûtons pour Noël... Quand je pense à Mme Noutary! Elle a une vieillesse magnifique! Elle a le téléphone à côté de son lit... Au moindre rhume il y a sa fille qui arrive en voiture, ses petites-filles qui lui font les courses.

Demain le docteur va me donner la réponse pour mon opération de la cataracte. J'ai confiance en lui, il a très bien soigné M. Damcourt avant sa mort. Voilà un événement qui a fait un vide dans notre vie. Il est mort d'un cancer. Il avait 82 ans, le même âge que ton père, il avait fait la même guerre. C'était le seul ami qu'il voyait. Ils jouaient ensemble au billard. D'ailleurs il est très difficile de se faire des amis quand on est âgé: on a un passé que les gens ne connaissent pas...

Tu me dis que nous devons chercher une maison de retraite. Bien sûr, tu n'as pas tort. Si nous tombons malade, personne ne peut s'occuper de nous. Évidemment, il va être très pénible pour nous de quitter notre appartement, mais peut-être que tu peux nous trouver une maison de retraite près de Paris où on peut garder quelques meubles. Enfin tout cela nous cause beaucoup de soucis...

Je te quitte maintenant parce qu'il est temps de préparer le dîner. Je vous embrasse bien tendrement et j'espère recevoir bientôt de vos nouvelles.

Maman

13 Qui écrit la lettre?

Lisez la lettre une fois et dites
— qui écrit,
— à qui,
— quand,
— où,
— pourquoi.

14 Correspondances – *Cherchez les expressions dans le texte:*

enttäuscht sein *être déçu*
die Feiertage *les fêtes*
etwa: wie Alte, die man nicht mehr braucht *comme des vieux croûtons*
wunderbar *merveilleux, magnifique*
bei der kleinsten Erkältung *au moindre rhume*
grauer Star *la cataracte*
Ereignis *l'événement*

eine Leere hinterlassen *faire un vide*
Vergangenheit *le passé*
unrecht haben *avoir tort*
krank werden *tomber malade*
schmerzlich *pénible*
Sorgen machen *causer soucis / de*
zärtlich *tendrement*

15 Reconstituez les phrases.

1. Nous sommes déçus
2. Nous comprenons
3. Cela fait
4. D'autres enfants n'hésitent pas
5. La mort de M. Damcourt a fait
6. Il est mort
7. Ton père et lui jouaient ensemble
8. Il est difficile
9. Il va être pénible pour nous
10. Cela nous cause

a) de quitter notre appartement.
b) que vous ne pouvez pas venir.
c) au billard.
d) d'un cancer.
e) trop de complications.
f) de ne pas pouvoir passer les fêtes avec vous.
g) à faire plus de deux cents kilomètres.
h) un vide dans notre vie.
i) de se faire des amis quand on est âgé.
j) beaucoup de soucis.

16 Pourquoi?

Expliquez pourquoi la grand-mère d'Alain écrit:

1. «… nous ne pouvons vraiment pas prendre le train.»
2. «… vous ne pouvez pas venir nous chercher à Caen.»
3. «… Madame Noutary a une vieillesse magnifique.»
4. «… voilà un événement qui a fait un vide dans notre vie.»
5. «… il est très difficile de se faire des amis quand on est âgé.»
6. «… nous devons chercher une maison de retraite.»
7. «… il va être très pénible pour nous de quitter notre appartement.»

17 Reproches

Relisez la lettre:

Quels reproches directs et indirects est-ce que la grand-mère fait à sa fille?

Par exemple: Sa fille ne vient pas la chercher. *Continuez.*

1

Variations

18 Vous avez quelques coups de téléphone à donner.

Faites les dialogues.

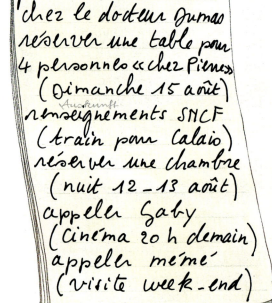

prendre rendez-vous
chez le docteur Dumas
réserver une table pour
4 personnes « chez Pierre »
(Dimanche 15 août)
renseignements SNCF
(train pour Calais)
réserver une chambre
(nuit 12-13 août)
appeler Gaby
(cinéma 20 h demain)
appeler mémé
(visite week-end)

19 Quand j'étais petit(e) …

Vous avez 5 minutes et vous notez un maximum de phrases:

J'allais à l'école.
…

20 Qu'est-ce que ça signifie?

*Formez des groupes.
Essayez de trouver la signification possible de ces expressions:*

1. Se casser la tête.
2. Serrer les dents.
3. Avoir la gueule de bois.
4. Avoir les jambes coupées.
5. Couper les cheveux en quatre.
6. Coûter les yeux de la tête.
7. Avoir quelqu'un sur le dos.
8. Se creuser la cervelle.

21 Dialogues

Vous allez chez le docteur ou chez le dentiste
— seul(e),
— avec un enfant,
— avec quelqu'un qui ne parle pas français.

22 Racontez.

Est-ce qu'il y a dans votre famille des personnes âgées qui vous causent des soucis?

1

2

On ne peut pas toujours faire ce qu'on veut.

A l'usine

1 Visite de l'entreprise Mécanex

Speakerine:
Aujourd'hui, dans «Actualités Régionales», nous visitons l'usine Mécanex.

a) *R:* reporter *O:* ouvrier

R: Nous sommes maintenant à l'atelier de fabrication, nous allons essayer, malgré le bruit, de parler à l'un des ouvriers qui travaillent à la chaîne.
Monsieur, s'il vous plaît, qu'est-ce que vous êtes en train de faire, là?
O: Eh bien, vous voyez, je mets la pièce sous la presse, le collègue à l'autre bout là-bas la retire et la remet sur la chaîne.
R: Vous faites ça combien d'heures de suite?
O: 8 heures, Monsieur. On fait les 3 x 8 ici.
R: C'est fatigant?
O: Oui, fatigant pour les nerfs …

20

b) *R:* reporter   *C:* cadre

R: Nous sommes à présent dans les bureaux de l'entreprise, au service des ventes. Madame, s'il vous plaît, vous êtes cadre commercial – vous vous occupez de quoi exactement?
C: Je suis responsable des commandes. Dans mon service, on répond aux clients, on les conseille, on essaie de satisfaire leurs demandes. On travaille beaucoup sur ordinateur.
R: Et vous avez beaucoup de travail en ce moment?
C: Oui, surtout des commandes pour le TGV.

c) *R:* reporter   *P:* PDG

R: Monsieur Lory, vous êtes PDG et responsable de cette entreprise depuis quelques années.
P: Oui, en effet, je la dirige depuis deux ans.
R: J'ai vu que vous embauchez du personnel …
P: Oui, nos affaires marchent bien en ce moment, nous sommes en pleine expansion …

1 Qui fait quoi?

a) *Ecoutez une première fois:*

— C'est quelle sorte de reportage?
— Où se trouve le journaliste?
— Il parle à qui?
— Ils parlent de quoi?

b) *Ecoutez une deuxième fois:*

L'ouvrier	— est directeur de l'entreprise.
	— s'occupe des commandes.
	— fait les 3 x 8.
	— conseille les clients.
La responsable du service des ventes	— travaille à la chaîne.
	— dirige l'entreprise depuis deux ans.
	— fait un travail fatigant pour les nerfs.
	— travaille dans un bureau.
Le PDG	— embauche du personnel.

② **Qu'est-ce qu'ils sont en train de faire ?**

Exemple : Il est en train de faire du pain. Il est boulanger.

③ **Heures de travail et salaires**

a) *Exemple :* M. Ben Lharbi est ouvrier, il travaille 39 heures par semaine, il gagne 6 900 F par mois.

b) *Exemple :* M. Ben Lharbi travaille autant que Mme Le Goff, mais il gagne moins qu'elle.

c) Les Français s'intéressent à ce qu'on gagne dans votre pays.
   Dites — combien gagne chez vous un ouvrier, un cadre commercial, etc.
   — combien cela fait à peu près en FF.

M. Ben Lharbi
ouvrier
39 h – 6 900 F

M. Lory
PDG
50-60 h – 60 000 F

Mme Le Goff
cadre commercial
39 h – 15 000 F

M. Bernard
agent de maîtrise
39 h – 9 500 F

Mme Bertrand
secrétaire
39 h – 8 500 F

Mme Fereira
femme de ménage
12 h – 1 800 F

M. Paulain
ingénieur
45-50 h – 35 000 F

Mlle Dubost
analyste programmeur
20 h – 5 000 F

2

Retravailler?

2 Vous avez recommencé à travailler?

A: Mme Arnault   B: Mme Bertrand

A: Il paraît que vous avez recommencé à travailler?
B: Oui, je suis secrétaire chez Mécanex.
A: Ça n'a pas été trop dur?
B: Pas trop, mais j'ai été obligée de me recycler en informatique.
A: C'est un travail à mi-temps?
B: Non, non, à plein temps.
A: Et les enfants?
B: Oh, ils sont grands maintenant, ils mangent à la cantine. Je peux faire un peu ce que je veux …
A: Moi, ce qui me plairait, c'est de travailler à temps partiel.

> Je peux faire ce que je veux.
> Ce qui me plairait, c'est de retravailler.

4 Vrai ou faux?

1. Mme Bertrand reste à la maison.   V – (F)
2. Elle travaille à mi-temps.   V – (F)
3. Elle a été obligée de se recycler.   (V) – F
4. Ses enfants mangent à la cantine.   (V) – F
5. Mme Arnault aimerait travailler à temps partiel. (V) – F

5 ce qui/ce que

a) *Faites des phrases:*   Je ne sais pas …

ce que je peux acheter avec 30 F.   ce qui passe au cinéma.
ce que on va manger ce midi.   ce que tu préfères: un porto? un Pernod?
ce qui est arrivé; elle n'est pas venue. ce que tu as. Tu ne te sens pas bien?
ce qu'on peut faire ce soir.   ce qui s'est passé.

b) *Complétez par «ce qui», «ce que»:*

— C'est intéressant, ce que tu fais?
~ Ce qui ne me plaît pas, c'est de travailler toute la journée. Et toi, ce que tu fais, ça te plaît?
— Bof, j'ai pris ce que j'ai trouvé. On ne peut pas toujours faire ce qu'on veut.
~ Moi, j'espère que je vais trouver autre chose, quelque chose qui m'intéresse vraiment.
— Moi, mon problème, c'est que je ne sais pas ce qui m'intéresse.
~ Ce qui est vraiment dommage!

A la recherche d'un emploi

3. Bientôt trois millions de chômeurs?

Plus de 2,5 millions de Français sont actuellement touchés par le chômage, c'est environ 11% de la population active. Il faut distinguer deux catégories de chômeurs: d'une part les jeunes (16–25 ans) qui sont à la recherche d'un premier emploi, d'autre part les personnes licenciées par leur entreprise.
On compte actuellement plus d'un million de jeunes «demandeurs d'emploi» et 145 000 jeunes employés à des travaux d'utilité collective (T.U.C.).
Les jeunes sont trois fois plus touchés par le chômage que la moyenne des Français, les femmes le sont deux fois plus que les hommes et les travailleurs immigrés deux fois plus que les Français.
La durée du chômage est en augmentation constante.

D'après «Les Echos – Le Quotidien de l'Economie», N° 41

6. Définitions

Complétez:

Quand on n'a pas de travail, on est en …
La population en âge de travailler est la population …
Quand on est en chômage, on est …
Beaucoup de jeunes cherchent un premier …
Une personne … par son entreprise se retrouve sans emploi.
Les T.U.C. sont des …
Le chômage … surtout les jeunes et les femmes.
Les … ont quitté leur pays pour venir travailler en France.
On est de plus en plus longtemps chômeur: la durée du chômage est en …

7. Le chômage en France et dans votre pays

a) *Notez* — combien de chômeurs il y a en France,
— le pourcentage de la population active actuellement en chômage,
— les deux catégories de chômeurs,
— les trois groupes de la population les plus touchés par le chômage.

b) *Expliquez à un Français quelle est la situation dans votre pays.*

8. Quelle est votre opinion?

C'est pas si grave d'être en chômage …

Le pire dans la vie, c'est d'être en chômage …

2

Agence nationale pour l'emploi

4. A l'A.N.P.E. *Arbeitsamt*

JH: jeune homme *E:* employé

JH: Vous auriez quelque chose pour moi dans le bâtiment? — *Baugewerbe*
E: Dans quel métier?
JH: Maçon. *Maurer*
E: Attendez, je vais voir ce que j'ai …
Il y a une entreprise qui cherche quelqu'un pour trois mois.
Ça vous irait?
JH: C'est bien payé?
E: Au SMIC. *Mindestlohn*
JH: J'aimerais quand même mieux quelque chose de plus stable.

Est-ce que vous auriez quelque chose pour moi?

| J'aimerais
Je voudrais | travailler dans le bâtiment. |
| J'aimerais | mieux un emploi stable. |

Ce qui me plairait, c'est un travail près de chez moi.

9. Désir et réalité

Indiquez

— où se trouve ce jeune homme,
— avec qui il parle,
— quel est son métier,
— ce qu'il voudrait,
— ce que l'employé lui propose,
— ce qu'il aimerait mieux.

10. Comment vous aimeriez travailler?

— J'aimerais travailler plus près de chez moi.
— Je voudrais commencer plus tard.

Continuez.

TRAVAILLEZ PLUS
GAGNEZ MOINS

LE MIRACLE FRANÇAIS

2

5 Offres d'emploi

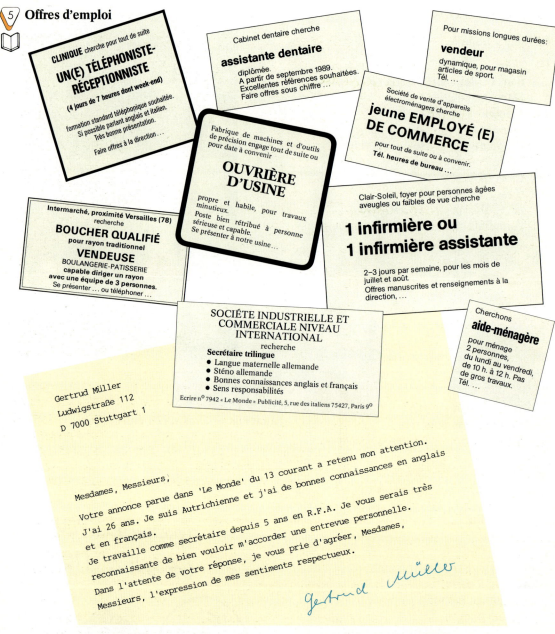

11 Qui, où, quand, combien de temps?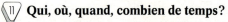

Regardez les annonces et notez
- les professions recherchées,
- le sexe des personnes,
- les lieux de travail,
- le début du travail,
- la durée du travail.

12 Réponse à une annonce

Lisez la lettre et dites ce que vous apprenez sur la personne qui a écrit.

Eric et son travail

Eric, 25 ans, employé dans une maison de vente par correspondance

«J'ai fait des études de lettres. Mais le seul débouché, en lettres, c'est l'enseignement, et il n'y a que très peu de places. Cette année, dans ma matière, ils n'ont pris que 5 % des candidats. Alors pendant deux ans, j'ai fait des petits boulots: j'ai vendu des camemberts chez Prifix, j'ai distribué des prospectus publicitaires à 90 F par jour, j'ai lavé des vitres, j'ai été garçon de café … mais un jour, j'en ai eu marre.

Alors je suis entré dans une maison de vente par correspondance – une filiale de Bertelsmann d'ailleurs. On vend des livres et des disques. Je suis agent de maîtrise et je gagne 8 500 F par mois, avec la possibilité de devenir cadre un jour. Evidemment mes études ne me servent à rien.

La salle où je travaille est énorme. On est environ 60 employés. La majorité s'occupe du courrier, l'ouvre, le classe et le distribue. Moi, j'ai déjà un peu plus de responsabilités que les filles qui travaillent avec moi, c'est-à-dire que je réponds aux clients quand il y a un problème, par exemple quand ils ne sont pas contents, ou quand ils ne peuvent pas payer. On m'a donné ce travail non pas parce que je suis un génie, mais parce que je suis un homme et parce que j'ai quand même fait des études.

Les conditions de travail sont bonnes: on a une heure à midi et deux pauses d'un quart d'heure, une le matin, l'autre l'après-midi. Il y a une cafétéria où on peut aussi écouter des disques et il y a une boutique où on peut acheter des livres et des disques avec réduction. On travaille dans un très grand bureau, ce qui facilite les contacts entre les gens. Tout est fait pour éviter les conflits. Quand on a un problème, on va chez le patron, chez Lourdu.

Mais ce qu'on ne peut pas éviter dans un bureau, c'est la monotonie, c'est l'ennui … L'ennui, c'est le mot qui est présent dans presque toutes les bouches …»

⑬ **La carrière d'Eric**

a) *Ecoutez le texte une première fois et dites*

— ce qu'Eric a fait,
— ce qu'il fait maintenant,
— comment il trouve ce travail.

b) *Ecoutez le texte une deuxième fois et reconstituez les phrases:*

1. Il a fait des études
2. Le seul débouché c'est
3. Il y a très peu
4. Il a fait
5. Il a distribué
6. Il a été
7. Il travaille maintenant
8. La majorité des employés s'occupe
9. Il répond

a) garçon de café.
b) l'enseignement.
c) des prospectus.
d) aux clients.
e) de lettres.
f) de places.
g) dans une salle énorme.
h) des petits boulots.
i) du courrier.

⑭ **Le travail d'Eric**

Notez ce qui, dans ce travail, est négatif ou positif pour Eric:

Ses études ne lui
servent à rien.

Il gagne 6.300 F
par mois.

⑮ **«… parce que je suis un homme.»**

«On m'a donné ce travail non pas parce que je suis un génie, mais parce que je suis un homme.»

Est-ce que vous avez pu remarquer que dans la vie professionnelle les hommes ont des postes plus intéressants?

⑯ **15 ans plus tard**

Eric a maintenant 40 **ans**. – Qu'est-ce qu'il est devenu?

Variations

17 Sondage

Aimeriez-vous pouvoir vivre sans être obligé de travailler?		
TOTAL: 100	Oui (%)	Non (%)
Ensemble de la population	43	57
SEXE Homme .... Femme	35 50	65 50

Entre un travail intéressant mais pas très bien payé et un travail pas intéressant mais bien payé, lequel choisiriez-vous?			
TOTAL: 100	Un travail intéressant pas très bien payé (%)	Un travail pas intéressant mais bien payé (%)	Ne sait pas (%)
Ensemble de la population	50	39	11

Faites le même sondage et comparez.

© «Le Nouvel Observateur», 4/XII/84

18 Trouvez la profession.

Chaque membre du groupe écrit un nom de métier sur une fiche.
Les fiches sont ensuite redistribuées dans le groupe.
Posez des questions à une personne pour trouver sa profession.
Cette personne répond par «oui» ou par «non» ou «ça dépend».

Exemples de questions:
Vous travaillez/Tu travailles à l'usine, dans un bureau/un hôpital/un atelier ... ?
Vous gagnez/Tu gagnes beaucoup d'argent ... ?
Vous travaillez/Tu travailles beaucoup d'heures? etc.

19 Un salaire pour les femmes au foyer?

3

Si on allait au cinéma…

> Loisirs

3

Vous pourriez parler un peu de vos loisirs?

Louis Louvin,
55 ans,
médecin

Jean Martinet,
47 ans,
ouvrier

«Il y a beaucoup de choses que j'aimerais faire, mais quand je rentre je suis trop crevé. Je n'ai pas le temps d'aller au théâtre ou au concert. Je fais juste un peu de tennis le dimanche. Si j'avais le temps, je recommencerais à jouer du piano.»

«Mes loisirs? Vous savez, je suis vendeuse et j'ai deux enfants. Alors, le soir, je suis plutôt fatiguée. Je regarde un peu la télé. Ce que je préfère, c'est les jeux télévisés.»

Pascale Duclos,
28 ans,
vendeuse

Françoise Port,
26 ans,
assistante médicale

«Moi, j'adore la musique. Je chante dans une chorale. On a répétition une fois par semaine. Si je n'avais pas la musique, je ne pourrais pas supporter mon boulot.»

«Je lis des romans de science-fiction et je vais beaucoup au cinéma. Si j'avais de l'argent, je ferais le tour du monde. Mais évidemment, pour l'instant, ce n'est qu'un rêve...»

«Je vais danser trois fois par semaine en moyenne, et on m'invite beaucoup au restaurant. A Noël, je vais aux sports d'hiver.»

Yvonne Bruny,
58 ans,
sans profession

Chantal Meunier,
41 ans,
pharmacienne

Sylvain Miguel,
22 ans,
étudiant

«Depuis que les enfants sont grands, j'ai beaucoup de temps libre. J'en ai même trop. Quelquefois je me sens isolée. J'aimerais bien faire quelque chose pour les autres... quelque chose pour les personnes âgées, par exemple...»

«Je ne m'ennuie jamais. J'ai toujours quelque chose à faire: je travaille dans mon jardin, je bricole dans la maison, je lave ma voiture...»

Si j'avais	le temps,	je	recommencerais...
	de l'argent,		ferais...

31

1. Qui est-ce?

Regardez les photos et imaginez l'âge et la profession de ces personnes et ce qu'elles aiment faire pendant leurs loisirs.

2. Qui parle?

Ecoutez les interviews et cherchez la personne correspondante.

3. Qu'est-ce qu'ils font pendant leurs loisirs?

a) Ecoutez encore une fois ces interviews et notez ce que ces personnes
   - font pendant leurs loisirs,
   - aimeraient faire.

b) Et vous, qu'est-ce que vous faites pendant vos loisirs?

4. Qu'est-ce que vous feriez?

Si j'avais le temps, je ferais ...
               je lirais ...
               j'irais ...

Si j'avais de l'argent, j'achèterais ...
               je ferais ...
               je commencerais ...
               je recommencerais ...

5. Je ferais du tennis s'il y avait un club chez nous.

Je ferais du tennis ... (un club)
Je lirais beaucoup ... (moins de travail)
J'irais en France ... (des vacances)
J'irais au théâtre plus souvent ... (le temps)
Je ferais le tour du monde ... (de l'argent)

J'irais au cinéma ce soir ... (un bon film)
Je chanterais dans une chorale ... (du talent)
J'achèterais un piano ... (de la place)
Je ferais beaucoup de choses ...
               (plus de temps libre)

6. Je n'ai pas d'argent ... Si j'avais de l'argent, je voyagerais.

Réalité

1. Je ne suis pas riche.
2. Je n'ai pas beaucoup de temps.
3. Je ne suis plus très jeune.
4. Je suis malade.
5. Je n'ai pas d'amis français.
6. Je n'ai pas de voiture.

Rêve

Si ....
....
....
....
....
....

7. Avec des «si» on mettrait Paris en bouteille.

a) Chacun écrit sur une feuille de papier une phrase avec si + imparfait, par ex.:
   Si j'avais de l'argent ..., plie la feuille et la donne à son voisin/sa voisine.
   Le voisin/La voisine écrit une phrase au conditionnel sans voir le commencement, par ex.: ... je ferais la vaisselle.
   Après on déplie les feuilles et lit les résultats.

b) Trouvez d'autres phrases absurdes avec «si».
   Exemple: Si les poules avaient des dents ...

Spectacles et télévision

Le cinéma reste le spectacle le plus fréquenté

Sont allés au moins une fois au cours des 12 derniers mois au spectacle suivant :	1973 %	1981 %	1984 %
• Cinéma	51,7	49,6	49
• Match ou spectacle sportif payant	24,3	20,3	N.D.
• Music-hall, variétés, chansonniers	11,5	10,5	21
• Pièce de théâtre jouée par des professionnels	12,1	10,3	15
• Concert de musique pop, de folk, de rock, de jazz	6,5	10,1	13
• Cirque	10,8	9,7	14
• Concert de grande musique	6,9	7,5	9
• Festival	7,8	7,2	8
• Ballet dansé par des professionnels	5,8	5,0	6
• Opérette	4,4	2,4	N.D.
• Opéra	2,6	2,0	3

N.D. : non disponible.

Gérard Mermet, «Francoscopie», Paris (Larousse) 1986.

8 Regardez les statistiques.

– Quel est le spectacle le plus fréquenté par les Français ?
– Quels spectacles viennent juste après ?
– Quel est le spectacle le moins fréquenté ?
– Qu'est-ce que vous trouvez intéressant dans ces statistiques ?

9 A quels spectacles est-ce que vous allez ?

a) *Dites à quels spectacles vous allez au moins une fois par an.*
Notez les résultats de ce mini-sondage au tableau.

b) *Dites quelles différences il y a, à votre avis, entre la France et votre pays.*
Exemple : Les Français vont plus/moins/autant au cinéma que les Allemands.

10 Si on allait …

– Qu'est-ce qu'on fait ce week-end ?
~ On va au musée.
– Ça me dit rien.
~ Et si on allait au zoo ?
– Oui, pourquoi pas.   *Continuez.*

19.00	**19.00** Feuilleton: Santa-Barbara **19.30** Jeu: La roue de la fortune **19.50** Bébêtes show	**19.10** Actualités régionales **19.35** Série: Maguy	**19.00** Le 19–20 de l'information **19.53** Dessin animé	**19.20** Magazine: Nulle part ailleurs	**19.02** Jeu: La porte magique **19.30** Boulevard Bouvard	**19.54** 6 minutes d'informations
20.00	**20.00** Journal et météo **20.35** Tapis vert **20.40** Cinéma:	**20.00** Journal **20.30** Météo **20.35** Les dossiers	**20.05** Jeux: La classe **20.25** INC: Les produits allégés **20.30** Cinéma:	**20.30** Cinéma:	**20.00** Journal **20.30** Cinéma:	**20.00** Série: Les routes du paradis **20.50** Cinéma:
21.00	Les ripoux. Film français (1984)	de l'écran: Cent jours à Palerme. Film franco-italien (1983)	Le jour des Apaches. Film américain (1968)	Hold up. Film français (1985)	Viol et châtiment. Film américain (1976)	L'été meurtrier. Film français (1983)
22.00	**22.30** Magazine: L'histoire étrange de Gaspard Hauser	**22.10** Débat: Où en est la guerre contre la Mafia?	**22.10** Journal **22.30** Magazine: Les enfants de Guynemer	**22.20** Flash d'informations **22.25** Cinéma: Bons baisers de Russie. Film anglais (1964)	**22.05** Série: Spenser **22.55** Série: Mission impossible	
23.00	**23.30** Journal **23.40** La Bourse **23.45** Magazine: Minuit sport	**23.30** 24 heures sur la 2	**23.20** Magazine: Décibels		**23.50** Série: Kojak	**23.05** Série: Hawaï, police d'Etat **23.55** 6 minutes d'informations

3 On ne pourrait pas regarder autre chose?

– On ne pourrait pas regarder autre chose que le feuilleton? Il y a une bonne émission sur la deuxième chaîne.
~ Non, moi j'ai envie de regarder le feuilleton.
– Mais c'est très mauvais, c'est ennuyeux comme tout. On pourrait quand même regarder autre chose.

~ Qu'est-ce qu'il y a sur la deuxième chaîne?
– Les dossiers de l'écran. C'est sur la Mafia. Ça doit être très intéressant.
~ Les dossiers de l'écran? Je ne sais pas …
– Ecoute, on peut essayer …
~ Bon, d'accord, si tu veux.

On ne pourrait pas On pourrait quand même	regarder autre chose?		Non, moi j'ai envie de … D'accord, on peut essayer.

11 Qui veut quoi?

a) Ces deux personnes discutent de quoi?
b) Comment est-ce qu'on exprime une proposition avec précaution?
Comment est-ce qu'on peut refuser cette proposition?
Comment est-ce qu'on peut insister sur la première proposition?

12 Qu'est-ce qu'il y a à la télévision française?

a) *Regardez le programme et cherchez*
  – combien il y a de chaînes et comment elles s'appellent.
  – à quelle heure sont les informations et combien de temps elles durent.
  – ce qu'il y a le soir comme émissions.
b) *Dites quelles émissions vous regarderiez si vous étiez en France ce jour-là.*

 13 Qu'est-ce qu'on va regarder ce soir?

Vous voulez regarder la télévision chez vous, vous n'avez qu'un poste pour 3 ou 4 personnes.
Vous vous mettez d'accord sur une émission / Vous n'y arrivez pas.

> Organiser ses loisirs

4. Un samedi après-midi

— On fait encore une fois le tour du parc?
~ Non, non, je n'ai pas le temps. Je joue au tennis à 6 heures, et, avant, j'ai mon cours de piano. Aujourd'hui, je n'ai vraiment pas une minute à moi.
— Et pour ce soir, qu'est-ce que tu as prévu?
~ J'ai promis à mon mari d'aller au cinéma.

14. Elle est bien occupée.

a) *Qu'est-ce que ces deux femmes sont en train de faire?*
b) *Reconstituez l'emploi du temps de l'une d'elles.*

15. Des samedis après-midi bien chargés!

Imaginez le samedi après-midi
– d'un PDG,
– d'une lycéenne,
– d'un jeune employé,
– d'une mère de famille,
– d'un retraité.

16. Allô! Alain Delon vous parle.

Dites ce qui est vrai et ce qui est faux:

1. C'est un film policier. V – F
2. Il est question d'un rapt d'enfant. V – F
3. C'est un film d'amour. V – F
4. C'est un film d'aventure. V – F
5. Il y a des choses que les enfants comprennent mieux que les adultes. V – F
6. C'est le troisième film de René Manzor. V – F
7. Jean-Félix Lalanne a composé la musique. V – F
8. Alain Musy est un jeune acteur de six ans. V – F

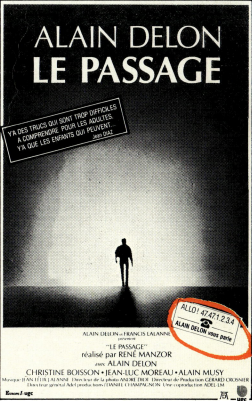

3

Un dimanche matin chez les Mercier

M. Mercier, 45 ans, artisan plombier
Mme Mercier, 43 ans, sans profession
Annie, 17 ans, lycéenne

Père : Dis donc, Annie, tu es encore rentrée à des heures impossibles hier soir ! Trois heures du matin ! Et en plus, tu as ouvert le frigo et tu nous as réveillés...
Tu as encore été à une de tes réunions politiques... Je me demande à quoi ça te sert. En tout cas, ce n'est sûrement pas utile pour tes études !

Fille : Et alors, qu'est-ce que ça peut vous faire ? D'ailleurs aujourd'hui, je ne suis pas là non plus, je prépare le meeting de mardi avec les copains.

Père : Quoi ? Tu n'es pas là ! J'aimerais quand même voir ma fille de temps en temps ! Déjà en semaine on se dit tout juste bonjour, bonsoir, alors le dimanche, quand même...

Fille : Ah, oui ? C'est intéressant ce que vous faites aujourd'hui ?

Père : Quoi, « ce qu'on fait » ?

Fille : Ben oui, vous voyez des gens sympa, vous allez visiter une exposition, vous allez faire du sport ? Qu'est-ce que vous faites ?

Mère : Ecoute, Annie, ne sois pas insolente ! C'est vrai, remarque, Louis, elle a un peu raison, on ne fait jamais rien ; par exemple aujourd'hui, si tu voulais vraiment, on pourrait aller pique-niquer...

Père : Ecoute, pour aller pique-niquer, il faut prendre la voiture, et moi, les embouteillages, j'en vois assez toute la semaine, alors...

Fille : Oui, mais vous pourriez aussi faire un peu de sport, du footing, je ne sais pas, moi, il y a des gens de votre âge qui ont des activités... ou bien vous pourriez aller voir des amis...

Père : Je vois des gens toute la semaine, alors le dimanche, je veux avoir la paix !

Mère : Ne te fâche pas, Louis.

Fille : Alors aujourd'hui, tu vas encore regarder ton football à la télé tout l'après-midi ?

Mère : Ecoute, je t'ai déjà dit de ne pas parler comme ça à ton père !

Fille : Eh bien, tu sais ce qu'il y a sur la deuxième chaîne ? Il y a un film sur la Révolution Russe...

Père : Tu nous embêtes avec ta politique ! D'ailleurs on a bien assez de soucis comme ça sans se casser la tête avec tes films d'intellectuels.

17) **De quoi est-ce qu'ils parlent?**

a) *Ecoutez la cassette et notez*
   – le jour de la semaine où se passe cette scène,
   – ce que vous savez de cette famille,
   – quelle est l'atmosphère familiale ce jour-là,
   – de quoi ces personnes parlent.

b) *Vous écoutez à nouveau et vous notez le plus possible d'expressions qui servent à commencer une phrase, p. ex.:* dis donc.

18) **Qu'est-ce que ça peut vous faire?**

a) *Cherchez dans le texte les expressions correspondantes:*
   – Ich frage mich, was du davon hast.
   – Na und, was geht euch das an?
   – Übrigens bin ich heute auch nicht da.
   – Was macht ihr denn heute für interessante Sachen?
   – Sei nicht so unverschämt!
   – Sonntags will ich meine Ruhe haben!
   – Reg dich nicht auf!
   – Ich habe dir schon oft gesagt, daß du nicht so mit deinem Vater sprechen sollst!
   – Du gehst uns auf die Nerven mit deiner Politik!

b) *Cherchez les phrases qui expriment un souhait ou une proposition.*

19) **Une famille typique?**

Comment c'est/c'était chez vous?

20) **Jeu de rôles**

Jouez une scène semblable entre un père, une mère et leur fils ou fille.

Variations

 Qui est-ce?

Ecrivez sur une feuille de papier ce que vous faites pendant vos loisirs. Les feuilles sont redistribuées dans le groupe. Chacun/Chacune lit la feuille qui lui a été donnée et essaie de retrouver qui a pu l'écrire.

 Les loisirs de demain

Si on travaillait moins de 30 heures par semaine...

 Activité ou détente?

– Le week-end je veux avoir la paix.
~ Moi, le week-end j'ai envie de bouger.

Et vous?

 Cinéma ou télévision?

Formez deux groupes. Un groupe défend le cinéma, l'autre préfère la télévision et les films vidéo.

 Qu'est-ce qu'on fait après le cours?

Si on allait...
On pourrait...

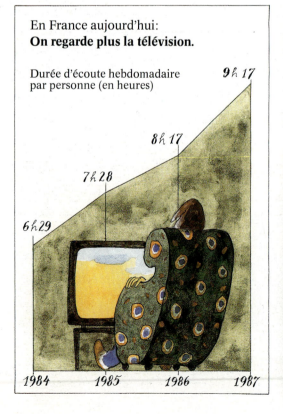

En France aujourd'hui:
On regarde plus la télévision.

Durée d'écoute hebdomadaire par personne (en heures)

9 h 17
8 h 17
7 h 28
6 h 29

1984   1985   1986   1987

Gaston bricoleur

le bouton – Knopf; *se replier* – zusammenklappen

INTERLUDE 1

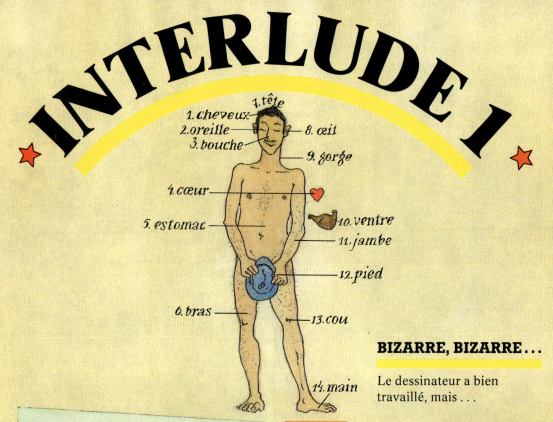

1. cheveux
2. oreille
3. bouche
4. cœur
5. estomac
6. bras
7. tête
8. œil
9. gorge
10. ventre
11. jambe
12. pied
13. cou
14. main

BIZARRE, BIZARRE...
Le dessinateur a bien travaillé, mais...

C·H·A·R·A·D·E

1. – Mon premier est le contraire de «avec».
   – Mon second se boit beaucoup en Angleterre à 5 heures.
   • Mon tout peut être bonne, mauvaise ou meilleure.
2. – Première lettre de l'alphabet
   – Participe passé du verbe «savoir»
   – Ce qui vient avant «-veiller»
   • Ce qu'il faut être si on ne veut pas payer le médecin ou l'hôpital
3. – Première lettre de l'alphabet
   – Le chiffre 6
   – Femme de l'oncle
   • Travaille chez un médecin ou un dentiste
4. – Synonyme de «année»
   – Article défini masculin
   – la lettre V
   • Contraire de «mettre» (sa chemise)
5. – Adjectif possessif féminin
   – Article défini féminin
   – Préposition très courante
   • Le contraire de «en bonne santé»
6. – Conjonction de temps
   – Forme du verbe «servir»
   • Maladie très grave
7. – Est entre deux trottoirs
   – Pronom réfléchi de la première personne
   • Maladie peu grave

PICTOGRAMMES
On peut dessiner un œil dans le «o» du mot «œil». Et dans «oreille, nez, jambe, bouche, pied» etc. ?

👁 e i l

Le **o** s'est envolé !

Remettez le «o» à sa place et vous trouverez onze parties du corps.

METIERS ET PROFESSIONS

```
P H A R M A C I E N A
R E T M A Ç O N A G E
N I C E D E M G B D T
A G E N T E P E M P N
I X E T S I T N E D A
S E C R E T A I R E T
U C A D R E B E N Y S
A R E G N A L U O B I
P L O M B I E R Ç O S
F D Z E S U E V R E S
R E I R V U O R A E A
D R U E T C A O G Z O
```

Lisez de haut en bas, de bas en haut, de gauche à droite et de droite à gauche – et vous trouverez 17 métiers et professions.

Qui est-ce?

Il se lève tôt.
Il n'a pas froid.
On aime bien ce qu'il fait.

CODE SECRET?

DPG F PANE MICS R CUT

Est-ce que ces lettres pourraient signifier quelque chose?

MESSAGE SECRET

ZEDNER-SUOV A TIUH SERUEH UA AMÉNIC

LES MOTS DANS LE MOT

Formez le plus possible de mots avec les lettres de CINEMA et de TELEVISION

Quel est l'objet qui manque?

Pour les solutions voir page 164.

4

Je ne veux pas bronzer idiot.

> Au bord de la Méditerranée

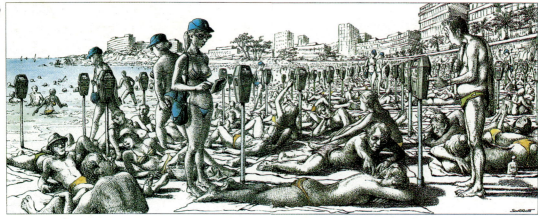

1 **Une plage en été.** – *Décrivez la scène et utilisez les expressions suivantes:*

la		Mer		méditerranée
une		foule		énorme
une	très	grande	plage	
des		hôtels	très	modernes
des		jeunes	filles	
des		casquettes		bleues
une		touriste		endormie
une		rangée		infinie de parcmètres

> Il y a une foule énorme
> sur une grande plage.

2 **Une plage que vous connaissez.** – *Dites où elle est et comment elle est.*

3 **Vous connaissez ?**

— Vous connaissez le Luxembourg ?
~ Oui, c'est un petit pays.

— Vous connaissez le Languedoc-Roussillon ?
~ Oui, c'est une région touristique.

2 L'année prochaine, on fera autre chose.

– Alors, tu as passé des vacances agréables ?
~ Oui, plus ou moins. Mais je n'y retournerai plus.
– Tu as encore été dans le Midi ?
~ Oui, à la Grande Motte. Avec des copains, on avait loué un appartement avec vue sur la mer, un truc chouette – propre, confortable. Mais j'ai commencé à m'ennuyer au bout de quinze jours. Un mois au bord de la mer, c'est trop.
– Tu ne fais pas de planche à voile ?
~ Non, je ne sais pas en faire, et je ne fais pas de voile non plus. Alors tu sais – tu te fais rôtir sur le sable, tu te baignes, tu te retournes sur ta serviette, tu vas manger, et tu recommences.
– Et ta femme ?
~ Elle, elle aime bien la chaleur, elle est du Midi – mais à force de ne rien faire,

elle a pris 3 kilos et moi 4. Alors nous avons décidé de faire autre chose l'année prochaine.
– Vous savez déjà où vous irez ?
~ Non, pas encore. On ira ailleurs, et on bougera un peu, quoi ...

> L'année prochaine, je n'y retournerai plus.
> On bougera un peu.
> Vous irez où ?

 4 Un mois de juillet.

Résumez – où ce monsieur et sa femme ont passé le mois de juillet,
– ce qu'ils ont fait,
– pourquoi ils n'y retourneront plus l'année prochaine.

 5 Cette année – l'année prochaine

a) Cette année,
– ils sont encore retournés dans le Midi.
– ils ont loué un appartement à la Grande Motte.
– ils sont restés un mois au bord de la mer.
– ils n'ont pas bougé.
– le monsieur s'est ennuyé sur la plage.
– il a pris quatre kilos.

Peut-être que l'année prochaine, il(s)
– aller ailleurs/à la campagne
– faire du camping à la ferme
– louer une bicyclette/un bateau
– s'amuser/rester à la maison
– garder la ligne/perdre des kilos
– faire du footing/du vélo
– prendre des cours de voile
– faire des randonnées
– faire un peu de sport

b) *Et vous ?*
– Où est-ce que vous avez passé vos dernières vacances d'été ?
– Vous avez déjà une idée de l'endroit où vous irez l'année prochaine ?

4

6 Ça vous dit quelque chose?

4

En Bourgogne

4

7 Deux cartes postales

- Qui écrit à qui?
- Dans quelle région de France se trouvent les deux jeunes gens?
- Quel temps est-ce qu'il fait?
- Dans quelles villes est-ce qu'ils ont déjà été?
- A combien de kilomètres de Paray-le-Monial se trouvent Cluny, Mâcon, Beaune, Autun, Moulins, Dijon?
- Cluny est situé à l'est de Paray-le-Monial. Et les autres villes?
- Le Canal du Centre va de la Loire à quel autre fleuve?

En vélo

VEZELAY (Yonne)
La Basilique Ste-Madeleine (XIIe siècle)
Remparts sud

le 7 août

Maman, je t'écris de Decize. On est dans un camping situé au bord de la Loire à 35 km de Nevers. C'est notre 2e journée de vélo. J'ai un peu mal aux jambes, mais Yves dit que c'est normal au début. Nous avons passé la journée d'hier à Vézelay. C'est magnifique. Ne t'inquiète pas, nous ne prenons que les petites routes. Je t'embrasse, Danielle

Mme Marie-Claude Dupuis
38, rue Docteur Bonnard
25000 Besançon

CANAL DU CENTRE
(Saône-et-Loire)

Palinges, le 8-8

Chers Annick et Jean-Marie,
On est en train de se reposer au bord du Canal du Centre, en pleine Bourgogne. Il fait un temps super pour faire du vélo: pas trop de soleil et pas une goutte de pluie. Hier soir, à Paray-le-Monial, on a mangé comme des rois! Étape d'aujourd'hui: Cluny ou Taizé; demain: Mâcon ou Tournus, on verra. On n'est pas pressés.
Amitiés Yves et grosses bises de Danielle

M. et Mme Marceau
21, av. d'Adhémar
34000 Montpellier

Il fait	chaud. froid. beau (temps). mauvais (temps). 13° à Paris.
Il pleut.	
Il y a	du soleil. du vent. des nuages. des orages.

8 Bulletin météo du 10 août, 8 h.

Vous êtes en Bourgogne:
- Quelle température est-ce qu'il fait en Bourgogne au moment où ce bulletin passe?
- Jusqu'à combien de degrés est-ce que les températures vont monter dans la journée?
- Qu'est-ce qui va se passer dans l'après-midi?
- Quel temps est-ce qu'il fera demain en Bourgogne?

9 Aujourd'hui – demain   *Exemple:* Aujourd'hui, il y a des nuages. Demain, il pleuvra.

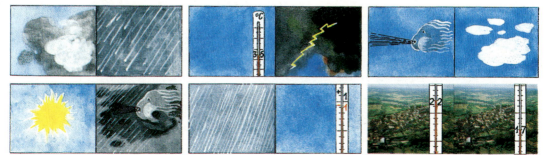

En Auvergne

Le Massif Central

Le Massif Central couvre presque un sixième de la France. Il est le plus élevé, le plus vaste et le plus varié des massifs anciens européens. Le centre du Massif Central comprend des blocs granitiques, des volcans et des vallées profondes. La chaîne des Puys présente des cratères bien conservés. Plus ancien, le Cantal a été fortement attaqué par l'érosion. Des rivières ont creusé de véritables canyons entre les montagnes: l'Ardèche, l'Allier, la Truyère et surtout le Tarn, dont les gorges sont les plus profondes du Massif Central.

D'après «Collection Pernet/Géographie, 3ᵉ», Ed. Hachette

superficie	: 85 000 km²
altitude moyenne	: 710 m
▲ Puy de Sancy	: 1 886 m
▲ Plomb du Cantal	: 1 858 m
▲ Mont Mézenc	: 1 754 m
▲ Puy de Dôme	: 1 465 m

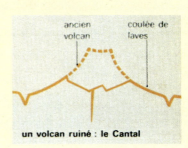

un volcan ruiné : le Cantal

| Le Massif Central est | un | vaste | massif. | | |
| | le plus vaste | massif | ancien | d'Europe. | |

| Le Tarn a creusé | des | gorges | profondes. | | |
| | les | gorges les plus | profondes | du Massif Central. | |

Définitions

Trouvez le mot correspondant:
1. Ensemble de plusieurs montagnes
2. Haut
3. Contraire de monotone
4. Très grand
5. Le Cantal en était un.
6. Souvent profonde
7. L'Ardèche en est une.
8. Les plus profondes sont celles du Tarn.
9. Elle attaque les massifs.
10. Partie d'un volcan

des gorges *une vallée* *élevé* *une rivière* *varié* *l'érosion* *un volcan* *vaste* *un cratère* *un massif*

Les données principales

Notez
la superficie du Massif Central, son âge, la montagne la plus élevée de ce massif, les caractéristiques des montagnes, les caractéristiques des vallées, les gorges les plus profondes du Massif Central.

4

Carte géologique du Massif Central

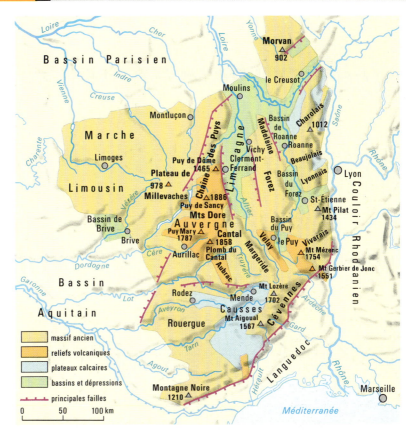

12. **Trouvez les noms.** – *Cherchez dans la carte ci-dessus les noms des montagnes et des rivières mentionnées dans le texte ci-contre.*

13. **Superlatifs**

Exemples: Quel est le fromage le plus connu du Massif Central ? – C'est le Roquefort.
   Quelle est la plus grande ville de France ? – C'est Paris.

le Massif Central:	85 000 km²	la Loire:	1012 km
les Vosges:	10 000 km²	le Rhône:	812 km
le Massif Armoricain:	75 000 km²	la Seine:	776 km
(France)		(France)	
les gorges de l'Allier:	500 m	le Puy de Sancy:	1886 m
les gorges de l'Ardèche:	250 m	le Puy Mary:	1787 m
les gorges du Tarn:	600 m	le Plomb du Cantal:	1858 m
(Massif Central)		(Massif Central)	
Clermont-Ferrand:	151 000 habitants	Lyon:	27 av. J.-C.
Limoges:	136 000 habitants	Marseille:	600 av. J.-C.
St-Etienne:	225 000 habitants	Paris:	52 av. J.-C.
(Massif Central)		(France)	

49

La région et ses départements

 5 Lettre à un organisme régional

> Gaby Range
> Goethestr. 20
> D-6302 Lich 1
>
> au
> Comité Régional de Tourisme
> F-45000 Orléans
>
> Mesdames, Messieurs,
>
> J'aimerais séjourner l'été prochain dans votre région pour améliorer mes connaissances de français.
> Je vous serais reconnaissante de bien vouloir m'envoyer une documentation. Je voudrais me renseigner sur votre région et plus particulièrement sur les possibilités de vacances actives (de stages par exemple) qui me permettraient de rencontrer des Français. Pourriez-vous m'indiquer les dates précises de ces stages ?
>
> En attendant votre réponse, je vous prie d'agréer, Mesdames, Messieurs, l'expression de mes sentiments distingués.
>
> *Gaby Range*

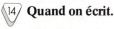 **Quand on écrit.**

Cherchez aussi dans la lettre p.26 et dans les cartes postales p. 47 quelles formules on utilise pour
- commencer une lettre,
- demander un service ou un renseignement,
- terminer une lettre,

quand on écrit
- à quelqu'un qu'on connaît bien (famille, amis),
- à une institution ou une entreprise.

Carte administrative de la France

Trois régions et leurs départements

a) *Notez, avec leur chef-lieu, les départements qui forment les régions Auvergne, Bourgogne et Centre.*

b) *Regardez les numéros des départements et essayez de découvrir le système de ce classement.*

4

Vacances actives en France

Imaginez des vacances dans l'une des ces trois régions (Auvergne, Bourgogne, Centre). Les prospectus – il n'est pas nécessaire de tout comprendre! – vous donneront peut-être des idées. Mais vous êtes libres de choisir vos activités.

**Cyclotourisme:
Les Châteaux
de la Loire**

Cette randonnée vous fera découvrir une Touraine inépuisable, envoûtante, surnommée à juste titre le jardin de la France.

Itinéraire	Kil. partiel	Kil. total
Parcours n° 3.		
La Folie - D 87 - Viaduc de la Horaie D 17 - Monts - Artannes Pont-de-Ruan - Saché St-Blaise - N 751 - *Azay-le-Rideau*		25
Les Closeaux *Chinon*	22	47
N 749 - St-Lazare - N 751 - La Chaussée - V.O. Couziers - Fontevrault	21	68
D 157 - Champigny *Saumur*	15	83
N 147 - Souzay Parnay Montsoreau Candes - St-Martin D 7 - *Rigny-Ussé*	34	117
Villandry	22	139
Savonnières - D 7 D 127 - Ballan - La Carte - *La Folie*	19	158

VAL DE LOIRE

SKI NAUTIQUE

Du 1er juin au 30 septembre 1989.

A l'étang de Ronsard, dans la Vallée du Loir, venez vous initier ou vous perfectionner à la pratique du ski nautique, sur lac artificiel aux abords aménagés (Club House, Bar-Restaurant, Camping ★★, attractions pour les plus jeunes, et de nombreuses activités annexes: planche à voile, volley-ball, pêche …)

VALLÉE DU CHER ET SOLOGNE EN ROULOTTE

Départ de MENNETOU-SUR-CHER

Le temps d'un week-end ou d'une semaine, découvrez les beaux sentiers solognots. Roulotte entièrement équipée pour 4 personnes et circuits adaptés (20 km). Le soir accueil à la ferme où sont prévus un enclos pour le cheval et la roulotte.

STAGES ARTISANAUX
– Stage de SCULPTURE SUR BOIS et TERRE CUITE
– Stage de FABRICATION DE BIJOUX ARTISANAUX.
Durant 6 jours, dans un atelier privé, situé à ONZAIN, stage sous la conduite d'une artiste confirmée.
Possibilité d'hébergement chez un particulier (chambre de 2 à 3 lits).

STAGE DE TISSAGE
Durant 5 jours (du lundi au vendredi), dans un village traditionnel de Sologne, venez apprendre le travail de la laine et réaliser un ouvrage.
Nombre de stagiaires: 2 à 4 personnes.
Hébergement libre sur demande.

STAGE DE SQUASH
Au Squash de l'Hermitage, à Blois, sous la direction d'un moniteur diplômé, durant un week-end ou 5 jours, en intensif (pour personnes déjà pratiquantes) ou en semi-intensif (tous les niveaux).

WEEK-END de janvier à juin

16 Un projet de vacances en France

a) *Faites une liste des activités proposées dans ces prospectus.*

b) *Vous vous mettez d'accord, en groupe, sur un projet de vacances et en discutez entre vous.*

c) *Vous racontez ensuite en détail aux autres groupes où vous voulez aller, quand et pendant combien de temps, pourquoi vous irez dans cette région et ce que vous y ferez.*

4

LES VOIES NAVIGABLES DE BOURGOGNE

En Bourgogne, près de 1200 km de rivières et de canaux presque désertés par la navigation commerciale sont offerts aux plaisanciers. Cette richesse remarquable en voies navigables est due à la situation géographique même de la Bourgogne. C'est au cœur de cette région, en effet, que s'élève la ligne de partage des eaux entre les bassins de trois des principaux fleuves français: la Seine, la Loire et la Rhône.

D 32
6 passagers. Sans permis.

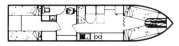

- Longueur: 10 m; largeur: 2,15 m.
- Moteur hors bord, autonomie 4/5 jours.
- Carré: 1 couchette double convertible.
- 2 cabines séparées: 2 couchettes simples, 1 couchette double.
- Cuisinière avec four; réfrigérateur.
- 1 bicyclette par bateau comprise dans les tarifs.
  w.-c. marin; chauffage.
- Eau froide sous pession (150 l).

randonnées pédestres

Réapprenez que la distance est cette drôle de façon qu'ont les pays de n'être pas en contact les uns avec les autres et que vivre c'est passer entre les choses en essayant de ne pas se cogner.

PRESTATIONS:

Sont compris dans le prix de la randonnée:
- L'hébergement, sommaire et collectif:
  - en gîte d'étape (lit, couverture, sanitaire et douche)
- Le petit déjeuner et le repas du soir:
  - chaud, chez l'habitant ou dans de petites auberges.
- Le repas de midi: pique-nique.
- L'accompagnement par une personne connaissant bien la région et assurant l'encadrement technique et le commentaire des zones traversées.
- L'adhésion à l'association.
- L'assurance responsabilité civile.

N'est pas comprise: l'assurance individuelle accident.

ÉQUIPEMENT:

Votre équipement ne devra pas dépasser 7 kg.
Une pharmacie collective est prévue pour le groupe.

LACS ET VOLCANS D'AUVERGNE

Durée: 7 jours

Code		Date	
LV	7	du 16-6 au 22-6	
LV	8	du 30-6 au 6-7	
LV	9	du 14-7 au 20-7	
LV	10	du 28-7 au 3-8	
LV	11	du 11-8 au 17-8	
LV	12	du 25-8 au 31-8	
LV	13	du 22-9 au 28-9	

A travers des paysages très variés, cette randonnée vous mène à la découverte des volcans éteints d'Auvergne: la chaîne des Puys, bel alignement de 80 volcans, puis la chaîne des monts Dore, volcans plus anciens assortis de très beaux lacs de montagne.
Hébergement: Gîte d'étape
Difficulté: **(Etapes de 20 km pour 700 m de dénivelé en moyenne).
Rassemblement et dispersion: Clermont-Ferrand.

d) *Vous écrivez au syndicat d'initiative du département où vous voulez séjourner et envoyez la lettre au chef-lieu de ce département (code postal = numéro du département).*

e) *Plus tard, quand le courrier arrivera, vous l'apporterez au cours et vous montrerez et expliquerez aux autres ce que vous avez reçu.*

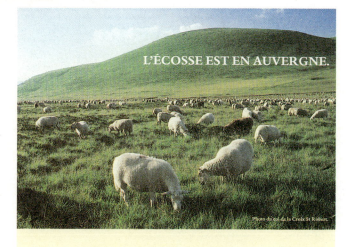

L'ÉCOSSE EST EN AUVERGNE.

Photo du col de la Croix St Robert.

LA FRANCE.
LE PAYS QUI DÉPAYSE.

Allez plus loin : découvrez les plus beaux paysages de la Terre sans quitter le plus beau pays du Monde.

Partez en France et découvrez Hawaï, le Kenya, l'Espagne, la Grèce, l'Égypte et l'Écosse dans un rayon de 1000 km.

Allez plus loin, partez en France.

SECRÉTARIAT D'ÉTAT AU TOURISME.

HAWAÏ EST AU PAYS BASQUE.

Photo prise à Biarritz.

 Une publicité du Secrétariat d'Etat au Tourisme

   a) Qu'est-ce qu'on compare et pourquoi?
   b) Qu'est-ce que vous pensez de cette «pub»?
   c) Est-ce que vous auriez envie de découvrir «Hawaï au Pays Basque», etc.?

 Le pays qui dépayse

Imaginez la même campagne publicitaire, mais cette fois-ci, vous proposez aux Français de découvrir votre pays. Dans votre campagne, l'humour n'est pas interdit.

a) *Décrivez les détails d'une photo que vous vous imaginez.*

b) *Utilisez la première partie du texte du Secrétariat au Tourisme; vous pouvez changer d'adjectif:* le plus/le moins beau; pittoresque; petit; grand; riche; pauvre; moderne; ancien; romantique; passionnant; etc.

On n'est pas tous logés à la même enseigne.

Habitats et habitants

1. Comment ils sont logés.

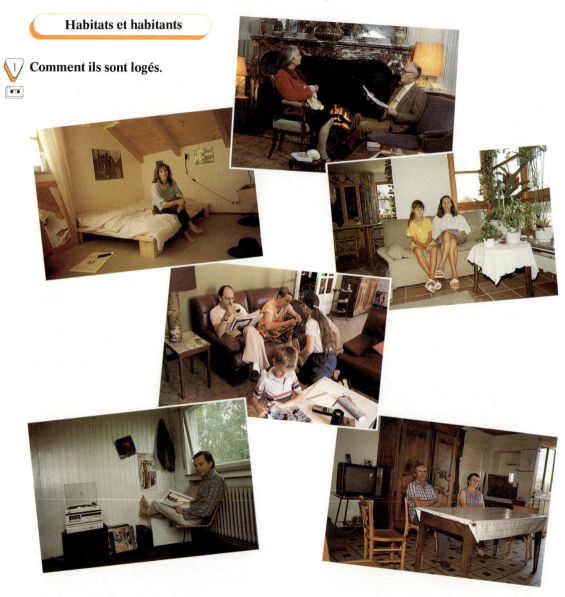

«Je travaille dans le bâtiment. J'ai un salaire de 8 000 F. Pour ma chambre dans un foyer, je paie 1 000 F par mois.»

«Je suis médecin dans une clinique à Paris. Mon mari est ingénieur. A deux, nous gagnons 35 000 F. Nous avons deux enfants et avons acheté un pavillon dans la banlieue parisienne.»

«Je suis assistante sociale et je gagne 10 000 F par mois. Je suis divorcée et j'ai un enfant. J'habite au rez-de-chaussée d'un H.L.M. Pour mon F3 je paie 1 700 F. Ce n'est pas exagéré comme loyer, mais la vie dans les grands ensembles n'est quand même pas tellement agréable.»

«Je suis directeur dans une compagnie d'assurance. Ma femme ne travaille pas. Nous avons un appartement au 3ème étage d'un immeuble du XVIe, à Paris. Le dimanche nous allons à la campagne dans notre résidence secondaire. Nos enfants viennent nous voir presque tous les week-ends.»

«Je suis agriculteur. Evidemment, j'habite à la ferme avec ma femme, dans les environs d'Angers. Nous avons assez pour vivre, mais ce n'est pas toujours facile. Ma fille travaille à Nantes dans une entreprise de textile. Elle a loué un petit studio tout confort dans un grand immeuble. Elle aime bien venir ici parce qu'il y a de la verdure.»

1 **Qui vit dans quel logement?**

Ecoutez la cassette et regardez les photos. Dites de quelle(s) personne(s) il s'agit. Devinez ensuite dans quelle habitation elle(s) vit/vivent.

2. De quel mot est-ce qu'il s'agit?

1. Les jeunes ouvriers peuvent y avoir une chambre.
2. J'habite au quatrième …
3. Maison individuelle
4. Maison à plusieurs étages
5. Trois-pièces
6. Habitation à Loyer Modéré
7. Un groupe de grands immeubles
8. On y va le week-end et pendant les vacances.
9. Un agriculteur y travaille et y vit.
10. Petit appartement d'une pièce
11. On y arrive sans monter.
12. Il faut le payer tous les mois.

le studio — un étage — le loyer — la ferme — le foyer — un H.L.M. — le F3 — le grand ensemble — le pavillon — la résidence secondaire — un immeuble — le rez-de-chaussée

3. Est-ce qu'ils sont bien logés?

a) *Ecoutez et notez*

  – la profession,
  – le salaire et
  – le type de logement
  des personnes qui parlent.

b) *Racontez ce que vous avez noté.*

c) *Dites comment vous trouvez ces logements:*

cher, chère — confortable
calme — beau, belle
bruyant, e — moderne
agréable — simple
grand, e — luxueux, -euse
petit, e — modeste

4. Et vous?

a) Où est-ce que vous habitez?
en ville
dans un village
à la campagne
dans la banlieue d(e) …
dans les environs d(e) …
près d(e) ….
dans un pavillon
dans un immeuble
dans un foyer
dans un studio
dans un appartement
dans une cité universitaire

b) *Dites comment vous trouvez votre logement.*

5. Christine B. a déménagé. – *Notez quelle phrase est juste:*

1. Christine avait
   a) un petit studio.
   b) un grand appartement.
   c) un appartement et un studio.

2. Maintenant, elle a acheté
   a) un petit appartement.
   b) un studio.
   c) un trois-pièces.

3. Le nouvel appartement
   a) est plus grand
   b) est plus petit
   c) a la même surface que son ancien logement.

4. Il faut refaire
   a) tout l'appartement.
   b) la grande pièce.
   c) la cuisine et la salle d'eau.

Meubler son intérieur

2) Un trois-pièces tout confort

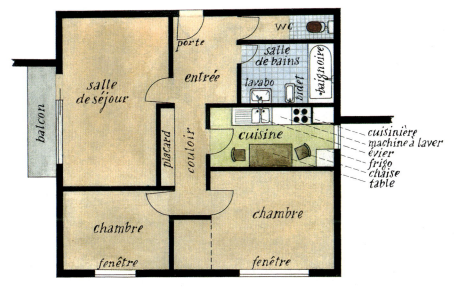

F. Simpère a rendu visite à un jeune couple. Voici ce qu'elle raconte dans son livre «Frapper les cieux d'alignement»:

«Ils sont heureux. Ils vont emménager dans un trois-pièces tout confort à FF 2400 par mois, charges comprises – le confort moderne! Il y a une salle de bains avec baignoire, lavabo et bidet. Ce n'est pas tout: pour la première fois de leur vie, ils auront une grande salle de séjour avec balcon, une chambre pour eux et une pour leur enfant. Le luxe. Et pas des pièces minuscules, non. Une des chambres fait 10,80 mètres carrés, et l'autre près de 16 mètres carrés. D'ailleurs il faudra encore qu'ils réfléchissent. Est-ce qu'il vaut mieux donner la plus grande à l'enfant ou non? Un bébé a beaucoup de choses aujourd'hui. D'un autre côté, les parents sont deux dans une seule chambre, ce serait normal qu'ils aient la plus grande. On verra. Pour la cuisine, c'est bien simple: il y a de la place pour une cuisinière, un frigo et même pour une machine à laver à côté de l'évier. Et il y a un grand placard dans le couloir.»

Il faut	qu'	ils		réfléchissent.
Ce serait normal	qu'	ils	aient	la plus grande chambre.
Il vaut mieux	que	la chambre d'enfant	soit	grande.

6) Ils sont heureux.

a) Qu'est-ce que vous apprenez sur cette famille (nombre de personnes, âge, etc.)?
b) Qu'est-ce que vous apprenez sur l'appartement (nombre et surface des pièces, loyer, etc.)?
c) «Le luxe», qu'est-ce que c'est pour ce couple?

7. **Dessiner un plan** – *Vous décrivez votre logement à votre voisin(e), qui en dessine le plan.*

8. **Il faut que …** – *Trouvez ce qui va ensemble.*

   1. Un jeune couple n'a pas beaucoup d'argent.
   2. Il n'y a rien dans la cuisine.
   3. Un bébé sent bon.
   4. Les parents ne savent pas encore quelle chambre donner à l'enfant.
   5. Un bébé a beaucoup de choses aujourd'hui.
   6. Les parents sont deux dans une seule chambre.

   a) Il faut qu'ils achètent une cuisinière.
   b) Il ne faut pas qu'il prenne un bain tous les jours.
   c) Il vaut mieux qu'ils aient la chambre la plus grande.
   d) Il ne faut pas que le loyer soit trop cher.
   e) Il faut qu'ils réfléchissent.
   f) Il faut qu'il ait de la place.

9. **C'est important que la cuisine soit grande.**

   Vous allez emménager dans un nouvel appartement.
   Vous imaginez la cuisine.
   Dites ce que vous voulez y installer.

Il est nécessaire		on puisse y … manger. / bouger. / faire la lessive. / préparer très vite un repas.
Il faut/faudra	qu'	
C(e n)'est (pas) important	que	on achète / on ait / il y ait … une machine à laver. / un lave-vaisselle. / un grill. / de la place. / une table et des chaises. / un four à micro-ondes.
C(e n)'est (pas) utile		
Ce n'est pas la peine		
Il vaut mieux		la cuisine soit … (pas trop) grande. / moderne. / fonctionnelle.

10. **Il y a encore un problème.**

    «D'ailleurs, il faut encore qu'ils réfléchissent. Est-ce qu'il vaut mieux donner la plus grande chambre à l'enfant ou non?»
    Donnez votre avis.

Oui,	parce qu'	il faut	qu'	il(s) … (avoir) beaucoup de place. / (pouvoir) bouger librement. / (être) tranquille(s). / (avoir) la paix.
Non,	parce que	c'est normal	que	l'enfant / les parents y (avoir) assez de place pour mettre toutes ses/leurs affaires. / (pouvoir) y jouer avec ses copains.
		c'est important		
		ce n'est pas la peine		

11. **Je voudrais/J'aimerais que …**

    Vous notez sur une feuille de papier un geste ou une activité qu'il est possible de réaliser dans la classe, p. ex. monter sur la table, faire un dessin, chanter une chanson etc.
    Distribuez les feuilles. Dites à une autre personne du groupe ce qu'elle doit faire, p. ex.:
    «Je voudrais que vous montiez/tu montes sur une chaise.»

5

1) Il faut du neuf.

F: la femme   *H:* l'homme

F: Elle est sale, cette banquette, tu ne trouves pas?
H: Mais non, tu te fais des idées.
F: Si, je te dis qu'elle est sale.
H: C'est parce que la pièce est refaite à neuf, alors évidemment, les meubles ont l'air vieux.
F: On pourrait peut-être acheter un salon pour le séjour.
H: Un salon?
F: Ben oui, un canapé, une table basse et un fauteuil. Et puis il faudra aussi un meuble pour ranger la vaisselle.
H: Et le buffet?
F: Il est vieux comme tout. Moi, je veux bien le mettre à la cuisine, mais pas au salon. A quoi ça servirait d'avoir un bel appartement neuf si on y vit comme des mendiants?
H: Je ne suis pas contre, mais il faut de l'argent.
F: Il y a le crédit. J'ai tout calculé.

2) Acheter ou pas acheter?

a) *Dites ce que voudrait cette femme et comment le mari réagit.*

b) *Qu'est-ce que vous diriez à la place du mari?*

3) Meublez votre appartement.

Je n'aime plus ma vieille vitrine.   *ou bien*   J'aime beaucoup mon vieux/ma vieille …
Je la remplacerais par la vitrine …   Je ne le/la remplacerais jamais.
Je la mettrais …

Continuez.

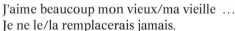

○ Un deux-pièces de «caractère»

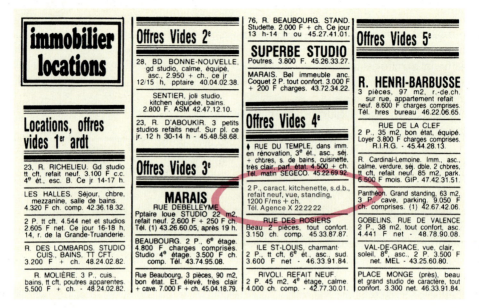

– Allô, l'agence X …
– Mais oui, madame.
– Bonjour madame, je vous téléphone pour l'annonce du «Figaro»: dans le IVe, deux pièces, rénové, kitchenette …
– Bien sûr, madame, je vois très bien, une affaire à saisir, très jolie, pleine de charme. Désirez-vous visiter ?
– Euh … c'est possible ?
– Bien sûr, madame. Voulez-vous passer à nos bureaux à dix-sept heures ?
– Dix-sept heures trente, ça serait mieux, parce que je travaille jusqu'à dix-sept heures. On pourrait peut-être se retrouver directement à l'appartement à dix-sept heures trente, ça nous ferait perdre moins de temps.
– Ce n'est malheureusement pas possible, madame, il faut d'abord passer à l'agence. D'accord pour dix-sept heures trente.

Enfin, nous sommes arrivés à l'agence à six heures moins vingt. Le bureau de l'agence était très moderne, design même. Les vitres gris fumé, la table en acier et plexiglas fumé aussi, le lampadaire rond juste à côté … même la dame de l'agence était dans le style, avec une coiffure et un ensemble impeccables. Elle nous a fait asseoir dans des fauteuils en cuir tout blancs. Moi, instinctivement, je me suis assise juste sur le bord, par peur de les salir. C'est bête, mais on était vraiment pas dans notre élément.
– Je vais vous faire remplir une fiche. De cette façon, si le deux-pièces ne vous plaît pas, nous pourrons peut-être vous proposer autre chose plus tard.

Daniel a mis notre nom, notre adresse, notre numéro de téléphone, nos professions, les quartiers et le type de logement qu'on préférait et le prix maximum qu'on pouvait payer. Là, il a un peu triché parce qu'il aurait dû écrire qu'on avait envie d'un trois-pièces qui ne dépasse pas mille francs par mois. Mais il ne faut pas rêver. La dame de l'agence aurait cru qu'on se fichait d'elle. Alors il a fait une sorte de compromis. Il écrit: «Logement désiré: 2/3 pièces, et prix maximum: 1200 F/1300 F», et il a précisé charges comprises, pour qu'elle voie que c'était vraiment un maximum.

La femme a pris la fiche, elle l'a lue, elle a souri, puis elle a pris un trousseau de clés: «Bien. Je vous emmène visiter.»

– Voilà, c'est là, dans cette petite rue. C'est très calme, et on trouve facilement à se garer.

On a monté les quatre étages à pied. Il y avait d'abord une entrée minuscule, puis une pièce avec des poutres apparentes et un crépi blanc, et une autre, plus petite, sans poutres, mais toujours avec du crépi, avec une cheminée. J'ai compris ce que voulait dire «caractère» dans les annonces: c'est chaque fois qu'on met du crépi à la place du papier peint.

– Voyez, la salle de séjour est très belle, pleine de charme.

– Elle n'est pas très grande.

– C'est une impression, parce que la pièce est vide. Une fois meublée, elle sera toute différente. D'ailleurs, nos clients en sont très contents. Vous voulez voir la chambre?

– La cheminée marche?

– Naturellement. Vous ne pouvez pas imaginer le plaisir qu'on peut avoir avec un feu de bois l'hiver en plein Paris.

A sa réaction, j'ai senti que je l'agaçais. Peut-être que les autres gens visitent sans poser de questions, mais moi, je préfère faire attention avant.

– La cuisine est minuscule.

– Ce n'est pas une cuisine, madame, l'annonce dit bien «kitchenette». Du reste, c'est vraiment assez grand pour préparer les repas d'un couple … et même d'un jeune enfant, a-t-elle ajouté en fixant mon ventre.

Dans ce deux-pièces, c'est la salle d'eau qui m'a plu. Comme le reste, elle était toute petite, mais la fenêtre donnait sur les toits de l'immeuble voisin, de telle sorte qu'on pouvait prendre sa douche en regardant se promener les pigeons. Je l'ai dit à la dame de l'agence, qui a souri pour la première fois.

– Vous avez raison, c'est très charmant, très poétique.

Daniel m'a regardé comme s'il avait peur que je dise oui par enthousiasme tout de suite.

– A combien s'élèvent les charges?

– 180 francs par mois, ce qui donne un loyer total de 1380 francs par mois. Evidemment, cela dépasse un peu vos possibilités, mais pour 80 francs …

Si elle avait su à quel point cela dépassait nos moyens!

Nous avons dit à la dame que nous allions réfléchir.

– Bien sûr, vous avez raison, mais n'attendez pas trop, car ces logements plaisent énormément et s'en vont très vite.

Daniel a promis de téléphoner avant la fin de la semaine suivante, et nous sommes partis.

D'après Françoise Simpère, «Frapper les cieux d'alignement. Du grand ensemble au pavillon, la difficulté de vivre dans les cités-cellules», Paris (Jean-Claude Simoen) 1979.

⒁ **Le rendez-vous avec la dame de l'agence.**

a) *Ecoutez les trois parties du texte une première fois, donnez un titre à chaque partie et trouvez ce qui est vrai ou faux.*

1ère partie
1. Daniel téléphone à l'agence. V–F
2. Ils ont vu l'annonce dans un journal. V–F
3. Martine, Daniel et la dame de l'agence se
   donnent rendez-vous devant l'appartement. V–F
4. Martine travaille jusqu'à 17 heures 30. V–F

2e partie
5. Martine et Daniel arrivent au rendez-vous à l'heure. V–F
6. C'est une agence très moderne. V–F
7. Daniel doit remplir une fiche à l'agence. V–F
8. Ils peuvent payer 1000 F au maximum. V–F

3e partie
9. Il y a un ascenseur pour monter au 4e étage. V–F
10. L'appartement est petit. V–F
11. Il y a une grande cuisine. V–F
12. Il y a une cheminée qui marche. V–F
13. La salle de bains plaît à Martine. V–F
14. Il y a des pigeons dans l'appartement. V–F
15. Dans le loyer de 1380 F, les charges sont comprises. V–F
16. Martine et Daniel louent l'appartement. V–F

b) *Ecoutez encore une fois et corrigez ce qui est faux.*

⒂ **Elle a compris que c'était le maximum.**

Mettez les verbes au temps qu'il faut (imparfait ou passé composé).

Nous sommes arrivés à l'agence à six heures moins vingt. Le bureau de l'agence était très moderne. Même la dame de l'agence (être) dans le style. Elle nous (faire) asseoir dans des fauteuils en cuir tout blancs. Moi, instinctivement, je (s'asseoir) juste sur le bord, par peur de les salir. C'est bête, mais on (être) vraiment pas dans notre élément.
– Je vais vous faire remplir une fiche.
Daniel (mettre) notre nom, notre adresse, notre numéro de téléphone, nos professions, les quartiers et le type de logement qu'on (préférer) et le prix maximum qu'on (pouvoir) payer. Là, il (tricher) parce qu'il aurait dû écrire qu'on (avoir) envie d'un trois-pièces qui ne dépasse pas mille francs par mois. Mais la dame de l'agence aurait cru qu'on (se ficher) d'elle. Alors il (faire) une sorte de compromis. Il (écrire): «…» et il (préciser) charges comprises, pour qu'elle voie que ce (être) vraiment un maximum.
La femme (prendre) la fiche, elle la (lire), elle (sourire), puis elle (prendre) un trousseau de clés: «Bien. Je vous emmène visiter.»
Dans ce deux-pièces, c'est la salle d'eau qui me (plaire). Comme le reste, elle (être) toute petite, mais la fenêtre (donner) sur les toits de l'immeuble voisin, de telle sorte qu'on (pouvoir) prendre sa douche en regardant se promener les pigeons. Je le (dire) à la dame de l'agence qui (sourire) pour la première fois.
– Vous avez raison, c'est très charmant, très poétique.
Daniel me (regarder) comme s'il (avoir) peur que je dise oui par enthousiasme tout de suite.

64

6) **Pourquoi?**

Lisez le texte et répondez aux questions:

1. Pourquoi est-ce qu'ils ne se donnent pas rendez-vous devant l'appartement?
2. A l'agence, Martine s'assoit au bord du fauteuil. Pourquoi?
3. Daniel doit remplir une fiche. Il «triche» un peu. Pourquoi?
4. Qu'est-ce qui agace la dame de l'agence?

7) **On était vraiment pas dans notre élément.**

Formez des groupes et choisissez un sujet.

1. Décrivez l'agence, la personne qui y travaille, sa façon de parler aux clients, ses arguments.
2. Décrivez l'appartement.
3. Dites comment le jeune homme et la jeune femme se comportent dans les différentes situations.

8) **Qu'est-ce qu'ils pensent?**

⑲ **Louer un appartement**

Est-ce que vous avez connu une situation semblable? – *Racontez.*

20 Une pièce pour chacun

M. et Mme Martin sont mariés depuis vingt ans. Avec leurs trois enfants Annie (17), Robert (15) et Benjamin (8) ils habitent un cinq-pièces en banlieue. Un jour, Mme Martin fait une proposition inattendue. Elle ne voudrait plus de salle de séjour ni de chambre pour les parents, mais une pièce par personne pour avoir enfin un endroit à elle seule.

Imaginez la discussion entre deux ou plusieurs de ces personnes.

21 Acheter ou louer?

«On n'a un chez-soi que quand on est propriétaire.» Vous êtes d'accord?
Préparez votre plaidoyer. Voici quelques idées:

la sécurité — la dépendance — des dettes à payer pour le reste de sa vie — que des ennuis — la liberté — l'indépendance — un investissement — l'immobilité — la chose la plus importante dans la vie — l'esclavage — trop de travail

22 La maison de mes rêves

Imaginez la maison/l'appartement de vos rêves pour la/le montrer à des amis français.

6

«La danse vient de la panse» (F. Villon)

La cuisine régionale et traditionnelle

1 Spécialités régionales

1 Les régions et leurs spécialités

Dites quelles spécialités on trouve dans les différentes régions de France.

Exemple: La ratatouille est une spécialité provençale.
(alsacien, ne; auvergnat, e; basque; bourguignon, ne; breton, ne; corse; flamand, e; lorrain, e; marseillais, e; normand, e; provençal, e; savoyard, e; de l'Ile de France; du Limousin; du Périgord; de Bordeaux; de La Rochelle; de Toulouse)

2 Vous avez déjà mangé du cassoulet?

– Est-ce que vous avez déjà mangé une ou plusieurs de ces spécialités?
– Est-ce que vous avez aimé ça?
– Est-ce que vous en connaissez d'autres?
– Quelles sont les spécialités de votre région?

Recette régionale

RECETTE AUVERGNATE et BOURBONNAISE
Pâté aux Pommes de Terre
1- Préparer tout d'abord une pâte feuilletée
2- Couper ensuite les pommes de terre en rondelles. Ajouter du persil haché avec un peu d'oignon, puis saler.
3- Poser les pommes de terre avec oignons et persil sur un rond de pâte feuilletée que l'on recouvrira de cette même pâte
4- Mettre au four 6-7 pendant 45 mn.
5- Après cuisson, découper une calotte de croûte et verser avec grand soin la crème fraîche.
6- Servir chaud et déguster avec une bonne bouteille de Saint-Pourçain rouge.

Bon appétit.
Michèle

Madame
Elisabeth Jacoby
Langer Weg 58
D- 73 Esslingen

EDITIONS DU LYS
58 Rue de l'Oradou - 63000 CLERMONT-FERRAND
Imprimé en C.E.E. - Reproduction interdite

Production LECONTE

1298

 C'est facile à faire.

a) Qu'est-ce qu'il faut pour faire ce plat?
b) Est-ce que c'est un plat cher?
c) Est-ce que c'est facile à faire?

 Trouvez le verbe.

Regardez la recette et cherchez le verbe qui convient.

poser les pommes de terre sur la pâte
… chaud
… au four
… les pommes de terre en rondelles
… avec une bonne bouteille
… une pâte feuilletée
… du persil
… de la crème fraîche

 Qu'est-ce qu'il faut qu'on fasse?

Vous expliquez à d'autres personnes ce qu'il faut faire pour réussir cette recette:

Il faut que tu prépares/vous prépariez *ou* achètes/achetiez … *Continuez.*

Un samedi de Pâques au marché de Saumur

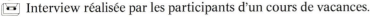 Interview réalisée par les participants d'un cours de vacances.

— Qu'est-ce que vous avez acheté au marché aujourd'hui?
~ Pour l'instant pas grand-chose, je viens d'acheter des pommes de terre, c'est le début du marché. Et puis, les légumes de la saison, et puis quelques fruits, enfin ce qu'il faut pour le repas de Pâques.
— Qu'est-ce que vous faites pour le repas de Pâques?
~ Eh bien, je pense que nous allons faire des avocats, ensuite un rôti de veau avec des champignons, de la sauce tomate et puis des fenouils. Ensuite du fromage et puis comme dessert peut-être une tarte aux pommes.
> Le tout arrosé d'un Saumur Champigny peut-être ou d'un Bourgueil.

Je viens d'acheter des pommes de terre.

  Au marché

1. Qui parle et où?
2. Qu'est-ce que cette personne
   — vient d'acheter?
   — va encore acheter?
3. Quel sera le menu de Pâques (hors-d'œuvre, plat principal, dessert, boisson)?
4. Comment vous trouvez ce menu?

  Il vient d'acheter des pommes de terre.

Votre menu de Pâques

Vous venez de faire vos achats pour Pâques. On vous pose les mêmes questions qu'à la dame interviewée à Saumur.

4. Le hit-parade de la cuisine.

A la question: *Lorsque vous pensez à un bon repas, quel serait le plat principal qui vous ferait le plus plaisir?* des Français ont répondu:

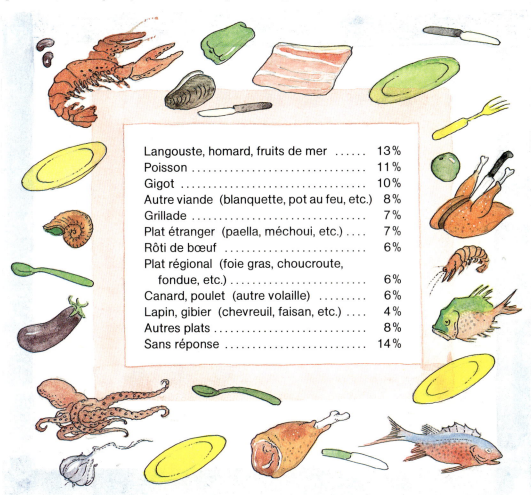

Langouste, homard, fruits de mer	13%
Poisson	11%
Gigot	10%
Autre viande (blanquette, pot au feu, etc.)	8%
Grillade	7%
Plat étranger (paella, méchoui, etc.)	7%
Rôti de bœuf	6%
Plat régional (foie gras, choucroute, fondue, etc.)	6%
Canard, poulet (autre volaille)	6%
Lapin, gibier (chevreuil, faisan, etc.)	4%
Autres plats	8%
Sans réponse	14%

«L'Express», 20/V/83

9. Vos plats préférés

a) Quel plat de cette liste vous ferait le plus plaisir?

b) *Faites votre propre hit-parade de la cuisine.*

10. Qu'est-ce que ça signifie?

Formez des groupes. Essayez de trouver la signification possible de ces expressions.

1. Il a un œil au beurre noir.
2. Prendre de la brioche.
3. Il n'est pas dans son assiette.
4. Raconter des salades.
5. Tomber dans les pommes.
6. Avoir la frite.
7. Il y a du pain sur la planche.

Chevaliers de la table ronde

2. S'il est bon, s'il est agréable,
   j'en boirai jusqu'à mon plaisir.
3. J'en boirai cinq ou six bouteilles,
   une femme sur mes genoux.
4. Si je meurs je veux qu'on m'enterre
   dans une cave où il y a du bon vin.
5. Les deux pieds contre la muraille,
   et la tête sous le robinet.
6. Sur ma tombe je veux qu'on inscrive:
   Ici gît le roi des buveurs.

Vous connaissez le vin français?

a) *Lisez les étiquettes, regardez la carte et dites, p. ex.:*
Le numéro 1 est un Château Faubernet 1985. Il est produit dans le Bordelais par DUFIS Frères. Il a été mis en bouteille par Ets Rineau à St Loubès, Gironde. C'est une appellation Bordeaux supérieur contrôlée. La bouteille contient un litre et demi.
Continuez: Le numéro 2…

b) Quel vin français est-ce que vous avez déjà bu? Avec quel plat?

Il est produit par DUFIS Frères.
Il a été mis en bouteille par Ets Rineau.

La descente du gros rouge

	par habitant en litres	
	1970	1983
Vins courants	95,6	63,5
Vins AOC	8,0	16,1
Bière	41,4	43,8
Cidre	18,3	17,1
Eaux minérales	39,9	53,6
Boissons gazeuses ...	19,1	26,8

Les Français sont les plus grands buveurs de vin… et d'eau du monde.

Dans le domaine des boissons, on assiste à un mouvement semblable vers des produits de meilleure qualité et plus sophistiqués. C'est ainsi que le ‹gros rouge› est de moins en moins consommé, au profit de vins plus fins et plus chers.
Le vin ordinaire est également délaissé pour d'autres types de boisson, comme la bière, les boissons gazeuses et … l'eau.

Gérard Mermet, «Francoscopie», Paris (Larousse) 1986.

Les Français boivent	plus de vin que de bière.
	moins de bière que d'eau minérale.
	de moins en moins de vin ordinaire.
	de plus en plus de bière.

 Consommation de boissons en France …

a) *Regardez la statistique de l'année 1983.*
   – Quelle est la boisson qui vient en tête?
   – Quelle est la boisson qui vient en deuxième position etc?
   Comparez la consommation des différentes boissons.

b) *Regardez les statistiques de 1970 et de 1983 et dites quelles sont les tendances générales:*
   On boit de plus en plus de …
   de moins en moins de …
   à peu près autant de …

 … et dans votre pays

a) A votre avis: est-ce qu'on boit plus ou moins de vin/ de bière/ d'eau minérale dans votre pays qu'en France?

b) Qu'est-ce que vous buvez à quel moment de la journée?

 Jeu – *Formez des groupes.*
En cinq minutes, vous cherchez le plus grand nombre possible de noms de

| fruits ou légumes | autres produits alimentaires | boissons | plats |

6

> **La restauration de masse**

7 **Plus vite et moins cher**

15 **Quand on n'a pas beaucoup de temps.**

Regardez ces photos et dites — où on peut manger quand on n'a pas beaucoup de temps,
— ce qu'on peut manger,
— quels plats sont français, quels plats sont d'origine étrangère.

16 **Manger à la cantine**

Vous notez

— où la personne interviewée travaille,
— où elle mange,
— ce qu'elle vient de manger,
— combien le repas coûte,
— ce qu'elle boit,
— ce que boivent ses collègues,
— quelle est la qualité des repas,
— combien de temps elle a pour manger.

17 **Pourquoi ils ne mangent pas chez eux?**

a) Autrefois, la plupart des Français mangeaient chez eux, à midi.
Désormais, une personne active sur deux ne rentre pas à midi.
Pourquoi?

b) Et vous?
Où est-ce que vous mangez à midi?
Qu'est-ce que vous mangez?

75

6

◐ **Comment ils mangent.**

Valentine,
16 ans, 1,64 m, 54 kg.

 En semaine, Valentine se lève à 7 heures pour aller au lycée, déjeune à la cantine et dîne chez elle. Le week-end, c'est la conquête de l'autonomie. Debout à 11 heures, elle s'alimente à sa façon. Mal, sans doute. Mais « le fast food avec les copains, c'est quand même beaucoup plus drôle que le gigot flageolets de papa-maman ».

MENU EN SEMAINE
Petit déjeuner : un bol de chocolat (lait entier), deux tartines avec du beurre et de la confiture. Déjeuner : crudités, escalope de veau, pâtes, un café avec un sucre, trois verres d'eau. Goûter : une pomme, un croissant. Dîner : bifteck, pommes de terre sautées, un yaourt au chocolat, un yaourt naturel sucré, deux tranches de pain, trois verres d'eau.

Anne-Marie,
40 ans, 1,65 m, 58 kg, sans profession.

 Anne-Marie passe environ deux heures par jour à préparer les repas pour ses trois enfants et son mari. Elle consulte souvent le cahier de recettes de sa grand-mère. La cuisine, le ménage, le lavage, le repassage et, bien sûr, l'éducation de ses enfants ne lui laissent que très peu de temps disponible, qu'elle consacre généralement à retapisser des fauteuils ou à visiter des brocanteurs.

MENU EN SEMAINE
Petit déjeuner : un bol de céréales (lait entier), un jus d'orange. Déjeuner : crudités, blanquette de veau, un yaourt sucré, une tranche d'ananas frais, deux tranches de pain, trois verres d'eau. Goûter : une tartine de pain beurré avec une barre de chocolat, un yaourt sucré. Dîner : potage de légumes, une part de quiche, du fromage blanc avec de la crème fraîche, deux tranches de pain, trois verres d'eau. Plus huit cafés légers avec un demi-sucre dans chaque tasse, répartis sur toute la journée.

Bonifacio,

*58 ans,
1,72 m, 93 kg,
entrepreneur en maçonnerie.*

 Bonifacio est un homme fort qui travaille en plein air. Debout à 6 heures, il part pour son chantier, où il soulève des parpaings et conduit sa pelleteuse toute la journée. Le week-end, il partage son temps entre le bricolage et le jardinage. « Les parlotes au salon, c'est pas pour moi ! »

MENU EN SEMAINE
Petit déjeuner : un sandwich au saucisson sec, une part de gâteau, un café avec un sucre, dix noix. Déjeuner (sur son chantier) : une côte de porc, des haricots verts, du fromage, une banane, trois tranches de pain, quatre verres de vin rouge, un café avec un sucre, dix noix. Dîner : potage de légumes, bifteck, pâtes, salade verte, une orange, deux tranches de pain, quatre verres de vin rouge, dix noix.

Miguel,

*29 ans,
1,80 m, 65 kg,
chef de publicité.*

 Bien souvent son déjeuner se résume à un sandwich. Et, quand Miguel va au restaurant, c'est pour un déjeuner d'affaires. Célibataire, il fait un minimum de courses, et jamais la cuisine. Le week-end, il se lève et se couche tard. Il ne pratique aucun sport régulier.

MENU EN SEMAINE
Petit déjeuner : un café avec un sucre, deux tartines de pain beurré. 10 heures : un café avec un sucre. Déjeuner sur place : un sandwich jambon-fromage, une bière ; au restaurant : un demi-avocat avec des crevettes, ris de veau, une part de fromage, une tarte aux fruits, deux tranches de pain, deux verres de vin rouge, un café avec un sucre. Dîner (dans un fast food) : deux hamburgers, une portion de frites, un café avec un sucre. 23 heures : un bol de céréales (lait demi-écrémé).

«L'Express», 7/IV/87

(18) **Un poids normal?**

Regardez les photos et dites si, à votre avis, ces personnes ont un poids tout à fait normal/trop faible/trop élevé pour leur taille et leur âge.

Il/Elle est — maigre
— mince
— bien comme ça
— costaud/enveloppée
— gros/forte.

(19) **Habitudes alimentaires**

a) *Formez quatre groupes. Chaque groupe lit le portrait «alimentaire» de l'une de ces personnes.*
   1. *Vous notez quelques détails intéressants sur le domicile, la profession, les habitudes de la personne.*
   2. *Vous notez* — *le nombre de repas pris par cette personne,*
      — *quel est son repas principal,*
      — *ce qu'elle boit et quand.*
   3. *Vous vous demandez si l'alimentation de cette personne est équilibrée, p. ex. si elle comporte assez/trop/trop peu de graisses, sucre et protéines, si elle est assez riche en vitamines.*
   4. *Notez ce qui vous semble typiquement français dans les habitudes alimentaires de cette personne.*

b) *Chaque groupe présente les résultats de son travail. Les autres imaginent ce qu'un médecin dirait à la personne présentée:*

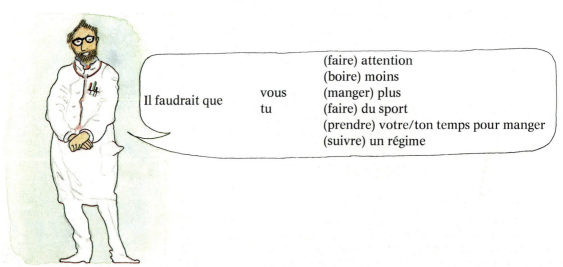

(20) **Discussion**

Qu'est-ce qui est différent dans votre pays?

QUELQUES CONSEILS POUR BIEN SE NOURRIR

Les erreurs à éviter sont nombreuses

Les plus courantes sont, en France:
- une consommation excessive d'alcool;
- une consommation trop riche en corps gras, trop riche en sucres, qui augmentent l'excès calorique et les risques de maladies cardiaques et circulatoires;
- une consommation insuffisante de produits laitiers, de fruits et de légumes;
- une tendance à trop saler les aliments.

Manger beaucoup de viande n'est pas nécessaire

Contrairement aux idées reçues, il n'est pas utile de manger beaucoup de viande.
Elle peut parfaitement être remplacée par des aliments du même groupe, tels que le poisson, les œufs ou les produits laitiers.

Boire, c'est aussi se nourrir

L'eau est le principal constituant de notre corps. L'eau est la seule boisson nécessaire, mais nous n'en buvons pas assez (il faut 1 l à 1,5 l par jour).

Manger joyeusement

La qualité d'un repas dépend aussi de l'atmosphère dans laquelle il se déroule. Rien n'est meilleur pour l'appétit que de rire à table!

Spécial Nutrition oct.–nov. 84 HS N° 18

Comment M. Dupont se nourrit

alcool	beaucoup
sucre	peu
corps gras (beurre etc.)	énormément
produits laitiers	assez
fruits	presque pas
légumes	juste pour accompagner la viande
sel	beaucoup
viande	beaucoup
poisson	peu
eau minérale	très peu
rire à table	souvent

a) *Lisez le texte et dites si M. Dupont a suivi ou non les conseils. Donnez un point par conseil suivi.*
b) *Faites votre portrait alimentaire de la même façon.*
   0 – 2: Faites votre testament.
   3 – 6: Commencez à réfléchir.
   7–10: Continuez comme ça.
     11: Vous êtes un(e) saint(e) ou un(e) menteur(-euse).

La nourriture de l'avenir

Imaginez comment on mangera dans l'avenir.

INTERLUDE 2

PUZZLE

Reconnaissez-vous les morceaux de ce puzzle?

SLOGANS — TROUVEZ LES ERREURS.

Mangez le bon fromage d'Auvergne «Plomb du Cantal»!
Venez en Bourgogne faire des randonnées pédestres sur les voies navigables!
Découvrez la chaîne des Puys et ses 80 volcans en activité!
Venez faire du ski nautique sur les pentes enneigées d'Auvergne!
Visitez le château de Vézelay et les abbayes de la Loire!
Vous cherchez le calme? Venez sur la Côte d'Azur.

QUI HABITE DANS CETTE MAISON?

Imaginez le nom, l'âge, la profession, la situation familiale des locataires de cet immeuble.

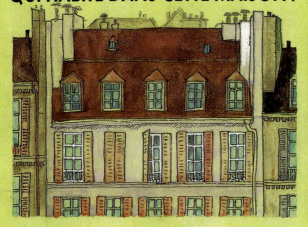
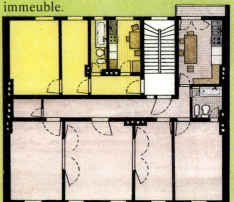

COMMENT SONT-ILS LOGÉS?

QUELLE SALADE!

A) VOUS VOUS Y RETROUVEZ?

B) TROUVEZ LA SPECIALITE.

(dans le saladier:) gras · le foie · de Bourgogne · le gratin · au poireau · les tripes · les crêpes · savoyarde · la tarte · aux pommes de terre · la fondue · limousin · à la mode de Caen · les cèpes · de sarrasin · garnie · le pâté · dauphinois · à la bordelaise · la choucroute · le clafoutis · les escargots

1. spécialité bretonne
2. on peut les préparer à la bordelaise
3. se mange dans la région de Limoges
4. spécialité normande
5. se prépare aux pommes, au poireau etc.
6. petit animal qu'on mange surtout en Bourgogne
7. contient par ex. du vin

Si vous lisez dans l'ordre les lettres encadrées des solutions, vous trouverez une chose très importante pour faire la cuisine.

Est-ce que vous feriez comme ça?

Sauce blanche

Faire chauffer 2 cuillères à soupe de beurre dans une casserole ∗ ajouter 4 cuillères à soupe de farine ∗ couper les tomates ∗ bien mélanger ∗ laisser cuire 2 minutes ∗ verser 2 verres d'eau chaude sur le beurre et la farine ∗ laisser reposer au frais ∗ bien remuer, saler, poivrer et sucrer ∗ laisser cuire 5 minutes sans arrêter de remuer.

Mousse au Chocolat

Faire chauffer doucement dans une casserole 150 grammes de chocolat en morceaux avec 5 ou 6 cuillères d'eau ∗ bien remuer et ajouter le poivre et le sel ∗ retirer du feu et mélanger avec 6 blancs d'œufs battus en neige ∗ ajouter 100 grammes de gruyère râpé et faire gratiner au four ∗ servir frais.

Pour les solutions voir page 164.

7

La vie en rose?

La famille

1. **Une chance dans la vie – la famille?**

   Qu'est-ce que ça signifie pour vous, la famille?

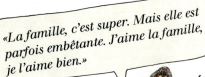
«La famille, c'est super. Mais elle est parfois embêtante. J'aime la famille, je l'aime bien.»
Céline 15 ans

Guy 67 ans
«La famille, c'est pour moi un ensemble de traditions, de façons de vivre, de goûts communs, d'anecdotes amusantes.»

«La famille est une aide morale et un appui important dans la vie, car c'est sur elle qu'on peut compter si l'on a des ennuis et non sur les amis qui sont trop souvent pas disponibles lorsqu'on a vraiment besoin d'eux. Elle signifie pour moi une très grande complicité.»
Isabelle 15 ans

«Je sais pas.»
Chloë 12 ans

«Je suis pas trop famille, sauf anniversaires et cadeaux, sinon j'aime bien être dans ma chambre avec la musique. Famille: père – mère – enfants – grands-parents – cousins – petits-enfants.»
Christian 15 ans

Sylvie 28 ans

Thierry 13 ans
«Elle sert souvent à nous aider si on a des problèmes, mais elle est souvent ennuyeuse pour les repas ou pendant les vacances. Elle n'est pas toujours très agréable.»

«Famille = parents = enfants = mariage = amour»

1. **La famille, c'est …**

    a) *Ecoutez d'abord tous les textes et notez quelles personnes ont une opinion*

    très négative   plutôt négative   indifférente   plutôt positive   très positive

    −2   −1   0   1   2

    sur la famille.

    b) *Lisez et notez*
    - les mots qui expriment ces différentes opinions,
    - quelles personnes peuvent faire partie de la famille,
    - quelles sont les formes de famille possibles.

2. **«Famille»**

    Notez spontanément ce que c'est pour vous la famille.

7

 2. **La famille, valeur n° 1**

Evelyne Sullerot, sociologue, écrivain, professeur, est membre du Conseil économique et social, et du Haut Conseil de la population et de la famille. Elle est également fondatrice de l'Association «Retravailler».

Interview avec la sociologue Evelyne Sullerot:

~ Comment expliquez-vous que dans tous les sondages auprès des jeunes, la famille apparaît comme la valeur n° 1?
– Quand les jeunes disent: «On aime la famille», ils pensent surtout à leurs propres parents, avec lesquels ils s'entendent beaucoup mieux que la génération précédente, autrement dit les adolescents de 68. Les liens avec les parents sont en très, très bon état. De ce côté-là tout va bien. Je dirais même que la famille n'a jamais été si aimée ni si aimable. Les enfants ne disent plus «Familles, je vous hais!»*, les parents ne mettent plus à la porte une fille enceinte, ne coupent pas les vivres à un garçon qui ne veut pas travailler, accueillent les «petits amis» de leurs enfants à la maison. La famille est tolérante, chaleureuse. C'est un lieu de confiance et de tendresse. Mais beaucoup de jeunes hésitent à prendre la responsabilité de fonder une famille. La chaîne s'interrompt.

*André Gide

Marie Renaudin, «ELLE», 29/IX/86

 3. **De quel mot est-ce qu'il s'agit?**

Cherchez dans le texte

le contraire de – suivant
– aimer
– froid

le mot français pour
– Zärtlichkeit
– Kette

une autre expression pour
– jeune de 14 à 18 ans
– relations
– mettre dehors

– attendre un enfant
– ne plus donner d'argent
– recevoir dans sa maison

– «le» copain/«la» copine
– se marier et avoir des enfants
– ne pas continuer

 4. **«On aime la famille.»** – a) *Cherchez dans le texte pourquoi les jeunes disent cela.*
b) *Comment c'était autrefois?*
c) *D'après Evelyne Sullerot «la famille n'a jamais été si aimée ni si aimable». Est-ce que c'est vrai aussi pour votre pays?*

 5. **J'aime/Je n'aime pas …**

Qu'est-ce que vous aimez/n'aimez pas dans votre famille?

Exemples:
Moi, j'adore les fêtes de famille.
Faire la vaisselle, ça m'agace.

Moi, { j'aime / je n'aime pas (tellement) / j'adore / j'admire / je déteste }

Moi, je trouve le/la/les… / que… { idéal / chouette / super / sympa / embêtant / ennuyeux } que…

(ne) me plaît (pas).
me dérange.
…, ça m'ennuie.
m'agace.
m'énerve.

Mariage et enfants

La robe de mariée se vend moins …

Les Français ne se marient plus. Si les chiffres se confirment, il y aura tout juste 300.000 mariages cette année, contre plus de 400.000 il y a dix ans.
Pour quelles raisons? Le chômage des jeunes, sans doute. La feuille d'impôts, peut-être. Le genre de vie, certainement: la cohabitation hors mariage et les enfants d'une union libre ne font plus scandale. Certains caricaturent en disant qu'on essaie son conjoint comme on essaie une voiture («mariage à l'essai»). Peut-être aussi la peur du risque, de l'engagement, de l'échec (car s'il y a moins de mariages, il y a aussi plus de divorces). La robe de la mariée se vend moins.

	1960	1972	1985
Mariages	319.900	416.500	269.400
Unions libres	310.000	446.000	975.000
Divorces	30.200	44.700	107.500

D'après J. Boissonnat, «L'Expansion», 4–17 décembre 1981

Exprimé différemment

Trouvez les expressions correspondantes:

1. mari ou femme
2. ne dérange plus personne
3. la fin d'un mariage
4. enfant de gens qui ne sont pas mariés
5. quelque chose qui n'a pas réussi
6. union libre
7. cohabitation pour voir si on s'entend

a) cohabitation hors mariage
b) divorce
c) échec
d) conjoint
e) mariage à l'essai
f) enfant d'une union libre
g) ne fait plus scandale

Plus ou moins

Complétez les phrases suivantes par «plus (de/que)», «moins (de/que)», «de plus en plus (de)» ou «de moins en moins (de)».

– Actuellement, on se marie … il y a 10 ans.
– Autrefois, il y avait … divorces.
– Aujourd'hui, il y a … unions libres.
– On a … peur de l'engagement.
– Il y a … jeunes en chômage.
– L'union libre fait … scandale.
– … couples choisissent la cohabitation.

Mariage en baisse

a) *Cherchez dans le texte pourquoi on se marie moins.*
b) *Comparez la situation actuelle à celle d'autrefois.*
c) *Qu'est-ce qui vous semble être la chose la plus importante pour le couple contemporain?*

4 La France a besoin d'enfants.

 Le ministre de la Santé et de la Famille, Dr Michèle Barzach:
– C'est un ensemble de mesures qui créent un climat. L'Etat ne peut que créer des conditions favorables, mais ne peut pas dire: «Vous allez vous marier, vous allez avoir trois enfants.» Chacun choisit sa forme de vie et la taille de sa famille.

«L'Express», 6/VI/1986

Allocations familiales

Nombre d'enfants	Montant
2	558,53 F
3	1 274,14 F
4	1 989,76 F
par enfant en plus au-delà du 4ᵉ	715,61 F
enfants au-dessus de 10 ans	+ 157,09 F
enfants au-dessus de 15 ans	+ 279,26 F

Mise à jour janvier 1988

Informations aux jeunes familles

- Allocations familiales
- Service de nourrices
- Horaire des crêches
- Ecoles maternelles
- Prix des cantines scolaires
- Aires de jeux
- Centres aérés
- Colonies de vacances

Mairie de Villeneuve

 9 Un ensemble de mesures qui créent un climat

a) Quelle est votre réaction devant la publicité ci-dessous?

b) Que veut exactement le ministre?
Regardez et expliquez les statistiques.

c) Quelles mesures sont favorables, en France, pour une famille qui voudrait avoir un (autre) enfant?

d) Qu'est-ce qui est pareil/différent dans votre pays? *Expliquez-le à un(e) Français(e).*

Il n'y a pas que le sexe dans la vie.
LA FRANCE A BESOIN D'ENFANTS.

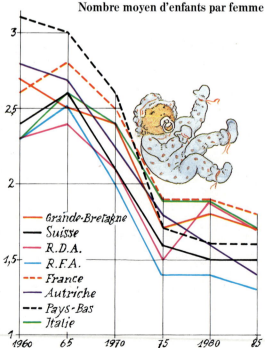

Nombre moyen d'enfants par femme
— Grande-Bretagne
— Suisse
— R.D.A.
— R.F.A.
--- France
— Autriche
--- Pays-Bas
— Italie

Album de famille

Marie-Louise Arnoux
82 ans, veuve, sans profession, 3 enfants

son fils aîné

Christian Arnoux
61 ans, musicien

marié à

Nicole, née Santini
59 ans, professeur d'allemand

leurs enfants

Fabienne Arnoux
33 ans, dentiste

Thierry Arnoux
29 ans, vétérinaire

vit avec

Anne de Coutelle
30 ans, journaliste

10 **Les membres de la famille**

Regardez d'abord ces photos et expliquez les légendes d'après l'exemple:

Marie-Louise Arnoux est la mère de Christian Arnoux.
                 la belle-mère de …
                 la grand-mère de … *Continuez.*

📼 *Marie-Louise Arnoux:*

«Je ne travaillais pas, d'ailleurs je n'ai pas fait d'études, je me suis mariée très jeune, à 19 ans. Je m'occupais de la maison, mon mari était assez exigeant. Et plus tard sont arrivés les enfants. Oui, il avait une forte personnalité mon mari et il n'était pas toujours facile à vivre. Naturellement un divorce, c'était impensable, cela ne nous venait pas à l'idée. Je n'avais pas de situation et il y avait la pression de la religion. Mon mari et mes enfants étaient le centre de ma vie. On avait d'autres valeurs que maintenant, les enfants, le statut social et pas le bonheur personnel. Mais on n'était pas malheureux et on avait du respect pour son mari.»

Fabienne Arnoux:

«J'ai divorcé il y a quatre ans. On a découvert assez vite qu'on s'était trompé, qu'on avait fait une erreur. Il faut dire que je me suis mariée par conformisme et qu'il y avait aussi la pression de la famille. Nous avons divorcé par consentement mutuel, c'était triste, mais pas un drame et nous n'avions heureusement pas d'enfants. J'ai maintenant l'expérience d'un mariage raté, on rencontre des hommes, mais je suis plus exigeante et comme on dit «il vaut mieux être seul que mal accompagné». J'aime mon métier et il me donne beaucoup de satisfaction, il me permet une vie agréable. Je ne ressens plus le besoin de me remarier, mais je me vois bien vivre avec quelqu'un et éventuellement avoir un enfant.»

Christian Arnoux:

«Ma femme et moi, nous nous sommes rencontrés pour la première fois au conservatoire. Après, chacun a terminé ses études de son côté et nous nous sommes revus par hasard chez des amis communs. Après des fiançailles d'un an, nous nous sommes mariés et nous avons tout de suite eu nos enfants. J'ai toujours été d'accord pour que ma femme travaille, elle aimait tellement son métier. Parfois c'était dur, surtout quand les enfants étaient petits et souvent malades, d'autant plus que je ne pouvais jamais m'absenter. Mais nos parents nous aidaient, nous vivions à côté. Tout ça me semble loin maintenant, eh bien, ça ne nous rajeunit pas! Quand je vois les jeunes couples de nos jours, je trouve qu'avec ma femme on formait et on forme toujours un couple uni, … peut-être à cause de notre admiration mutuelle."

Anne de Coutelle:

«Nous nous sommes rencontrés à Maison-Alfort où Thierry terminait ses études, je faisais un reportage sur l'Ecole Vétérinaire. Assez vite, on a eu envie de s'installer ensemble. Evidemment, mes parents n'étaient pas trop d'accord, au début ils le voyaient plutôt d'un mauvais œil. Mais comme j'avais déjà imposé mon choix de métier, ils ont fini par accepter. En plus, Thierry faisait tellement sérieux. Nous vivons maintenant ensemble depuis deux ans et nous nous sentons toujours pas concernés par le mariage, ce n'est pas notre truc; même avec un enfant plus tard, ce n'est pas le problème essentiel.»

11) Vrai ou faux

a) *Ecoutez maintenant les quatre textes une première fois et trouvez ce qui est vrai ou faux.*
   1er texte: *Marie-Louise Arnoux commence:*
   1. Marie Louise Arnoux s'est mariée jeune.   V – F
   2. Elle a fait des études.   V – F
   3. Elle est restée à la maison.   V – F
   4. Elle n'avait pas de situation.   V – F

   2ème texte: *Ecoutez ensuite ce que dit Christian Arnoux:*
   5. Christian et Nicole ont terminé leurs études avant de se marier.   V – F
   6. Christian ne voulait pas que sa femme travaille.   V – F
   7. Il n'y avait jamais de problèmes quand les enfants étaient petits.   V – F
   8. Malheureusement, les grands-parents habitaient loin.   V – F

   3ème texte: *Maintenant c'est le tour de Fabienne Arnoux:*
   9. Le couple n'a pas tout de suite découvert qu'il s'était trompé.   V – F
   10. Fabienne et son mari ont divorcé.   V – F
   11. Elle n'aime pas tellement son travail.   V – F
   12. Elle voudrait se remarier.   V – F

   4ème texte: *Enfin, c'est à Anne de Coutelle de parler:*
   13. Anne a connu Thierry quand elle a fait un reportage.   V – F
   14. Ils habitent ensemble depuis leur rencontre.   V – F
   15. Les parents d'Anne n'ont pas tout de suite accepté cette situation.   V – F
   16. Anne aimerait bien se marier.   V – F

b) *Ecoutez ces textes une deuxième fois et corrigez ce qui est faux.*

12) Portrait

Lisez les textes et notez quelles constatations se rapportent à quelle(s) personne(s).

… son/sa conjoint(e) est mort(e)   … admire son/sa conjoint(e)   … aime son métier
… s'est marié(e) jeune   … a des enfants   … veut avoir un enfant
… est divorcé(e)   … vit en union libre   … ne veut pas se (re)marier
… aime son/sa conjoint(e)

13) Vivre à deux

Les quatre personnes interviewées parlent de leur vie de couple.
Formez quatre groupes; chaque groupe choisit une personne et résume ce qu'elle dit
– de sa vie de couple,   – du mariage en général,   – du divorce,
– du travail de la femme,   – de l'amour et du bonheur,   – des enfants.

14) Si c'était à refaire …

Dans une vie et dans une vie de couple, de famille, il y a des erreurs, des choses qu'on regrette, mais parfois on referait la même chose.
Glissez-vous dans la peau d'un de nos personnages, changez/transformez sa vie un peu, beaucoup, pas du tout – et racontez-la!

15) Aujourd'hui – hier – avant-hier

a) *Comparez maintenant l'évolution du couple et de la famille au cours des générations.*
b) *Est-ce que vous pensez aussi que «la chaîne s'interrompt»?*

Variations

16 Evénements dans la famille et valeurs de stress

Valeur de stress (degrés)/Evénements

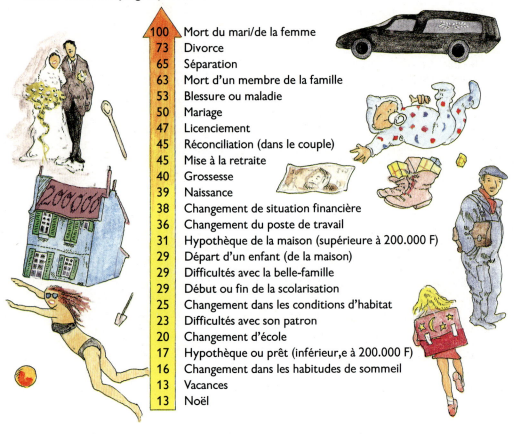

100	Mort du mari/de la femme
73	Divorce
65	Séparation
63	Mort d'un membre de la famille
53	Blessure ou maladie
50	Mariage
47	Licenciement
45	Réconciliation (dans le couple)
45	Mise à la retraite
40	Grossesse
39	Naissance
38	Changement de situation financière
36	Changement du poste de travail
31	Hypothèque de la maison (supérieure à 200.000 F)
29	Départ d'un enfant (de la maison)
29	Difficultés avec la belle-famille
29	Début ou fin de la scolarisation
25	Changement dans les conditions d'habitat
23	Difficultés avec son patron
20	Changement d'école
17	Hypothèque ou prêt (inférieur,e à 200.000 F)
16	Changement dans les habitudes de sommeil
13	Vacances
13	Noël

D'après R. Skinner et J. Cleese, «La famille, comment en réchapper?» Editions eshel, Paris, 1987

a) Est-ce que cette liste vous étonne?
   Est-ce que, par exemple, pour vous
   – un mariage est *plus* stressant qu'une naissance?
   – une mise à la retraite *moins* stressante qu'un licenciement?

b) *Décrivez à l'aide des mots suivants quels sentiments vous avez en face de ces événements, par exemple:* J'ai été triste quand ma fille a quitté la maison.

triste — frustré, e — content, e — malheureux, -euse — heureux, -euse — déçu, e — déprimé, e — perdu, e

7

18. Scènes de famille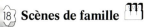

Ecoutez la scène, inventez d'autres scènes de famille et jouez-les, par exemple:

« J'ai été chez le docteur. Je suis enceinte. »
« J'en ai marre. Je demande le divorce. »
« Il y a trois ans qu'on vit ensemble. On pourrait quand même se marier. »

Tud an Argoad ha tud an Armor · Gens des terres et gens des côtes

Images de Bretagne

1 Terres et côtes

Une ferme (Côtes-du-Nord)

Le Calvaire de Guimiliau (Finistère)

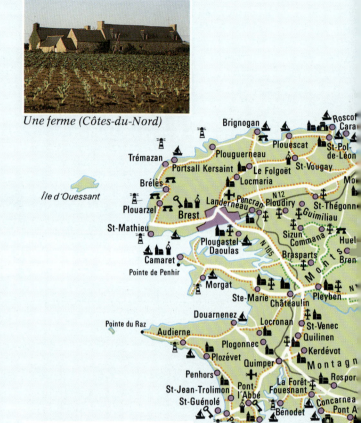

La Pointe de Pen-Hir (Finistère)

Les Monts d'Arrée (Finistère)

Le phare d'Eckmühl (Finistère)

Un dolmen (Morbihan)

1. **Que signifient ces symboles?**

   1.
   2.
   3.
   4.
   5.
   6.
   7.
   8.
   9.
   10.
   11.
   12.
   13.
   14.
   15.

   Exemple: Le numéro 3, c'est un musée.   *Continuez.*

   route côtière
   église ou chapelle
   forêt
   remparts
   ligne de chemin de fer
   route intérieure
   calvaire
   phare
   canal
   aérodrome
   port de plaisance
   château
   monument mégalithique (dolmen ou menhir)
   limite de département
   musée

2. **A Carnac, il y a des monuments mégalithiques.**

   Regardez la carte pages 92 et 93 et dites ce qu'il y a à Vannes, Carnac, etc. ...
   (Vous suivez les côtes et traversez ensuite l'intérieur de la Bretagne.)

3. **La mer est dangereuse, les vagues sont fortes.**

   a) *Cherchez les adjectifs qui vont avec les substantifs.*
      Exemple: Les vagues sont fortes/puissantes/énormes/dangereuses.

	les courants		
	la côte	beau, belle	ancien, ne
la terre	la mer	rond, e	pittoresque
la végétation	l'océan	humide	magnifique
le climat	les vagues	dangereux, -euse	infini, e
les genêts	la marée	dur, e	fleuri, e
la maison	les rochers	fin, e	pauvre
la ferme	la plage	sauvage	énorme
les pierres	le sable	puissant, e	calme
le monument	le vent	fort, e	froid, e
	la falaise	vieux, vieille	chaud, e
	les galets		profond, e

   b) *Choisissez une photo des pages 92 et 93. Vous la situez et la décrivez. Servez-vous le plus possible des substantifs et adjectifs ci-dessus et employez les expressions suivantes:*

   Cette photo représente .../C'est une photo de ...

   ... se trouve dans le Finistère.
           les Côtes-du-Nord.
           le Morbihan.
           en Ille-et-Vilaine.
           Loire Atlantique.

   ... dans la région de .../près de ...
   sur la côte sud/ouest/nord de la Bretagne.
   à l'intérieur de la Bretagne/des terres.

   Sur la photo il y a ...

Activités économiques

2 **Les problèmes d'un port breton**
Interview avec le maire de Concarneau:
~ Monsieur le Maire, quelle est la situation économique de la région?
– Depuis quelques années, notre économie se porte mal. Le nombre des bateaux de pêche a constamment diminué. C'est peut-être à cause du Marché Commun. Actuellement, par exemple, notre poisson vendu à Paris est plus cher que le poisson importé d'Allemagne ou de Hollande.
~ Cela explique évidemment le problème du chômage.
– Oui, les marins ne trouvent plus de travail sur leur bateau, alors ils essaient de faire autre chose… C'est une chose grave quand un bateau s'arrête… Un marin fait vivre sept ou huit personnes. Mais en réalité, c'est même beaucoup plus, parce qu'il y a la construction de bateaux, les réparations, les peintures, tous les travaux… le travail du poisson, ce qui fait que, finalement, quand il y a un bateau qui s'arrête, ce n'est pas neuf personnes qui s'arrêtent, mais c'est peut-être 80… Les usines de conserves ferment l'une après l'autre. Ça a des conséquences dramatiques.
~ Heureusement qu'il y a quand même un tourisme important dans la région.
– Bien sûr, il y a le tourisme, mais le tourisme c'est en juillet et août seulement, ce n'est pas suffisant pour faire vivre la ville. Alors il y a beaucoup de chômage. En plus il faut penser que tous les ans il y a des milliers de jeunes qui arrivent sur le marché du travail et qu'il n'y a pas de place pour eux. Alors ils sont obligés de partir. Le plus grave, c'est pour les femmes: pour elles, il n'y a absolument rien.

| Le nombre des bateaux | diminue | constamment. |
| Le nombre des chômeurs | reste | constant. |

4 **La situation économique de Concarneau** – *Reconstituez les phrases:*

1. Depuis quelques années
2. Le nombre des bateaux de pêche
3. Notre poisson vendu à Paris
4. Les marins ne trouvent plus
5. Ils essaient
6. Un marin
7. Les usines de conserves
8. Le tourisme
9. Des milliers de jeunes
10. Pour les femmes

a) fait vivre 7 ou 8 personnes.
b) arrivent sur le marché du travail.
c) l'économie se porte mal.
d) il n'y a absolument rien.
e) a diminué.
f) est plus cher que le poisson importé.
g) de travail sur leur bateau.
h) n'est pas suffisant.
i) de faire autre chose.
j) ferment l'une après l'autre.

5 **Notre économie se porte mal.** – *Notez ou dites ce qui, dans l'interview du maire de Concarneau, est pessimiste, négatif, par exemple:* «se porte mal».

6 **Actuellement…** a) *Lisez attentivement le texte et notez tous les adverbes. Essayez aussi de trouver l'adjectif correspondant.*
b) *Complétez les phrases.*
1. Les marins trouvent (difficile) du travail. 2. La situation est (dramatique). 3. Le poisson se vend (mauvais/mal). 4. Le problème du chômage est (évident, e). 5. La crise touche (grave) les ports de pêche. 6. Les activités cessent (lent, e). 7. Bien sûr, beaucoup de touristes reviennent (régulier, -ière). 8. Mais pour faire vivre la ville, le tourisme n'est pas (suffisant, e). 9. Beaucoup de jeunes cherchent (désespéré, e) du travail. 10. Les temps sont (dur, e).

BRETAGNE

Préfecture régionale: Rennes.
Superficie: 27 208 km².
Population: 2 707 900.
Densité: 99 hab/km².
Principales unités urbaines: Rennes (234 395), Brest (187 231), Lorient (104 009), Saint-Brieuc (83 895), Quimper (56 881).
Emploi régional total: 1 017 300 (dont agriculture: 15,7 %; pêche: 0,7 %; industrie 18,8 %; bâtiment et génie civil: 7,9 %; tertiaire: 57,5 %), soit 4,8 % de l'emploi national.
Taux de chômage: 10,9 % (mars 1986).
Production intérieure brute: 3,5 % de la production nationale (62 560 F par tête).
Spécialisations industrielles: industries agricoles et alimentaires (sauf viande et lait) (14 %), industrie viande et lait (11 %), construction navale, aéronautique, armement (10 %), production et distribution d'électricité, de gaz et d'eau (9 %), construction électrique et électronique (9 %).
Principales productions agricoles: lait (29 %), porcins (25,7 %), volailles-œufs (18,8 %).

«L'état de la France et de ses habitants», Editions la Découverte (Paris) 1987.

 Bilan

A partir de l'interview du Maire de Concarneau et des statistiques, faites un bilan de la situation économique de la Bretagne: – Principales activités économiques?
– Secteurs en crise?
– Conséquences pour la population?
– Taux de chômage?

Pour les statistiques, essayez de trouver, à l'aide du contexte, la signification des mots nécessaires.

 Ma région

Un(e) Français(e)/Belge/Suisse vous demande des renseignements sur votre région. *Formez des petits groupes (deux ou quatre). Un groupe (ou deux) prépare(nt) les questions, l'autre groupe (ou les deux autres) rassemble(nt) les données sur la région.*

Après, mettez-vous à deux et faites le dialogue.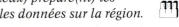

La Bretagne celte

Bretagne-Breizh

Essayez, en regardant attentivement les photos et les documents sur cette page et les pages suivantes, de trouver différents éléments de la civilisation celte en Bretagne.

a) **Brezhoneg' Raok**
   Comment est-ce qu'on dit en français et en allemand:
   1. Argoad
   2. Arvor (= Armor)
   3. Breizh
   4. Brezhoneg
   5. da garan
   6. lar'
   7. mar c'hellit
   8. raok
   9. sell'
   10. va mab

b) **Festival de Cornouaille**
   – Quelles manifestations culturelles sont en langue bretonne?
   – D'où vient la chorale «Sirenian Singers»?
   – Qui sont Alan Stivell et P.-J. Hélias?
   – Si vous étiez à Quimper au moment du festival, à quelles manifestations aimeriez-vous aller?

c) **Un peu d'histoire**
   – La Bretagne a été indépendante pendant combien de temps?
   – Qu'est-ce que vous pouvez dire sur la langue bretonne?

8

🎵 BREZHONEG' RAOK

Alan Stivell

1. Tud an Argoad ha tud an Arvor
   Tud diwar ar maezh ha tud ar chêrioù bras
   Tud Breizh izel ha tud an Naoned
   Diwallit' ta mar plij, diwallit' ta
   Refrain:
   Hep Brezhoneg, Breizh ebet
   Hep Brezhoneg, arrabat komz diwar, benn Breizh

2. Mar c'hellit ket sell' dre ho taoulagad
   Mar c'hellit ket lar' dezhi «da garan»
   Mar c'hellit ket lar' «va mab» d'ho bugel
   Echu eo an abadenn da virviken

3. Da virviken ez a da vezan dall
   Un dachenn gwell d'ar Gwirvoud, d'an Hollved
   Un tamm muioc'h mac'homet an denelezh
   Gant an nerzh, an arc'hant, an danvez
   (Refrain)

LA LANGUE BRETONNE D'ABORD

Gens des terres et gens des côtes
Gens de la campagne et gens des grandes cités
Gens de Basse Bretagne et gens du Pays Nantais
Attention, je vous prie, attention.
Refrain:
Sans langue bretonne, pas de Bretagne
Sans langue bretonne, ne parlons plus de la Bretagne.

Si vous ne pouvez regarder avec vos propres yeux
Si vous ne pouvez lui dire «je t'aime»
Si vous ne pouvez dire «mon fils» à votre enfant
La séance est à jamais terminée.

A jamais s'aveugle
Un champ de vision de la Vérité, de l'Univers
L'humanité un peu plus tyrannisée
Par la force, l'argent, la matière.
(Refrain)

Sonneur de bombarde

Sonneur de biniou

FESTIVAL DE CORNOUAILLE – QUIMPER 1987
du 20 au 26 juillet

Danse · Musique dans la rue · Stages
Musique · Conteurs · Concours
Costumes · Marionnettes · Artisans
Théâtre · Taverne - Cabaret · Expositions
Cinéma · Festou-noz · Conférences
Restauration · Jeux bretons · Colloques
Animations · Luthiers · Excursion
Défilés · Ateliers de danses · Université d'été

Lundi	Théâtre en breton «Kei Ys» Chorale galloise «SIRENIAN SINGERS» GWERZ - Gilles SERVAT
Mardi	Fest-noz - Jeux bretons Alan STIVELL en concert
Mercredi	Théâtre: «Les Fous de la mer» de P.-J. Hélias Concert «Jef LE PENVEN» avec chœur et orchestre
Jeudi	Poésies par Chanig ar Gall LES CHIEFTAINS
Vendredi	NOCTURNE AU VIEUX QUIMPER
Samedi	Concours, concerts, danses, animations GRAND BALLET INTERNATIONAL
Dimanche	«LA BRETAGNE EN FÊTE» Défilés, musique, danse, spectacles

Un peu d'histoire

800 av. J.-C.: Les premiers Celtes arrivent en Europe de l'Ouest.
57 av. J.-C.: L'Armorique est conquise par l'armée romaine. Romanisation de l'Armorique.
5e et 6e siècle de notre ère: Des Celtes de Cornouailles et du Pays de Galles, chassés par les Saxons, viennent s'établir en grand nombre en Armorique.
845: L'Armorique, devenue la Bretagne, devient indépendante. C'est un pays de langue et de civilisation celtes.
1491: Anne de Bretagne épouse Charles, roi de France. La Bretagne devient province française.
1539: La langue française devient la langue officielle de l'administration et de la justice, elle remplace le latin. La langue bretonne reste la langue du peuple.
1793: La Révolution française crée l'école publique où les enfants apprendront le français.
1831: «Il faut absolument détruire le langage breton.» (Lettre des préfets du Finistère et des Côtes-du-Nord au Ministre de l'Instruction Publique)

STROLLAD SKOAZELL DIWAN

Catherine ROZE
13, place du Landrel
35200 ROAZHON
TEL: 99. 53.05.40

HARP HA SKOAZELL D'AR SKOLIOU
Soutien aux écoles en langue bretonne.

STUDIERIEN AR GEVRENN GELTIEK

Soaz MARIA
2, rue Perrin de la Touche
35000 ROAZHON
TEL: 99. 33.09.90

GOUNIT E DACHENN REIZH D'AR BREZHONEG ER SKOLIOU MEUR.
Obtenir toute sa place au breton dans l'enseignement secondaire et supérieur.

LE CHEVAL D'ORGUEIL

Mémoires d'un Breton du pays bigouden

Traduit du breton par l'auteur

PIERRE-JAKEZ HÉLIAS

Trop pauvre que je suis pour acheter un autre cheval, du moins le Cheval d'Orgueil aura-t-il toujours une stalle dans mon écurie.
Alain Le Goff l'Ancien.

L'aube des temps nouveaux

Les touristes, uniformément appelés les «Parisiens», ont deux manies qui ne laissent pas de leur attirer des quolibets. D'abord, ils aiment se promener avec des boîtes «à tirer les portraits» qu'on appelle des kodaks. Ils sont les «kodakeriens». Ils veulent toujours vous prendre la figure quand vous êtes en train de travailler dans vos mauvais habits, ce qui n'est pas une chose à faire. Quand on veut avoir son portrait, on s'habille de son mieux (on se met «sur ses sept meilleurs») et l'on va chez le photographe. Ou alors il y a les mariages et c'est bien suffisant.

Ensuite, les touristes ne peuvent pas durer trois jours dans le bourg sans aller se tremper dans la mer à Penhors. Ils ne se trempent pas seulement les pieds mais tout le reste, même quand ils ne savent pas nager. Ont-ils donc le cul si sale? A ce compte, ils finiront par ne plus avoir d'odeur du tout. Et les femmes c'est pareil. Une honte. Avec seulement un maillot noir. Bientôt elles mettront tout à l'air. Et voilà les étudiants du pays, les marins en permission qui font la même chose! Nos mères ne sont pas contentes du tout quand elles nous voient filer vers la côte le dimanche et même sur la semaine. Elles ont toutes peur de la mer et le fait est qu'elle n'est pas commode avec ses rouleaux énormes et ses mauvais courants. Et puis, la mer c'est l'affaire des pêcheurs qui doivent l'affronter pour gagner leur vie, les pauvres diables. Et puis encore s'amuser à se mettre nus, à s'étendre sur le sable ou les galets pendant des heures alors que les autres travaillent, ce n'est pas bien du tout. Voulez-vous faire montrer vos parents du doigt? Les pêcheurs de Penhors, les mains dans les poches quand ils sont à terre, regardent tout ce nouveau remue-ménage avec un air impénétrable. Mais comme ils sont aussi paysans pour la plupart, ils ont leurs moissons à faire pendant les semaines où la grève qui s'étend interminablement vers le sud, presque jusqu'au phare d'Eckmühl, commence à se peupler d'êtres humains occupés à on ne sait quoi.

Peu à peu, par les dimanches d'été, on voit des familles de paysans venir s'asseoir devant la mer, d'abord sur l'herbe de la falaise, pour regarder s'ébattre sous eux ces vacanciers dénudés dans leurs maillots à bretelles. Ils finissent par descendre sur la grève à leur tour, timidement, d'abord pour se laver les pieds durcis, les hommes d'abord, les femmes derrière. Et leurs enfants, à force, leur arrachent de quoi s'acheter des maillots qui serviront à leurs pères si ça se trouve, une fois ou deux, pour voir. Les femmes admirent ou s'inquiètent, mais ne suivent pas.

Et un jour, écoutez-moi, alors que nous sommes deux ou trois jeunes gars en train de sécher notre peau sur les galets, une jeune fille en coiffe bigouden, toute en velours noir brodé de perles de verre, arrive près de la cale dans une automobile. Elle en sort, inspecte autour d'elle, regarde un moment la mer exceptionnellement calme, remonte dans son carrosse. Quand elle en ressort, un moment après, nous restons frappés de stupeur. Elle porte un maillot noir, mais elle a gardé sa coiffe sur la tête. Comment faire autrement! Elle court jusqu'à la mer, y entre carrément et se met à nager aussi bien que si elle était Marie-Morgane elle-même. Elle nage sur le dos, à demi assise. Et c'est un spectacle étonnant que de voir la coiffe de la fille cingler légèrement sur la houle brillante. A n'en pas croire ses yeux.

Je ne sais pas pourquoi, mais c'est ce jour-là que se lève pour moi, devant la baie d'Audierne, à l'endroit appelé Penhors, l'aube des temps nouveaux.

© Librairie Plon, Paris

8

0. C'est vrai?

Vous lisez rapidement le texte de Pierre-Jakez Hélias et essayez de trouver si les affirmations suivantes sont justes:

1. Les Bretons aiment beaucoup qu'on les prenne en photo. V – F
2. C'est une honte que les touristes soient si sales! V – F
3. Les femmes de pêcheurs aiment bien s'étendre sur le sable
   pendant que les autres travaillent. V – F
4. En été, quand les touristes arrivent, les pêcheurs ne font plus rien. V – F
5. Les dimanches d'été, les plages sont pleines de paysans en maillot de bain. V – F
6. L'auteur a vu une jeune Bretonne se baigner toute habillée. V – F

1. Trouvez la signification.

Cinq groupes recherchent la signification des mots et expressions inconnus du texte:

Groupe 1: de «Les touristes, uniformément appelés les 'Parisiens'», à «c'est bien suffisant».
Groupe 2: de «Ensuite, les touristes» à «et ses mauvais courants».
Groupe 3: de «Et puis, la mer» à «on ne sait quoi».
Groupe 4: de «Peu à peu» à «ne suivent pas».
Groupe 5: de «Et un jour» à «l'aube des temps nouveaux».

Chaque groupe présente aux autres le résultat de son travail (en français si possible).

2. La mer – *Cherchez dans le texte les mots et expressions qui se rapportent à la mer.*

3. Les touristes et les Bretons

a) *Essayez d'exprimer des contrastes, par exemple:*
   Les touristes portent des maillots de bain. – Les Bretons trouvent que c'est une honte.

	font la moisson.
	se trempent dans la mer.
	n'aiment pas être photographiés quand ils sont en train de travailler.
Les touristes	s'amusent à s'étendre sur le sable.
Les Bretons	portent des maillots de bain.
Les mères	trouvent que c'est une honte.
Les pêcheurs	aiment photographier les gens qui sont en train de travailler.
Les étudiants	ont peur de la mer.
Les marins en permission	préfèrent être photographiés dans leurs meilleurs habits.
	ne sont pas contentes.
	regardent, les mains dans les poches.

b) *Cherchez les personnes qui ont ces réactions:*

Des familles de paysans	descendent d'abord sur la plage.
Les hommes	regardent les vacanciers.
Les femmes	admirent ou s'inquiètent, mais ne suivent pas.
Les enfants	achètent des maillots de bain.
	viennent s'asseoir devant la mer.

(14) **Un spectacle étonnant**

Racontez l'anecdote finale du texte.

(15) **«Les temps nouveaux»**

a) Cette histoire se passe en 1936. J. P. Hélias parle des «temps nouveaux».
   Qu'est-ce qui a changé en Bretagne?
b) Qu'est-ce qui a changé dans votre région?

(16) **«Sans langue bretonne, pas de Bretagne»** (Alan Stivell)

> Sur 2.500 habitants que compte Plouvien, près de la moitié ont reçu un questionnaire. 907 ont répondu (…). 513 personnes parlent couramment le breton, et 238 le comprennent sans le parler, ou en le parlant incidemment. Soit 86% des 907 personnes interrogées, qui parlent ou/et comprennent la langue bretonne.
> Pour ce qui est de l'avenir de la langue bretonne, 74% des personnes interrogées pensent qu'il faut la sauver, 18% répondent négativement, 8% sont indifférentes. Et en ce qui concerne son enseignement dans les écoles, 54% se disent favorables ou très favorables, 38% indifférentes ou sans opinion, 7% opposées.

Patrick Kernan, «Le malade se porte bien» dans «Le peuple breton», octobre 1982

Débat: Faut-il essayer de sauver la langue bretonne?
Deux groupes préparent des arguments contraires:

| Il faut essayer de sauver la langue bretonne, parce que …
 C'est très important de la sauver …
 C'est nécessaire … | ≠ | Il faut la laisser disparaître.
 Ça n'a pas d'importance.
 Les Bretons eux-mêmes l'ont laissée disparaître. |

Variations

17. Ferme bretonne

A partir de cette photo, essayez d'inventer une histoire.

18. Recettes bretonnes

Quelle recette est-ce que vous aimeriez essayer chez vous? Pourquoi?

Far (recette d'Anna Jézéquel)

Pour 6 personnes:
3 œufs
100 g de sucre
125 g de farine
1/2 litre de lait (à temperature ambiante)
80 g de beurre
Sel, une bonne pincée

Mélanger dans l'ordre les œufs entiers, le sucre et la farine jusqu'à l'obtention d'une pâte homogène. Ajouter peu à peu le lait. Saler. Beurrer soigneusement un plat à rôtir (plat en terre de préférence), y verser la pâte et mettre une demi-heure à four bien chaud (pour réussir votre far, préchauffer le four pendant au moins un quart d'heure). Incorporer éventuellement avant cuisson des pruneaux, abricots secs ou raisins secs (préalablement trempés) ou des cerises fraîches.

Crêpes de blé noir

250 g de farine de blé noir
1/4 litre de lait
une pincée de sel
de l'eau
2 œufs

Délayer, dans une terrine, la farine avec le lait et les œufs. Ajouter le sel et allonger d'eau. Graisser le bilig. Etendre la pâte à l'aide du rozel. Laisser cuire doucement. Retourner à l'aide du spanel. Avant de servir, mettre une noix de beurre sur la crêpe.

19. Si vous alliez en Bretagne…

… où est-ce que vous iriez, qu'est-ce que vous feriez?

«Aux arbres, citoyens!» («La Baleine»)

Regards sur la nature

1 Il y avait un jardin

Georges Moustaki

C'est une chanson pour les enfants
Qui naissent et qui vivent entre l'acier
Et le bitume, entre le béton et l'asphalte
Et qui ne sauront peut-être jamais
Que la terre était un jardin…

Il y avait un jardin qu'on appelait la terre
Il brillait au soleil comme un fruit défendu
Non ce n'était pas le paradis ni l'enfer
Ni rien de déjà vu ou déjà entendu.

Il y avait un jardin, une maison, des arbres
Avec un lit de mousse pour y faire l'amour
Et un petit ruisseau roulant sans une vague
Venait le rafraîchir et poursuivait son cours.

Il y avait un jardin grand comme une vallée
On pouvait s'y nourrir à toutes les saisons
Sur la terre brûlante ou sur l'herbe gelée
Et découvrir des fleurs qui n'avaient pas de nom.

Il y avait un jardin qu'on appelait la terre
Il était assez grand pour des milliers d'enfants
Il était habité jadis par nos grands-pères
Qui le tenaient eux-mêmes de leurs grands-parents.

Où est-il ce jardin où nous aurions pu naître
Où nous aurions pu vivre insouciants et nus
Où est cette maison toutes portes ouvertes
Que je cherche encore et que je ne trouve plus?

© ARTMEDIA
Paille Music

2 Le milieu vivant

Animaux sauvages
Ils se nourrissent de plantes ou d'autres animaux.

fourmi

chevreuil

renard

1 Un jardin

a) Ecoutez la chanson et notez les mots qui désignent
 – la nature,
 – la civilisation.

b) Vous connaissez ce jardin?

lapin

Micro-organismes
Organismes tout petits, invisibles à l'œil nu, qui décomposent les feuilles et bois morts et aident à nourrir les racines.

② **Animaux et plantes**

Faites une liste des noms d'animaux et de plantes que vous connaissez.

③ **La chaîne écologique**

a) De qui/quoi dépend chacun de ces êtres vivants:
 – oiseaux   – mulots   – chats
 – insectes   – vers de terre   – renards
 – plantes   – micro-organismes   – bourdons/abeilles
 – animaux sauvages – animaux domestiques – l'homme

b) Qu'est-ce qui manque dans la chaîne?

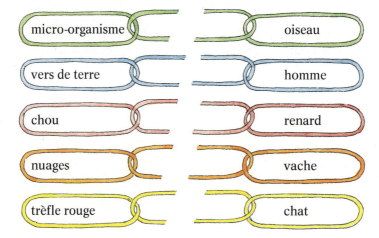

③ **Les chats et le trèfle rouge**

Dans un écosystème équilibré, les êtres vivants, des plantes aux mammifères, se nourrissent tous les uns des autres sans qu'une population varie de façon sensible. L'homme peut faire partie de l'écosystème quand il prend juste ce qu'il lui faut. Mais quand il détruit un maillon de cette chaîne écologique, tout le système peut s'écrouler. Il y a longtemps que Darwin* a fait la démonstration que la récolte du trèfle rouge dépend du nombre des chats dans le pays. La raison en est toute simple: le trèfle rouge ne peut être fécondé que par les bourdons qui transportent le pollen. Or les principaux ennemis des bourdons sont les mulots qui détruisent leurs nids dans la terre. Bien entendu, les mulots ont aussi un ennemi: le chat domestique qui vit autant de ce qu'on lui donne à la ferme que de sa chasse au mulot, par exemple.

* Charles Darwin, 1809–1882, naturaliste anglais

> Un micro-organisme est   tout petit.   Une fourmi est   toute   petite.
> Les micro-organismes sont   tout petits.   Les fourmis sont   toutes petites.

4 Les chats et le trèfle rouge: conclusion

Quelle phrase est juste?
a) Moins il y a de chats, plus il y a de trèfle rouge.
b) Plus il y a de chats, plus il y a de trèfle rouge.
c) Plus il y a de chats, moins il y a de trèfle rouge.
d) Moins il y a de chats, moins il y a de trèfle rouge.

5 Moins il y a d'abeilles, moins il y a de fruits.

Combinez les phrases avec «plus/moins»:

1. Il y a des bourdons./Il y a du trèfle rouge.
2. Il y a des mulots./On trouve des bourdons.
3. Il y a des abeilles./Les arbres portent des fruits.
4. Il y a des oiseaux./Il y a des insectes.
5. Il y a de l'espace cultivé./Il y a des forêts.
6. On trouve des micro-organismes./Le sol est fertile.
7. Il y a des renards./Il y a des lapins.
8. Les gens sont nombreux./Il y a de l'espace pour les animaux sauvages.

6 C'est tout simple

Complétez par «tout»:

a) En montagne, l'eau des ruisseaux est encore … claire.
b) Tous les êtres vivants dépendent les uns des autres, même les … petits organismes.
c) Même les plus grands arbres ont aussi des racines … fines.
d) En automne, les feuilles de certains arbres deviennent … rouges.
e) Les poissons sont tous morts parce que la rivière est … polluée.
f) Aujourd'hui, même des arbres … jeunes sont déjà malades.
g) Le mulot est un … petit mammifère.
h) C'est … simple.

7 «C'est toujours la même eau que l'on boit.» («Pourquoi»)

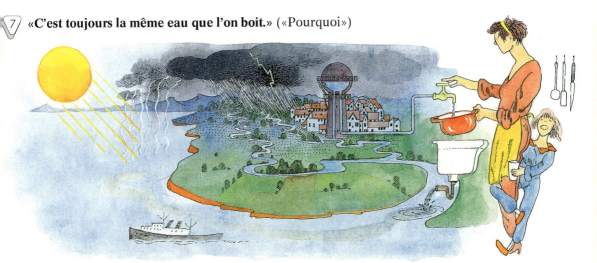

L'environnement

8 Images de la vie moderne

Centrale nucléaire

Pollution de l'eau

Déchets

Ménage

Agriculture

Automobile

Marée noire   *Chasse*

a) Quel est le problème écologique posé par chaque photo?
Consultez le dictionnaire et suivez les flèches.
Présentez aux autres le résultat de vos recherches.

b) Est-ce que ces «images de la vie moderne» sont aussi des images de votre vie quotidienne?

4 Petit dictionnaire de l'environnement

Agriculture
De toutes les activités de production, c'est l'agriculture qui est le plus en contact avec la nature. Il y a pourtant des problèmes pour l'environnement: → les engrais, → le remembrement et l'érosion des sols.

Animaux sauvages
Animaux qui vivent dans la nature. Il y a aujourd'hui beaucoup d'espèces menacées par → l'explosion démographique, → la pollution, → le remembrement et → la chasse. La protection des espèces menacées n'est pas suffisante, malgré les parcs nationaux.

Air, pollution de l'
C'est surtout → la combustion (→ ménages, industries et → automobiles) qui est à l'origine de la pollution de l'air et des → pluies acides.

Automobile
Pollueur n° 1, elle contribue à presque toutes → les pollutions et → nuisances: pollution de → l'air (gaz d'échappement), pollution chimique (à la production), pollution des océans (→ marées noires), bruit.

Cadre de vie
→ Environnement surtout urbain. On parle de l'amélioration du cadre de vie par la création de voies piétonnes, d'espaces verts p.ex. (→ urbanisme).

Centrale électrique
Usine qui produit de l'électricité. Il existe des centrales thermiques (→ combustion du charbon; centrales → nucléaires) et des centrales hydroélectriques (p.ex. sur les rivières).

Chasse
La chasse aux → animaux sauvages est très populaire en France. On reproche aux chasseurs de tuer trop d'animaux d'espèces menacées.

Combustion
Le fait de brûler qqch, p.ex. de l'essence dans les moteurs des → automobiles, l'industrie, les appareils de chauffage ménagers (→ ménages). La combustion produit surtout de l'oxyde d'azote, ou gaz carbonique (CO_2, CO), et de l'acide sulfurique (SO_2), qui sont à l'origine des → pluies acides.

Déchets
Tout ce qu'on jette (ordures ménagères, déchets toxiques de l'industrie, déchets radioactifs de l'industrie → nucléaire) et ce qui contribue à la pollution tant des → sols que de → l'eau (→ gaspillage). Aujourd'hui on essaie de recycler une partie des déchets ménagers et industriels (→ recyclage).

Eau, pollution de l'
L'eau des rivières, des fleuves, des lacs (eau douce) est menacée de pollution par les eaux usées des industries et des ménages, quand il n'y a pas de → stations d'épuration, et aussi par l'emploi excessif des → engrais. L'eau des mers et des océans est souvent polluée par des déchets industriels et des → marées noires.

Ecologie
Science qui étudie les rapports entre les êtres vivants et leur milieu. Aujourd'hui, l'écologie est aussi la recherche d'un autre mode de vie, une prise de conscience provoquée par → les pollutions et → les nuisances de la société industrielle.

Engrais
Substance organique ou chimique qu'on met dans → le sol pour mieux nourrir les plantes.

Environnement
Le milieu où nous vivons: la nature, les habitations, les industries, etc. «Tout homme a droit à un environnement de qualité et il a le devoir de le protéger». (Article 1, déclaration de Stockholm) (→ cadre de vie).

Explosion démographique
En 1987, la population mondiale a dépassé le chiffre de 5 milliards, soit 24 personnes pour un km^2, déserts et montagnes compris. En France, on compte 100 personnes pour un km^2 (→ gaspillage; → écologie).

Forêt, maladie/dépérissement de la
25% du territoire français sont couverts de forêts. Beaucoup d'arbres sont malades. On considère que → les pluies acides contribuent le plus à cette maladie. La forêt française est également menacée par les incendies et un → urbanisme parfois incontrôlé.

Gaspillage
Consommer trop. Il y a gaspillage d'eau, d'énergie, de nourriture, etc. L'épuisement des ressources en → matières premières en est une conséquence (→ recyclage).

Marée noire
→ Pollution à la suite d'accidents de grands pétroliers, comme p.ex. le «Torrey Canyon» et «L'Amoco-Cadiz», sur la côte bretonne. Une marée noire pollue les plages et détruit la faune et flore marines (→ eau; → automobile; → ménages).

Matières premières
Matières de base pour tout ce que l'homme produit, p.ex. le charbon, le pétrole, le bois, le fer. Les ressources en matières premières ne sont pas inépuisables.

Ménages
Les ménages consomment de l'énergie surtout pour le chauffage (pollution de → l'air), ils rejettent des eaux usées contenant des lessives et produisent des ordures ménagères (→ eau; → déchets).

Nucléaire
70% de l'électricité produite en France sont d'origine nucléaire. → La matière première est l'uranium. L'industrie nucléaire comporte de grands risques (→ déchets radioactifs, → pollution par la radioactivité).

Nuisance
Ensemble de facteurs d'origine technique, → pollutions de tout genre, qui rendent la vie malsaine ou pénible.

Pluies acides
Elles sont le résultat de la pollution de → l'air. Elles sont à l'origine de la maladie des → forêts, de la destruction de beaucoup de monuments (art plastique) et aussi de la pollution des lacs (→ eau).

Pollution
Intoxication, destruction de la nature, de → l'environnement (pollution de → l'air, de → l'eau, du → sol).

Remembrement
Regroupement des champs pour permettre une production agricole industrielle (→ agriculture). On enlève les haies et les bocages qui protègent les champs du vent. La disparition des haies expose souvent les champs à l'érosion et enlève à certains → animaux sauvages leur espace de vie.

Recyclage
Réutiliser à nouveau → la matière première d'un produit, p.ex. le verre, le papier, etc.

Sol, pollution du
Le sol est souvent menacé de pollution par toute sorte de → déchets, produits chimiques, → engrais, → pluies acides et par → l'urbanisme.

Station d'épuration
On y nettoie/épure les → eaux usées.

Tourisme
Le tourisme de masse est devenu une source importante de → nuisances. Il entraîne une destruction importante du littoral et de beaucoup de sites (→ déchets, → urbanisme, → automobile).

Urbanisme
De 1954 à 1975, la superficie des villes françaises a doublé à la suite de l'exode rural. D'énormes banlieues et des «villes nouvelles» se sont développées. Aujourd'hui, c'est la maison individuelle qui contribue le plus à la consommation de l'espace naturel et agricole. Le mouvement de la population des centres-villes vers les zones périphériques, la séparation de l'habitation du lieu de travail, pose des problèmes immenses pour l'urbanisme (→ écologie).

5 Est-ce que la nature est en danger?

a) Est-ce que la nature est en danger dans votre région?
b) Est-ce que la forêt est malade dans votre région?
c) Quel est le problème écologique qui vous inquiète le plus?

1. *Jules B., 62 ans, professeur de lettres classiques, Provence:*

a) Pas spécialement, non.

b) Non. Il y a très peu de forêts, c'est seulement la garrigue, alors des petits arbustes qui se portent très bien. La seule pollution, c'est les touristes.

c) Mais c'est ça, c'est le touriste qui passe l'été, on est dans le village 18 cents personnes l'hiver et 25 mille l'été. Alors après la saison, on trouve la rivière dévastée, bouteilles cassées, boîtes de conserve, les arbres en partie détruits, voilà.

2. *Thierry M., 28 ans, chômeur, Provence:*

a) La nature? Oui. En tout cas, pour moi, il est évident, c'est les forêts. Elles brûlent pour toutes sortes de raisons d'ailleurs – le mistral, bien sûr, sans ça elle n'enflammerait pas. Mais bon, il y a aussi les problèmes de spéculation foncière, enfin… qu'on construise des résidences secondaires ou des trucs comme ça, et on voit fréquemment que, comme par hasard, quand on interdit la chasse, pas longtemps après, il y a un incendie dans le coin. Bon. Donc la forêt est menacée, et puis je dirais bien sûr, à part ça, la Méditerranée elle-même est menacée, ça c'est important, alors ça devient une poubelle, quoi.

b) A part les incendies, je sais rien, moi, je suis pas hyper-compétent, surtout point de vue… comment dire, acidité de l'air et des pluies, hein, les fameuses pluies acides, j'en sais rien. Je sais pas, moi… bon, il y a des arbres malades, mais ça me paraît pas catastrophique, moi.

c) Le problème écologique? Je sais pas, je dois dire comme grands problèmes écologiques, j'en vois pas d'énormes, sinon… faut dire il est pas vraiment écologique, c'est une grande perspective, c'est un problème de population. C'est-à-dire que de toutes façons, il va y avoir des centres urbains plus ou moins industriels et puis par ailleurs un désert peuplé de résidences secondaires.

3. *Jeanine P., 35 ans, employée, Mayenne:*

a) Bon. Que la nature soit en danger dans l'immédiat, je ne le pense pas, je pense aussi… bon, je fais relativement aussi confiance aux hommes de notre département, aux hommes et aux femmes, bien sûr…

b) Alors là, bon, je ne suis pas spécialiste de la forêt. Très simplement que… je ne sais pas vraiment.

c) Bon, il y a des problèmes écologiques bien sûr, notamment tout ce qui concerne la pollution des eaux. Là aussi, l'eau, je crois, c'est un bien très précieux; actuellement on est peut-être obligé d'acheter par exemple des eaux minérales, je crois qu'il faut qu'on… que nous restions très sensibles par rapport à tous ces problèmes de pollution… Mais là aussi, je n'ai pas comme ça suffisamment d'éléments scientifiques pour pouvoir apporter des éléments vraiment précis et rigoureux.

4. Daniel L., 42 ans, technicien agricole, Mayenne

a) Dans notre région pas vraiment... Parce que... il s'agit d'une région qui malheureusement est en train de se désertifier un petit peu, donc il y a peu de personnes qui pratiquent par exemple une agriculture très intensive. On a très peu d'utilisation de pesticides, d'insecticides, parce que les agriculteurs ont maintenu une pratique traditionnelle de l'agriculture. Donc, d'une manière générale, on peut pas considérer que la nature soit vraiment en péril chez nous.

b) Non, la forêt est pas vraiment malade, pourtant il y a... c'est une région très couverte en bois et en forêt, elle est bien entretenue.

c) D'un point de vue plus général, ce qui m'inquiète, c'est l'utilisation de plus en plus grande de produits chimiques et le développement d'usines chimiques. Et puis alors, la chose qui m'inquiète par-dessus tout – mais c'est peut-être aussi parce que je suis originaire de la région de Cherbourg – c'est le nucléaire, avec la centrale de retraitement de déchets atomiques de La Hague, et puis la construction de la centrale de Flamanville, ça m'inquiète beaucoup, parce que c'est quelque chose qu'on ne maîtrise absolument pas... dont on ne sait pas du tout quelles peuvent être les conséquences s'il y avait un accident. Et il a fallu Tchernobyl, il a fallu des choses comme ça pour commencer à lever le voile. Je crois que ce qui fait le plus peur, c'est l'ignorance dans ce domaine-là.

5. Laurent M., 25 ans, employé, Lorraine:

a) On peut dire, je crois que la nature est un petit peu en danger dans la région de la Lorraine, tout simplement parce que depuis de nombreuses années avec tout ce qui est industries, sidérurgique et charbonnage, eh bien avec toutes les fumées, tous les produits toxiques qui se dégagent dans l'air, la nature est un peu en danger de fait en Lorraine, plus que dans d'autres régions certainement.

b) Par conséquent, la nature est en danger, la forêt en particulier, et la forêt est malade et on assiste à de nombreux déboisements et de moins en moins de forêts, alors que la Lorraine est quand même une région où il y a beaucoup de forêts... et la forêt est malade.

c) Alors le problème écologique qui inquiète le plus les Lorrains c'est certainement un problème nucléaire avec une centrale nucléaire, la centrale de Cattenom qui est située au nord de la Lorraine, et depuis notamment les événements de Tchernobyl, eh bien les Lorrains sont très inquiets et dès qu'il y a un petit dérangement dans l'air, quelque petit nuage toxique etc. ils voient tout de suite la catastrophe et c'est certainement le problème écologique qui inquiète le plus les Lorrains.

Trois questions sur l'état de la nature

a) *Ecoutez les personnes interviewées et notez*
   – si la nature est en danger,
   – si la forêt est malade,
   – les problèmes écologiques indiqués,
   – les différences régionales.
b) *Qu'est-ce-que vous pensez de ces réponses quand vous regardez les statistiques?*
c) *Comment est-ce dans votre région?*
   Posez à votre voisin(e) les mêmes questions.

La Forêt Française – Superficies	
France	55 mio. ha
forêt française	14 mio. ha
feuillus	8,5 mio. ha
résineux	4,0 mio. ha
autres	1,5 mio. ha
forêts incendiées par an	0,045 mio. ha
dépérissement Alsace	15 %
(1985) Lorraine	13 %
Franche-Comté	11 %

Source: Ministère de l'Environnement

Pollution sans frontières – Le crépuscule de la forêt

François Mitterrand aime la nature. C'est lui qui a eu l'idée de Silva, la première conférence politique internationale sur la défense de l'arbre et de la forêt, à Paris.

Car il y a urgence. Le bois est menacé. Sur toute la surface de la Terre. De l'Amazone à l'Himalaya. Du Sahara à l'équateur. A travers toute l'Europe. Et jusqu'en France. On a longtemps cru que le mal des forêts allemandes épargnerait notre pays. Mais aujourd'hui, les sapins des Vosges et d'Alsace sont à leur tour menacés. Un rapport, confidentiel, de l'Office national des Forêts, est accablant. Il n'y a pas que les résineux. Toutes les espèces sont touchées. Et tout le territoire, jusqu'aux Pyrénées. Contrairement à ce qu'imaginaient les experts, c'est dans le massif de la Chartreuse que les dégâts sont les plus graves.

«Le pire est que vous pouvez vous promener pendant des heures en forêt, même en Allemagne, si vous n'êtes pas spécialiste, vous ne remarquez rien», explique l'organisateur de la conférence, Joanny Guillard, ancien directeur de l'Ecole forestière de Nancy. La forêt n'est pas dévastée, comme par un incendie, elle souffre de langueur, d'anémie pernicieuse. Certains arbres perdent un peu trop vite leurs aiguilles ou leurs feuilles. Ils ne grandissent plus. Ils jaunissent. Ils meurent prématurément.

Les Verts, en Allemagne, accusent les pluies acides, l'industrie lourde, les grosses Mercedes. «Les choses sont malheureusement beaucoup moins simples», dit Guillard. D'abord le déséquilibre est déjà ancien. L'étude des anneaux de croissance du bois montre que l'arbre souffre déjà depuis vingt ou trente ans quand apparaissent les premiers symptômes. Ensuite on n'a jamais pu établir une relation directe entre la maladie et l'acidité des pluies ou l'action d'un diluant déterminé. Bien sûr, de telles relations existent. En Pologne, en Tchécoslovaquie, des forêts entières ont été ravagées par les usines qui brûlent du lignite, dans lequel se trouve beaucoup de soufre, comme d'ailleurs en France, par exemple dans la vallée de la Maurienne, par le fluor, ou autour de Lacq, par le soufre. Mais on a trouvé une solution. Il suffit de construire des cheminées plus hautes, pour disperser les produits toxiques dans l'atmosphère au lieu de les laisser s'accumuler sur les arbres voisins.

Du coup, la pollution devient un problème international. Car les vents ne connaissent pas de frontières. Ce n'est donc pas un hasard si tous les grands pays de l'hémisphère nord participent à la conférence.

Le plus urgent est évidemment de réduire autant que possible les émissions toxiques. Mais il faut également intensifier les recherches sur les causes de ce dépérissement des forêts européennes et trouver les remèdes à y apporter. «Notre mode de vie a évolué trop vite depuis la guerre, la forêt n'a pas eu le temps de s'adapter, dit Joanny Guillard. Les hommes comptent par générations et les arbres par siècles.»

Le problème de la forêt est avant tout politique. A cause de ce décalage entre le temps des sociétés et celui des arbres. «Savez-vous que la forêt française a déjà failli périr une fois, au lendemain de la Révolution? rappelle Joanny Guillard. C'est le Code forestier de 1825 qui l'a sauvée et qui a permis de doubler sa surface en un siècle. Aujourd'hui, nous avons besoin d'un nouveau Code, adapté à la civilisation industrielle.»

D'après Gérard Bonnot, «Le Nouvel Observateur», 20/II/86

10) **Une conférence sur la forêt**

a) *Lisez le texte et dites*
   – ce qu'est «Silva»,
   – qui a organisé «Silva»,
   – pourquoi «Silva» a été organisée.

b) *Indiquez quelles phrases sont justes (il peut y en avoir deux).*

1. Le bois est menacé
   a) du Sahara à l'équateur.
   b) seulement en Europe.
   c) sur toute la surface de la terre.

2. En France, le mal des forêts a touché
   a) seulement les résineux.
   b) seulement les feuillus.
   c) toutes les espèces.

3. En France, les dégâts sont les plus graves
   a) en Alsace.
   b) dans le massif de la Chartreuse.
   c) dans les Pyrénées.

4. Quand on se promène en forêt, on reconnaît les arbres malades
   a) sans difficulté.
   b) quand on est spécialiste.
   c) difficilement.

5. Quand les forêts sont malades,
   a) elles sont comme après un incendie de forêt.
   b) les arbres perdent un peu trop vite leurs aiguilles ou leurs feuilles.
   c) les arbres sont sans feuilles ou sans aiguilles.

6. Le problème de la forêt est
   a) déjà ancien.
   b) récent.
   c) une invention des Verts.

11) **La forêt en dépérissement**

a) *Formez trois groupes et cherchez ce que le texte vous apprend sur*
   – les differents aspects de la maladie des forêts,
   – les causes de cette maladie,
   – ce qu'il faut faire pour sauver la forêt.

b) Est-ce que vous pensez que cette conférence servira à quelque chose?

(12) **Le dépérissement des forêts en question**

Vous allez participer à une conférence internationale sur le dépérissement des forêts dans le monde. Tirez au sort l'un des douze numéros. Vous êtes ce(tte) participant(e). Préparez vos arguments avant d'organiser votre conférence. Tout est permis! Il faut aussi un(e) président(e) de séance.

Variations

13. **Le plutonium nouveau est arrivé!**

Inventez des slogans pour ces dessins/autocollants.

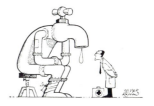

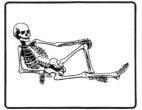

14. **«Pour changer de décor, changeons d'abord.»**
(Slogan officiel de l'Année européenne de l'Environnement)

Qu'est-ce que vous faites, vous, contre la pollution?

10

Un jour pas comme les autres

Les fêtes de l'année

 Le calendrier des fêtes et des jours fériés

1989 JANVIER
1 D JOUR DE L'AN
2 L S' Basile
3 M S'e Geneviève
4 M S' Odilon
5 J S' Edouard
6 V S'e Mélaine
7 S S' Raymond
8 D Epiphanie
9 L S'e Alix
10 M S' Guillaume
11 M S' Paulin
12 J S'e Tatjana
13 V S'e Yvette
14 S S'e Nina
15 D S' Rémi
16 L S' Marcel
17 M S'e Roseline
18 M S'e Prisca
19 J S' Marius
20 V S' Sébastien
21 S S'e Angèle
22 D S' Vincent
23 L S' Barnard
24 M S' François de Sales
25 M Convers. de S' Paul
26 J S'e Paule
27 V S'e Angèle
28 S S' Thomas d'Aquin
29 D S' Gildas
30 L S'e Martine
31 M S'e Marcelle

1989 FEVRIER
1 M S'e Ella
2 J Prés. du Seigneur
3 V S' Blaise
4 S S'e Véronique
5 D S'e Agathe
6 L S' Gaston
7 M **Mardi-Gras**
8 M **Cendres**
9 J S'e Apolline
10 V S' Arnaud
11 S N.D. de Lourdes
12 D Carême
13 L S'e Béatrice
14 M S' Valentin
15 M S' Claude
16 J S'e Julienne
17 V S' Alexis
18 S S'e Bernadette
19 D S' Gabin
20 L S'e Aimée
21 M S' P. Damien
22 M S'e Isabelle
23 J S' Lazare
24 V S'e Modeste
25 S S' Roméo
26 D S' Nestor
27 L S'e Honorine
28 M S' Romain

1989 MARS
1 M S' Aubin
2 J S' Charles le Bon
3 V **Mi-Carême**
4 M S' Casimir
5 D S'e Olivia
6 L S'e Colette
7 M S'e Félicie
8 M S' Jean de Dieu
9 J S'e Françoise R.
10 V S' Vivien
11 S S'e Rosine
12 D S' Maximilien
13 L S' Rodrigue
14 M S'e Mathilde
15 M S'e Louise M.
16 J S'e Bénédicte
17 V S' Patrice
18 S S' Cyrille
19 D Rameaux
20 L PRINTEMPS
21 M S'e Clémence
22 M S'e Léa
23 J S' Victorien
24 V **Vendredi-Saint**
25 S S' Humbert
26 D PAQUES
27 L S' Habib
28 M S' Gontran
29 M S'e Gwladys
30 J S' Amédée
31 V S' Benjamin

1989 AVRIL
1 S S' Hugues
2 D S'e Sandrine
3 L S' Richard
4 M S' Isidore
5 M S'e Irène
6 J S' Marcellin
7 V S' J.-B. de Salle
8 S S' Walter
9 D S' Gautier
10 L S' Fulbert
11 M S' Stanislas
12 M S' Jules
13 J S' Ida
14 V S' Maxime
15 S S' Paterne
16 D S' Benoît-Joseph
17 L S' Ebenne Harding
18 M S' Parfait
19 M S'e Emma
20 J S'e Odette
21 V S' Anselme
22 S S'e Alexandre
23 D S' Georges
24 L S' Fidèle
25 M S' Marc
26 M S'e Alida
27 J S'e Zita
28 V S'e Valérie
29 S S'e C. de Sienne
30 D Souv. Déportés

1989 MAI
1 L FETE DU TRAVAIL
2 M S' Boris
3 M S' Philippe, Jacques
4 J ASCENSION
5 V S'e Judith
6 S S'e Prudence
7 D S'e Gisèle
8 L VICTOIRE 1945
9 M S' Pacôme
10 M S'e Solange
11 J S'e Estelle
12 V S' Achille
13 S S'e Rolande
14 D PENTECOTE · J.-d'Arc
15 L S'e Denise
16 M S' Honoré
17 M S' Pascal
18 J S' Eric
19 V S' Yves
20 S S' Bernardin
21 D Trinité
22 L S' Emile
23 M S' Didier
24 M S' Donatien
25 J S'e Sophie
26 V S' Bérenger
27 S S' Augustin de C.
28 D F. d. Mères · F.-Dieu
29 L S' Aymar
30 M S' Ferdinand
31 M V. de la S'e Vierge

1989 JUIN
1 J S'e Paméla
2 V S'e Blandine
3 S S' Kevin
4 D S'e Clotilde
5 L S' Igor
6 M S' Norbert
7 M S' Gilbert
8 J S' Médard
9 V S'e Diane
10 S S' Landry
11 D S' Barnabé
12 L S' Guy
13 M S' A. Padoue
14 M S'e Elisée
15 J S'e Germaine
16 V S' J.-F. Régis
17 S S' Hervé
18 D Fête des Pères
19 L S' Romuald
20 M S' Silvère
21 M ETE
22 J S' Alban
23 V S'e Audrey
24 S S' Jean-Baptiste
25 D S' Salomon
26 L S' Anthelme
27 M S' Fernand
28 M S'e Irenée
29 J S' Pierre et Paul
30 V S' Martial

1989 JUILLET
1 S S' Thierry
2 D S' Martinien
3 L S' Thomas
4 M S' Florent
5 M S' Antoine
6 J S'e Mariette
7 V S' Raoul
8 S S' Thibaut
9 D S'e Amandine
10 L S' Ulrich
11 M S' Benoît
12 M S' Olivier
13 J S' Henri et Joël
14 V FETE NATIONALE
15 S S' Donald
16 D N. D. Mont Carmel
17 L S'e Charlotte
18 M S' Frédéric
19 M S' Arsène
20 J S'e Marina
21 V S' Victor
22 S S'e Marie-Madeleine
23 D S'e Brigitte
24 L S'e Christine
25 M S' Jacques
26 M S'e Anne
27 J S'e Nathalie
28 V S' Samson
29 S S'e Marthe
30 D S'e Juliette
31 M S' Ign. Loyola

1989 AOUT
1 M S' Alphonse
2 M S' J.-Eymard
3 J S'e Lydie
4 V S' J.M. Vianney
5 S S' Abel
6 D Transfiguration
7 L S' Gaétan
8 M S' Dominique
9 M S' Amour
10 J S' Laurent
11 V S'e Claire
12 S S'e Clarisse
13 D S' Hippolyte
14 L S' Evrard
15 M ASSOMPTION
16 M S'e Armelle
17 J S' Hyacinthe
18 V S'e Hélène
19 S S' Jean Eudes
20 D S' Bernard
21 L S' Christophe
22 M S' Fabrice
23 M S'e Rose de Lima
24 J S' Barthélémy
25 V S' Louis
26 S S'e Natacha
27 D S'e Monique
28 L S' Augustin
29 M S'e Sabine
30 M S' Fiacre
31 J S' Aristide

1989 SEPTEMBRE
1 V S' Gilles
2 S S'e Ingrid
3 D S' Grégoire
4 L S'e Rosalie
5 M S'e Raissa
6 M S' Bertrand
7 J S'e Régine
8 V Nativité N. D.
9 S S' Alain
10 D S'e Inès
11 L S' Adelphe
12 M S' Apollinaire
13 M S' Aimé
14 J Croix Glorieuse
15 V S' Roland
16 S S'e Edith
17 D S' Renaud
18 L S'e Nadège
19 M S'e Emilie
20 M S' Davy
21 J S' Matthieu
22 V S' Maurice
23 S AUTOMNE
24 D S'e Thècle
25 L S' Hermann
26 M S' Côme et Damien
27 M S' Vincent de Paul
28 J S' Wenceslas
29 V S' Michel
30 S S' Jérôme

1989 OCTOBRE
1 D S'e Thérèse de l'E. J.
2 L S' Léger
3 M S' Gérard
4 M S' Fr. d'Assise
5 J S'e Fleur
6 V S' Bruno
7 S S' Serge
8 D S'e Pélagie
9 L S' Denis
10 M S' Ghislain
11 M S' Firmin
12 J S' Wilfried
13 V S' Géraud
14 S S' Juste
15 D S'e Thérèse
16 L S'e Edwige
17 M S' Baudouin
18 M S' Luc
19 J S' René
20 V S'e Adeline
21 S S'e Céline
22 D S'e Salomé
23 L S' Jean de C.
24 M S' Florentin
25 M S' Enguerran
26 J S' Dimitri
27 V S'e Emeline
28 S S' Simon
29 D S' Narcisse
30 L S'e Bienvenue
31 M S' Quentin

1989 NOVEMBRE
1 M TOUSSAINT
2 J Défunts
3 V S' Hubert
4 S S' Charles
5 D S'e Sylvie
6 L S'e Bertille
7 M S'e Carine
8 M S' Geoffroy
9 J S' Théodore
10 V S' Léon
11 S ARMISTICE 1918
12 D S' Christian
13 L S' Brice
14 M S'e Sidonie
15 M S' Albert
16 J S'e Marguerite
17 V S'e Elisabeth
18 S S'e Aude
19 D S' Tanguy
20 L S' Edmond
21 M Prés. de Marie
22 M S'e Cécile
23 J S' Clément
24 V S'e Flora
25 S S'e Catherine
26 D S'e Delphine
27 L S'e Séverine
28 M S' Jacques d. M.
29 M S' Saturnin
30 J S' André

1989 DECEMBRE
1 V S'e Florence
2 S S'e Viviane
3 D Avent
4 L S'e Barbara
5 M S' Gérald
6 M S' Nicolas
7 J S' Ambroise
8 V Imm. Conception
9 S S' P. Fourier
10 D S' Romaric
11 L S' Daniel
12 M S' J.-F. Chantal
13 M S'e Lucie
14 J S'e Odile
15 V S'e Ninon
16 S S'e Alice
17 D S' Judicaël
18 L S' Gatien
19 M S' Urbain
20 M S' Théophile
21 J HIVER
22 V S' Franç. Xavière
23 S S' Armand
24 D S'e Adèle
25 L NOËL
26 M S' Etienne
27 M S' Jean
28 J S'e Innocents
29 V S' David
30 S S' Roger
31 D S' Sylvestre

10

1. Les fêtes françaises

a) Quels jours de fête ont une origine historique, quels jours de fête ont une origine religieuse?
b) Quelles sont les fêtes qui existent aussi dans votre pays?
c) Quelles fêtes existent en France mais pas chez vous?
d) Quelles fêtes existent dans votre pays mais pas en France?
e) Où est-ce qu'il y a le plus de jours fériés, dans votre pays ou en France?

2. Les fêtes importantes

Ecrivez sur une feuille de papier quelles sont pour vous les fêtes les plus importantes de l'année. Notez-en au moins trois par ordre d'importance.

2. Quelle est, pour vous, la fête la plus importante de l'année?

– Pour moi, c'est incontestablement la fête de Noël.
– Je vous répondrai franchement que pour moi, il n'y en a plus. Car je suis seule, et comme au foyer du troisième âge on a eu l'idée de nous fermer le dimanche et les jours de fête ... et je trouve que ce sont ces jours-là que l'on a besoin le plus de compagnie, parce que se retrouver seul entre quatre murs quand tout le monde est en famille, eh bien je peux vous dire que ce sont de très mauvaises journées pour nous qui sont que des dimanches ordinaires.
– Sans problème pour moi, c'est Noël.
– Le premier avril. Parce que c'est le jour où on fait des farces et puis c'est mon anniversaire; je suis né le 1er avril. Mais c'est la journée des farces; mais sinon le 14 juillet reste une date très importante.
– C'est Noël.

– Moi, je crois que pour moi il y a deux fêtes très importantes: il y a le premier mai, c'est la fête des travailleurs, mais je crois que tout le monde est travailleur un jour ou l'autre, et la deuxième fête c'est le 14 juillet parce que le 14 juillet c'est la fête de la Nation, c'est la fête de la République.
– Eh bien, moi je me place sans doute au point de vue religieux plus qu'à un autre point de vue. La fête de Noël est certainement très importante également, c'est une fête ... la fête des enfants particulièrement, mais je crois que la fête de Pâques est pour nous – enfin pour moi tout au moins qui suis catholique pratiquante – ça nous rappelle tous les événements qui ont marqué la fin de la vie du Christ et sa passion et sa résurrection.
– Pour moi c'est certainement Noël, c'est certainement la fête la plus importante.

3. La fête qu'ils préfèrent

a) *Ecoutez les réponses et notez quelle est pour chaque personne la fête la plus importante, quelle autre fête importante est nommée et quelles sont les raisons indiquées.*
b) *Comparez ces réponses au petit sondage que vous avez fait.*

4. La fête que vous préférez

– *Dites comment vous la passez.*
– *Racontez si possible un souvenir que vous en gardez.*
Vous avez peut-être un souvenir particulier à raconter.

La Fête Nationale

 3 Une publicité: vin rouge …

UN REPAS SANS VIN C'EST COMME UN 14 JUILLET SANS PETARDS.

UN PEU DE VIN, ÇA CHANGE TOUT.

ASSOCIATION NATIONALE
INTERPROFESSIONNELLE
DES VINS DE TABLE ET DE PAYS

 5 … et pétards

- *Décrivez cette publicité.*
- *Dites pour quel produit elle a été faite.*
- *Il y est question de deux traditions bien françaises. Dites ce que vous en savez.*

10

4) Le 14 juillet, que faites-vous?

6) Dix personnes – dix réponses

a) *Ecoutez les réponses. Essayez de trouver quelle personne parle et ce qu'elle fait ce jour-là.*

Marie-Jeanne, 28 ans, technicienne

Thierry, 26 ans, chauffeur de maître

Mme de Vaujuas, 68 ans, châtelaine

Pierre, 40 ans, cadre EDF

Georges, 45 ans, agriculteur et maire-adjoint de sa commune

Eric, 17 ans, élève

Yvonne, 72 ans, retraitée

Roger, 55 ans, horticulteur

Jean-Philippe, 21 ans, fait son service militaire

Philippe, 40 ans, agent commercial

b) *Trouvez l'explication correspondante:*

1. le feu d'artifice
2. faire la fête
3. faire le fou
4. s'éclater
5. avoir les pieds en éventail
6. des fois
7. les trois quarts du temps
8. avoir des idées reçues

a) ne rien faire, ne pas bouger
b) presque toujours
c) bien s'amuser
d) ce que vous voyez p. 118
e) quelquefois
f) penser comme tout le monde
g) oublier complètement ses soucis
h) oublier qu'on est une personne sérieuse

c) *Complétez le résumé des réponses par « et », « alors », « car/parce que » ou « grâce à »:*

Il ne fait rien de spécial, … il le passe en famille, quelquefois ils vont voir le feu d'artifice.
Il fait la fête … c'est juste la date de son anniversaire.
Il participe plus à la vie du pays … informations, … télévision, … manifestations en ville.
C'est la fête nationale, … il va au bal, où lui et ses amis font les fous, rient et boivent.
Il reste sur son lit … il attend que ça se passe.
Elle fait la fête, … elle sort les chapeaux et les confettis, … elle va danser.
Le 14 juillet ne lui rappelle pas précisément ce qui s'est passé, il ne va même plus voir le défilé des soldats … ça ne l'intéresse pas beaucoup.
Elle n'a pas d'idées reçues, … elle passe le 14 juillet comme n'importe quel jour de la semaine.
C'est un jour comme les autres où elle s'occupe comme les autres jours … elle ne sait pas s'ennuyer.
C'est en été et à la fin d'une époque où ils ont beaucoup travaillé, … il en profite pour aller se promener ce jour-là.

d) Comment est-ce qu'on fête le 14 juillet en France?

7) Votre fête nationale – Quelle est votre fête nationale? Qu'est-ce que vous faites ce jour-là?

5 Un pays en crise

En 1788, la France est le pays le plus peuplé d'Europe et compte 28 millions d'habitants. C'est une monarchie. Le roi, Louis XVI, réside à Versailles d'où il règne sur son royaume. Paris, avec ses 650 000 habitants, est la plus grande ville du monde.

La société de l'Ancien Régime (comme on dira bientôt) est composée de trois grands groupes: Clergé et Noblesse, qui possèdent d'importants privilèges, et le Tiers Etat. Mais cette société se trouve dans une période de crise grave qu'on explique aujourd'hui par trois raisons principales: D'abord, la Bourgeoisie est devenue, au cours du 18e siècle, la première force économique du pays, mais elle n'a pas accès aux pouvoir politique. Ensuite, l'Etat n'arrive plus à payer les énormes dettes qui ont été faites par le roi. Et enfin, les récoltes des années 87 et 88 ont été mauvaises, le peuple a faim.

Dans cette situation, Louis XVI convoque, pour mai 1789, les Etats Généraux qui n'ont pas été réunis depuis 1614. Et c'est ainsi qu'à la fin de l'année 88, les députés des trois groupes sont élus dans toute la France, 300 pour le Clergé, 300 pour la Noblesse, et 600 pour le Tiers Etat.

> La société de l'Ancien Régime   est composée   de trois grands groupes.
>   D'énormes dettes   ont été faites par le roi.
>   Les Etats Généraux n'ont pas été réunis   depuis 1614.

	Clergé	Noblesse	Tiers Etat (grande et petite bourgeoisie, artisans, ouvriers, paysans)
pourcentage de la population	0,5	1,5	98 (paysans: 80)
privilèges	ne paie pas d'impôts, a sa propre justice	ne paie pas d'impôts, a le droit de porter des armes, a accès aux fonctions publiques	
propriété des terres (%)	10	30	bourgeoisie: 20 paysans: 40
revenus	environ 1/13 de tous les produits de la terre («la dîme»)	vente de produits agricoles, rentes sur les terres louées	fruit du travail (bourgeoisie: commerce)
charges	écoles, hôpitaux, œuvres charitables		impôts à payer au roi, rentes à payer pour la location de leurs terres, la dîme à donner au Clergé

10

8. Familles de mots

Lisez le texte et notez le verbe, le ou les nom(s) ou l'adjectif qui manque(nt) à la «famille»:

1.	population	.....	–
2.	....	roi	–
3. habiter	....	.....	–
4.	résidence	–	–
5. –	....	–	privilégié, e
6. –	....	–	fort, e
7. –	économie	–	....
8.	réunion	–	....
9. –	....	armée	–
10. vendre	....	.....	–
11. produire	....	.....	–
12. –	....	agriculteur	....
13. –	....	–	rentable
14. louer	....	–	–

9. Il y a deux cents ans ...

a) *Relisez le texte et notez*
   – le nombre d'habitants de la France,
   – le nombre d'habitants de Paris,
   – la résidence du roi,
   – le type de régime,
   – les groupes qui composent la société,
   – les raisons principales de la crise,
   – nom et date de la réunion des trois grands groupes,
   – d'autres raisons qui peuvent expliquer une révolution à cette époque (regardez le tableau).

b) Qu'est-ce qui vous a surpris, à la lecture du texte? Pourquoi?

10. Les Etats Généraux ont été réunis par le roi.

Exprimez chaque fois la même chose par une autre phrase.
Exemple: Le roi a réuni les Etats Généraux. –
         Les Etats Généraux ont été réunis par le roi.
Continuez:
Trois groupes composent la société de l'Ancien Régime.
Les nobles occupent les postes politiques importants.
Le Tiers Etat paie les impôts.
Les paysans donnaient la dîme au Clergé.
Le roi a fait d'énormes dettes.
L'Etat ne peut plus payer les énormes dettes du roi.
Fin 88, Noblesse, Clergé et Tiers ont élu 1200 députés.
On n'a pas convoqué les Etats Généraux depuis 1614.

10

1. **Les deux années parisiennes d'un enfant de Bordeaux**

10

1790 JANVIER / AU PRINTEMPS

La cocarde tricolore se porte de plus en plus: la couleur du roi, le blanc entre le bleu et le rouge, couleurs de Paris.

Décret du 22 décembre: il sera fait une nouvelle division du royaume en 83 départements.

Partout autour de notre ville, les nobles engagent des troupes pour combattre la révolution. Pour nous défendre, les gardes nationales de toute la province sont venues ce dimanche à Bordeaux et se sont regroupées en une grande fédération. Notre père est fier d'y avoir été. Mais il tousse, depuis l'hiver.

Fin juin, de toutes les provinces, des gardes fédérés commencent à marcher vers Paris; parmi eux, le cordonnier Nadaud. — L'anniversaire de la prise de la Bastille a été choisi comme jour de la fédération nationale.

Ah! Ça ira, ça ira, ça ira!

LA FETE DE LA NATION ME GUERIRA.

NE VAS PAS A PARIS. JE T'EN SUPPLIE! TU N'ES PAS EN BONNE SANTE!

La plus grande fête de la Révolution se passe sous la pluie. Mais l'enthousiasme l'emporte sur le mauvais temps: 400 000 Parisiens assistent, au Champs-de-Mars, à la Fête de la Fédération nationale.

14 JUILLET

JE JURE D'ETRE A JAMAIS FIDELE A LA NATION, A LA LOI, AU ROI!

50 000 gardes nationaux venus de toute la France défilent devant les spectateurs, puis se mettent à danser. On chante. Puis, au moment du serment que La Fayette prête au nom de tous, 40 coups de canon font trembler la terre. On se lève, on jure, on croit que la France est unie.

SEPTEMBRE

MES DERNIERES PENSEES VONT A TA MERE, ET A NOTRE REVOLUTION. SI TU DEFENDS L'UNE, N'OUBLIE JAMAIS L'AUTRE.

En septembre, Camille enterre son père à Paris et retourne à Bordeaux. Un an plus tard, la première constitution française est votée: le roi devra respecter les lois. Deux ans plus tard, Camille met l'uniforme de son père. Comme trois millions de Français en armes, plus que toutes les armées royalistes réunies, il ira aux frontières pour défendre la Révolution. On saura plus tard que Louis, roi de France avait appelé les autres rois d'Europe à marcher sur son propre pays.

11. Les mots pour comprendre

Lisez la bande dessinée et rédigez une liste des mots qui correspondent aux expressions suivantes:

1. Schuhmacher
2. Rechtsanwalt
3. wählen, Stimme abgeben
4. Bediensteter
5. Verfassung
6. Nationalversammlung
7. schwören
8. vor Wut schäumen
9. sich erheben
10. Gewehr
11. Sturm auf die Bastille
12. Pulver
13. retten
14. angreifen
15. Ereignis
16. abschaffen
17. Menschen- und Bürgerrechte
18. Aufteilung
19. Zusammenschluß, Bund
20. für immer treu
21. Gesetz
22. vorbeiziehen, paradieren
23. unter Waffen
24. Grenze

12. Le roi et le peuple

Expliquez pourquoi

- en mai 89, la noblesse (et le roi) ne veulent pas accepter que tous les députés des Etats Généraux votent ensemble.
- les députés du Tiers se réunissent au Jeu de Paume et se proclament «Assemblée Nationale»
- début juillet, le roi fait marcher des troupes sur Versailles et Paris.
- le 15 juillet, le roi retire ses 20 000 hommes de troupe.
- à partir d'octobre 89, le roi et l'Assemblée sont à Paris.
- des Gardes Nationales sont formées par le «petit peuple» d'abord à Paris, ensuite dans les autres villes.
- la Fête de la Fédération (la première fête nationale du 14 juillet) a été vécue, malgré un très mauvais temps, dans un très grand enthousiasme.

13. Deux années de Révolution

Groupe a):
Racontez ce que cette bande dessinée vous apprend sur la vie de Camille Nadaud et de sa famille pendant les années 1789 et 1790.

Groupe b):
Faites une liste des principaux événements de ces deux années révolutionnaires.

14. Deux cents ans après

Regardez et lisez les extraits de journaux p. 126.

Est-ce que vous comprenez maintenant, pourquoi et comment les Français fêtent le 14 juillet? Est-ce que vous pensez que vous auriez, vous aussi, des raisons de fêter la Révolution française? Qu'est-ce qui, dans la France actuelle, rappelle la Révolution?

② 200 ans plus tard, en Normandie

Les festivités du 14 juillet prennent un peu plus d'ampleur, d'année en année. Le lancement de l'opération ‹été-jeunes› n'y est pas étranger, avec l'organisation d'un bal plus important et même, cette année, d'un feu d'artifice. Ainsi, on a dansé lundi soir place de la République, à l'invitation de la municipalité, et au square Laniel à Vernonnet, avec le Cercle d'animations vernonnaises.

Hier matin, la place a retrouvé une allure plus martiale pour les cérémonies officielles avec le 517ᵉ régiment du Train sur terre et, quelques minutes avant, la parade aérienne de la capitale

mercredi 15 juillet 1987

VERNON
Bals, feu d'artifice et prise d'armes
Le 14 juillet dans la tradition

au-dessus de nos têtes puisque, comme d'habitude, les avions qui remontent les Champs-Elysées viennent négocier leur virage et se mettre en ordre aux portes de la Normandie.

DIEPPE
Un feu … du tonnerre

Ils étaient certainement des milliers à se tasser près des jardins du parc Ango pour «voir» le traditionnel feu d'artifice de Dieppe. Et ils ont eu raison de faire le déplacement. Pendant une bonne demi-heure, le ciel s'est embrasé sous les jets de fumées multicolores.

A NEZEL
On brûle la Bastille

«Quand faut y aller, faut s'éclater». Sur une béguine endiablée on se prenait la main, et la chaîne se formait sous les lampions. Lundi soir on dansait sur la place du village de Nézel. Boule de cristal, lumières tournantes, le disc-jockey du comité des fêtes toujours aussi efficace donnait une sacrée ambiance. La jeunesse du pays était venue. Les parents, les enfants fêtaient le 14 juillet dans la plus pure tradition. Sur les coups de minuit à coup de pétards on faisait brûler une Bastille de carton.

Variations

15 «Un dimanche après-midi sans gâteau, c'est comme un 17 juin sans discours politiques».

Prenez modèle sur la publicité page 118 et trouvez un ou plusieurs slogans semblables.

Les bals populaires

1 Dans les bals populaires
  L'ouvrier parisien
  La casquette en arrière
  Tourne tourne tourne bien.
  Dans les bals populaires
  Les Rachels du samedi
  Du bleu sur les paupières
  Tournent tournent tournent aussi.
   Refrain:
   Mais là-bas près du comptoir
   On boit, nous on danse pas.
   On est là pour boire un coup
   On est là pour faire les fous
   Et pour se reboire un coup
   Et pas payer nos verres,
   Pour boire un coup
   Et j'dirais même un bon coup
   Et rigoler entre nous
   Sur les airs populaires.

2 Dans les bals populaires
  Quand l'accordéon joue
  Le tango des grands-mères
  Elles dansent entr'elles
  Et l'on s'en fout.
  Dans les bals populaires
  On chante un peu ce qu'on veut
  Moins on fait de manières
  Et plus ça tourne tourne mieux.
  (Refrain)

3 Dans les bals populaires
  Chacun veut sa chanson
  L'orchestre joue ce qu'il sait faire
  Ça tourne tourne plus ou moins rond
  Dans les bals populaires
  Quand le barman s'endort
  Même après la dernière
  Ça tourne tourne tourne encore.
  (Refrain)

Vline-Buggy/Sardou/Revaux
© Chappell/Intersong Music
Group France SA

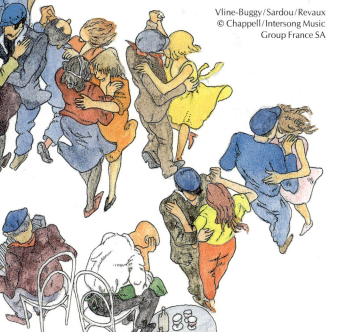

Mon journal de la Fête Nationale

Vous avez besoin d'un dé (un par groupe), d'une feuille de papier (votre «journal»), d'un stylo et d'un peu d'imagination.
Mettez-vous par groupes de trois ou quatre personnes. Gardez au moins un livre ouvert.

C'est la veille du 14 juillet, au soir. Vous venez d'arriver, seul(e), dans une ville moyenne française et avez pris une chambre d'hôtel.
Pour passer cette soirée, une soirée pas comme les autres, vous avez plusieurs possibilités, et cela à plusieurs reprises. Comment choisir?
Eh bien, laissez faire le dé!

Notez d'abord l'heure: (21 h). Jetez ensuite le dé et regardez le nombre de points (par ex.: 2). Lisez ensuite l'activité qui a le même chiffre («2. Vous allez voir le feu d'artifice annoncé pour dix heures sur la place de la République.»). Vous notez ce qui est souligné (ici: feu d'artifice). Quand chacun a joué, tout le monde passe à l'heure suivante.

21 h

Dehors, il fait bon, et les températures sont très agréables.

1. Vous faites une longue **promenade** dans le vieux centre-ville.
   Les rues et les petites places sont animées.
2. Vous allez voir le **feu d'artifice** annoncé pour dix heures sur la place de la République.
3. Vous vous installez dans un restaurant et vous commandez un **bon repas**.
4. Il fait nuit, et vous vous promenez au bord de la belle rivière qui passe dans la ville.
   Vous vous déshabillez et prenez un **bain dans la rivière**. Mais quand vous sortez de l'eau, vos vêtements ont disparu!
5. Ça alors! Vous rencontrez **le voisin** qui habite dans votre ville, dans votre rue, à côté de chez vous!
6. De votre hôtel, vous téléphonez à une personne dans le pays d'où vous venez. Elle vous apprend **quelque chose d'inattendu** pour vous.

23 h

1. Vous rentrez à l'hôtel. Vous voulez dormir, mais vous ne pouvez pas. Vous restez **réveillé(e)**.
2. Vous êtes à la place de la République. Il y a plein de monde, un orchestre joue. Vous **dansez**.
3. Vous prenez un verre au comptoir d'un bistro et regardez le bal populaire. Au comptoir, vous faites la connaissance d'une **personne** qui se met à vous raconter sa vie. La personne est **divorcée**.
4. Vous vous retrouvez au bord d'une route, **à vingt kilomètres de la ville**, en pleine campagne.
5. Il commence à pleuvoir. D'abord, vous ne faites pas attention, mais c'est **une averse**: au bout de deux minutes, vous êtes complètement trempé(e).
6. Vous avez **perdu la clé** de l'hôtel qu'on vous avait donnée.

1 h

1. Vous êtes à l'hôtel. Vous faites un **rêve bizarre**.
2. Vous revenez de la place de la République, fatigué(e). Vous avez **beaucoup trop bu** et ne trouvez pas votre chambre.
3. ‹Venez un peu chez moi!› C'est **la proposition** que vous fait la personne que vous avez connue sur la place de la République.
4. Pas loin de la place de la République, on entend du bruit. Vous y allez, et vous voyez des jeunes qui attaquent un commissariat de police. Quand des cars de police arrivent, vous êtes **arrêté(e)** aussi.
5. Vous avez **trop bu**! Où est **l'hôtel**? Vous ne le trouvez plus.
6. Devant un bar, il y a des cris. Vous y allez voir: des jeunes se disputent, commencent à se battre. Vous êtes **pris(e) dans la bagarre**.

9 h du lendemain matin

1. Vous voulez partir tout de suite. Vous arrivez à votre voiture, et vous constatez que les **deux pneus** de droite sont **à plat**.
2. C'est un dimanche. vous allez à la **messe**.
3. Vous restez encore un peu au **lit**.
4. Vous vous réveillez avec une **migraine** terrible.
5. Vous vous réveillez avec une **soif** horrible.
6. Vous vous levez. Quand vous descendez, on ne sert **plus de petit déjeuner** à l'hôtel.

10 h 30

1. Devant le monument aux morts, vous assistez à la **cérémonie officielle**. Vous regardez les personnalités et les quelques spectateurs qui sont avec vous. Vous comprenez bien les discours.
2. Vous vous mettez devant la télévision et suivez avec beaucoup d'intérêt le grand **défilé militaire** sur les Champs Elysées à Paris.
3. Vous voulez payer votre petit déjeuner, mais vous n'avez plus votre porte-feuille où se trouvait tout votre argent. Vous n'avez **plus un sou**.
4. A la réception de l'hôtel, on vous remet **un télégrammme**.
5. Vous faites un **jogging** dans le parc près de votre hôtel.
6. Vous vous rendormez et faites un **rêve de 14 juillet**.

Midi

Vous allez prendre l'apéritif à la plus grande terrasssse de la ville, seul(e). Comme par hasard, vous y rencontrez les deux ou trois personnes de votre groupe.

Regardez les notes dans votre journal: Imaginez maintenant ce que vous avez fait entre les heures et activités notées. Vous racontez aux autres votre 14 juillet et répondez aux questions qui vous sont posées.

Testblock

Testblock 1 (Nach Section 3)

Die farbigen Kästchen dienen zur Auswertung Ihres Testergebnisses. Vergleichen Sie Ihre Arbeit mit den Lösungen im Arbeitsbuch (Klettbuch 52935), und tragen Sie für jede übereinstimmende Antwort 1 Punkt in das farbige Kästchen ein.

Testaufgabe 1

Sie hören jeweils zwei Sätze. Kreuzen Sie an, ob diese Sätze gleich oder verschieden sind.

	=	≠
A		
B		
C		
D		
E		

	=	≠
F		
G		
H		
I		
J		

Summe:

Testaufgabe 2

Sie hören 5 Fragen. Kreuzen Sie die jeweils richtige Antwort an.
Trifft keine der vorgeschlagenen Antworten zu, kreuzen Sie d) an.

1. a) Je n'hésiterais pas à partir.
   b) Je le ferais volontiers, mais je n'ai pas le temps.
   c) Je n'ai pas envie d'écrire une lettre.
   d) Keine Antwort trifft zu.

2. a) Non, il ne parle jamais de sa santé.
   b) Ça devait lui être pénible.
   c) Non, il ne m'en a jamais parlé.
   d) Keine Antwort trifft zu.

3. a) Oui, si je ne m'arrêtais pas de travailler.
   b) Mais je n'étais pas encore parti.
   c) Non, je n'ai pas eu le temps d'y aller.
   d) Keine Antwort trifft zu.

4. a) Je suis allé en Italie.
   b) Je viens de perfectionner mon français à Lausanne.
   c) Le Portugal est un pays qui m'intéresse beaucoup.
   d) Keine Antwort trifft zu.

5. a) Non, je ne l'ai pas.
   b) Si, je l'ai encore.
   c) Ça dépend.
   d) Keine Antwort trifft zu.

Summe:

Testaufgabe 3

Sie hören einen Auszug aus einem Interview. Lesen Sie daraufhin die untenstehenden Behauptungen. Hören Sie sodann den Auszug ein zweites Mal, und kreuzen Sie an, welche der drei vorgeschlagenen Behauptungen zutrifft.

1. a) Pierre veut être cadre dans dix ans.
   b) Pierre est cadre depuis dix ans.
   c) Pierre est dans la direction.

2. a) Il téléphone à beaucoup de villes.
   b) Il aime bien téléphoner.
   c) On lui téléphone de beaucoup de villes.

3. a) Il voyage en France et à l'étranger.
   b) Il voyage seulement à l'étranger.
   c) Il ne voyage pas.

4. a) Il prend seulement l'avion.
   b) Il prend tous les moyens de transport.
   c) Il prend seulement le train.

5. a) Il discute beaucoup avec ses collègues.
   b) Il ne travaille pas avec des collègues.
   c) Il n'a pas le temps de discuter beaucoup avec ses collègues.

Summe:

Testaufgabe 4

Frau Clavel hat an ihre Mutter in Caen geschrieben und liest nun diesen Brief ihrem Mann vor, bevor sie ihn abschickt. Sie hören diesen Brief zweimal: das erste Mal in normalem Sprechtempo, das zweite Mal zum Mitschreiben. Ergänzen Sie den nachstehenden Lückentext aufgrund des Gehörten.

«Chère maman,

Nous avons bien reçu ta lettre, hier matin. Mais, _____

vous a donc fait _____ que nous ne _____ pas

Noël ensemble? Bien sûr, _____ peut-être un peu

pessimiste, dans ma dernière lettre: Alain _____

de nous _____ de tous les accidents et embouteillages

qu'il y a toujours sur les routes, avant les fêtes. Mais il me _____

aussi (et j'ai peut-être _____ de l'écrire clairement)

que lui et Sylvia _____ vous chercher en voiture si

Gaston _____ travailler et si vous ne _____ pas

prendre le train ...»

Summe:

Testaufgabe 5

Sie hören ein Telefongespräch, in dem ein Name und eine Adresse buchstabiert werden. Tragen Sie Namen und Adresse in das Kästchen ein.

Name: _____

Adresse: _____

_____

Summe:

Testaufgabe 6

In einsprachigen französischen Wörterbüchern werden Begriffe meist umschrieben. Geben Sie für folgende Umschreibungen die entsprechenden Wörter an, die Sie kennen.

1. personne qui se trouve sans travail   _____
2. cinéma, théâtre, concert etc.   _____
3. rendre facile   _____
4. dernier stade de la vie   _____
5. du temps libre   _____
6. travail   _____
7. mois entre mai et juillet   _____
8. maison où habitent les personnes âgées   _____
9. qui n'a pas de respect   _____
10. maladie des yeux   _____

Summe:

Testaufgabe 7

Setzen Sie die richtige Verbform ein.

1. Si j'avais le temps, je _____ (lire) beaucoup.

2. Je _____ (faire) le tour du monde si j'étais riche.

3. Je _____ (aller) au cinéma demain s'il y avait un bon film.

4. Je _____ (être) bien triste si tu ne venais pas ce soir.

5. Si j'y allais seul, je me _____ (ennuyer) beaucoup.

Summe:

Testaufgabe 8

Lesen Sie den nachstehenden Text ein erstes Mal. Lesen Sie daraufhin die untenstehenden Behauptungen. Lesen Sie sodann den Text ein zweites Mal und kreuzen Sie von den drei zur Auswahl gegebenen Behauptungen jeweils diejenigen an, die dem Inhalt des Textes am besten entsprechen. Mehrfachnennungen sind möglich.

Les nouvelles tendances artistiques et culturelles en France

Les changements dans la vie culturelle se remarquent dans tous les secteurs: les grandes villes de province ont maintenant presque toutes des Maisons de la Culture, où les gens peuvent voir des pièces de théâtre et des films, assister à des expositions, lire …

La décentralisation culturelle permet, pendant l'été, en province, l'organisation d'un grand nombre de festivals dont la diversité et la popularité augmentent chaque année. Le premier de ces festivals a été le Festival théâtral d'Avignon, fondé[1] en 1946 par l'acteur et metteur en scène[2] Jean Vilar qui a inspiré le renouveau[3] du théâtre populaire en France.

Enfin, presque dans toute la France, on assiste à un renouveau de l'artisanat d'art[4], et de nombreux Français font pendant leurs vacances des stages pour apprendre la poterie, les émaux, le tissage ou le travail du cuir.

Pour l'activité théâtrale, le café-théâtre constitue un phénomène nouveau né dans les années 1960. Dans une salle de café ou de restaurant normal, un seul acteur ou un petit nombre d'acteurs jouent sur une scène très simple et souvent sans décors.

[1] *fondé, e* begründet, gegründet – [2] *le metteur en scène* Regisseur – [3] *le renouveau* Wiedererneuerung – [4] *l'artisanat d'art* Kunsthandwerk

1. Les changements dans la vie culturelle se remarquent
   a) dans tous les secteurs.
   b) surtout dans le théâtre.
   c) dans les Maisons de la Culture.

2. La décentralisation culturelle permet l'organisation
   a) de festivals de cinéma.
   b) du Festival théâtral d'Avignon.
   c) d'un grand nombre de festivals en province.

3. Jean Vilar
   a) est un metteur en scène et acteur.
   b) a fondé le Festival théâtral d'Avignon.
   c) est «le père» des festivals de théâtre.

4. Le renouveau de l'artisanat d'art
   a) ne se fait pas en France.
   b) se fait seulement en province.
   c) se fait un peu dans toute la France.

5. Le café-théâtre
   a) se joue dans une petite salle de théâtre.
   b) se joue dans une salle de café ou de restaurant.
   c) existe depuis peu de temps.

Summe: Endsumme:

Testblock 2 (Nach Section 6)

Testaufgabe 1

Sie hören sechs verschiedene Äußerungen. Ordnen Sie diese Äußerungen den entsprechenden Zeichnungen zu, indem Sie deren Nummern eintragen.

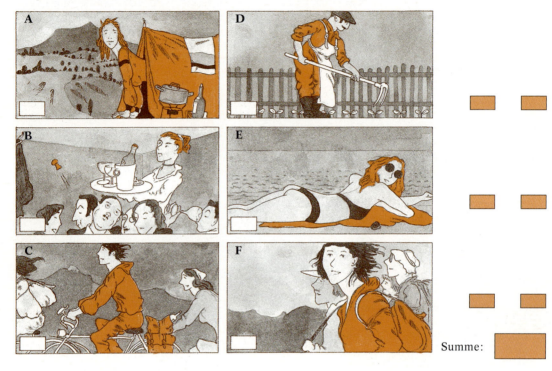

Testaufgabe 2

Sie hören sechs Fragen. Ordnen Sie diese Fragen den untenstehenden Antworten zu, indem Sie die entsprechende Nummer dazu eintragen.

A: C'est un petit deux-pièces avec cuisine et salle de bains, 40 m² en tout.

B: On a vu une annonce dans un journal.

C: Je paie 900 F par mois.

D: Pas avant le 1er octobre. Il faut qu'on attende que la maison soit libre.

E: Non, la chambre était déjà meublée.

F: On cherche toujours. Tout ce qu'on a vu était trop cher ou trop petit.

Summe:

Testaufgabe 3

Sie hören einen Dialog. Lesen Sie daraufhin die untenstehenden Behauptungen. Hören Sie sodann den Dialog ein zweites Mal und kreuzen Sie die jeweils dazu passende Antwort an.

1. Le mari   a) veut préparer à manger.
             b) ne veut rien manger ce soir-là.
             c) veut que sa femme prépare le dîner.

2. Il   a) n'a pas trouvé le gigot très bon.
        b) a beaucoup aimé le gigot.
        c) a déjà mangé du gigot meilleur que celui-là.

3. La mère du jeune homme   a) a le temps de cuisiner.
                            b) n'a pas beaucoup de temps parce qu'elle travaille.
                            c) n'aime pas cuisiner.

4. La jeune femme   a) fait le pâté de lapin elle-même.
                    b) a surtout aimé le pâté de lapin.
                    c) a surtout aimé le dessert.

5. Le jeune homme   a) n'a pas beaucoup aimé le dessert.
                    b) mangeait des bananes flambées pour la deuxième fois.
                    c) en a repris deux fois.

Summe:

Testaufgabe 4

Kreuzen Sie den in die Lücke passenden Ausdruck an.

1. Il faut que tu ... assez d'argent
   pour acheter ce fauteuil.
   a) aies
   b) as
   c) ailles
   d) avais

2. Si j'avais de l'argent, je ...
   le tour du monde.
   a) ferai
   b) fasse
   c) fais
   d) ferais

3. L'année prochaine, vous ...
   en France?
   a) êtes allés
   b) irez
   c) iriez
   d) alliez

4. Il est nécessaire que tu ...
   des vacances.
   a) prenais
   b) prends
   c) prendras
   d) prennes

5. Le mois prochain, ils ...
   emmenager.
   a) pourront
   b) puissent
   c) pouvaient
   d) ont pu

Summe:

135

Testaufgabe 5

*Einer der fünf angegebenen Ausdrücke paßt nicht in die jeweilige Gruppe.
Kreuzen Sie im Kästchen den entsprechenden Buchstaben an.*

	a)	b)	c)	d)	e)

1. a) faire du vélo – b) faire de la planche à voile – c) faire les courses – d) faire du footing – e) faire du tennis
2. a) il pleut – b) il fait chaud – c) il y a du soleil – d) il a froid – e) il fait mauvais
3. a) nuage – b) mer – c) plage – d) côte – e) sable
4. a) pavillon – b) immeuble – c) maison – d) ferme – e) banlieue
5. a) moderne – b) vieux – c) nouveau – d) froid – e) ancien
6. a) la Bourgogne – b) le Languedoc – c) le Luxembourg – d) l'Auvergne – e) la Provence

Summe:

Testaufgabe 6

Setzen Sie die Verben ins imparfait oder passé composé:

On _____ (déménager) la semaine dernière.

Notre appartement _____ (être) trop petit.

Les enfants n'_____ (avoir) pas assez de place et ils ne

_____ (pouvoir) pas jouer dehors, la rue

_____ (être) trop dangereuse.

Nous _____ (visiter) beaucoup d'appartements.

Il y _____ (avoir) toujours quelque chose qui n'_____ (aller) pas.

Alors, finalement, on _____ (mettre) une annonce dans le journal.

«Jeune couple, 2 enfants, cherche pavillon à louer ou acheter.»

On _____ (recevoir) cinq ou six réponses et on

_____ (choisir) un pavillon en location.

Summe:

Testaufgabe 7

Notieren Sie zu den aufgeführten Adjektiven jeweils das Gegenteil:

1. pauvre _____
2. ancien _____
3. grand _____
4. jeune _____
5. froid _____

6. sale _____
7. ennuyeux _____
8. mauvais _____
9. touristique _____
10. bruyant _____

Summe:

Testaufgabe 8

Lesen Sie den nachstehenden Text ein erstes Mal. Lesen Sie daraufhin die untenstehenden Behauptungen. Lesen Sie sodann den Text ein zweites Mal und kreuzen Sie von den drei zur Auswahl gegebenen Behauptungen jeweils diejenige an, die dem Inhalt des Textes am besten entspricht.

Le prêt-à-consommer

Comment redonner aux Français le goût des légumes alors qu'ils ont de moins en moins le temps pour les préparer? La réponse s'appelle «la quatrième gamme»[1], un créneau qui explose en France depuis dix-huit mois.
Il y a trente ans, beaucoup de Françaises mettaient deux à trois heures pour préparer le repas familial. Aujourd'hui, plus de 66% des femmes travaillent et les familles se réduisent[2]. A Paris, déjà, 48% des foyers ne comptent plus qu'une seule personne. Quant au repas, on le prépare et on le mange en 30 minutes.
Pour cette nouvelle race de Français l'achat d'une seule salade est désormais un obstacle[3] quasi-insurmontable: quantité trop grande et travail de préparation trop long. La solution: acheter des sachets[4] de salade fraîche, propre, découpée. Une idée que nos voisins européens ont réalisé ces dernières années en créant «la quatrième gamme», celle des légumes frais prêts à l'emploi, qui vient compléter les trois gammes précédentes (légumes traditionnels, conserves, surgelés[5]).

[1] *la gamme hier:* Variante – [2] *se réduire* sich verkleinern – [3] *l'obstacle* Hindernis – [4] *le sachet* Beutel – [5] *les surgelés* Tiefkühlwaren

1. Les Français ne mangent plus de légumes.
2. Il y a trente ans, il fallait au moins deux heures pour préparer un repas familial.
3. Depuis, le nombre de foyers avec une personne a augmenté.
4. On prépare le repas en trente minutes.
5. Pour une personne, une salade est juste la bonne quantité.
6. La quatrième gamme, ce sont les légumes frais prêts à l'emploi.

vrai	faux

Summe:

Endsumme:

Testblock 3   (Nach Section 10)

Testaufgabe 1

Sie hören einen einen Auszug aus einem Interview. Lesen Sie daraufhin die untenstehenden Behauptungen. Hören Sie sodann den Auszug ein zweites Mal, und kreuzen Sie an, was richtig und was falsch ist.

1. Les jeunes parlent encore beaucoup breton.
2. On parle breton dans tous les milieux.
3. Il y a vingt ans, on parlait beaucoup breton dans la rue.
4. Il y a des gens qui veulent sauver la langue bretonne.
5. Le gouvernement irlandais ne fait rien pour sauver la langue irlandaise.

	vrai	faux
1		
2		
3		
4		
5		

Summe:

Testaufgabe 2

Ergänzen Sie die nachstehenden Sätze um den gesuchten Begriff.

1. Il n'est pas marié, il est _____
2. Elle attend un enfant, elle est _____
3. Son mari est mort, elle est _____
4. Quand deux conjoints ne veulent plus vivre ensemble, ils peuvent demander _____
5. Quand on n'est plus adolescent, on est _____
6. Quand un homme et une femme vivent ensemble sans être mariés, ils vivent en _____

Summe:

Testaufgabe 3

Ordnen Sie den untenstehenden Nomen (1 bis 10) aus der Liste jeweils das passende Adjektiv (a bis j) zu; und tragen Sie den richtigen Buchstaben in das Antwortschema ein.

1. un climat
2. des maisons
3. une plage
4. un port de pêche
5. un vent
6. une côte
7. des vagues
8. une mer
9. des courants
10. des genêts

a) infinie
b) sauvage
c) fort
d) fleuris
e) énormes
f) dangereux
g) humide
h) anciennes
i) breton
j) profonde

1.
2.
3.
4.
5.
6.
7.
8.
9.
10.

Summe:

Testaufgabe 4

Vervollständigen Sie die folgenden Sätze, indem Sie entweder das Adjektiv oder das Adverb einsetzen.

1. La situation économique est _____ (grave).
2. Le chômage a augmenté _____ (dangereux).
3. Pour les marins les conséquences sont _____ (dramatique).
4. Le nombre des bateaux diminue _____ (constant).
5. Maintenant, la Bretagne se modernise _____ (lent),
6. mais la création de nouveaux emplois reste _____ (difficile).
7. _____ (heureux), il y a le tourisme,
8. mais il n'est pas _____ (suffisant) pour faire vivre la région.

Summe:

Testaufgabe 5

Vervollständigen Sie die Sätze, indem Sie die richtige Verbform einsetzen.

1. Je trouve super que tu _____ (venir) me voir demain.
2. Je trouve que les enfants _____ (avoir) trop de devoirs à faire à la maison.
3. Je crois qu'ils se _____ (être) mariés l'année dernière.
4. Ça ne me plaît pas que ma fille _____ (sortir) tous les soirs.
5. Je regrette beaucoup que son mari _____ (être) mort.
6. Je pense qu'il _____ (être) difficile de trouver une bonne nourrice.
7. Ça m'énerve que tu ne _____ (avoir) jamais le temps de faire les courses.
8. J'admire que tu _____ (savoir) réparer ta voiture.
9. Ça me dérange qu'il _____ (vouloir) toujours regarder la télé.
10. J'espère que vous _____ (pouvoir) venir ce soir.

Summe:

Testaufgabe 6

*Einer der fünf angegebenen Ausdrücke paßt nicht in die jeweilige Gruppe.
Kreuzen Sie im Kästchen den entsprechenden Buchstaben an.*

	a)	b)	c)	d)	e)
1					
2					
3					
4					
5					
6					

1. a) pluie – b) soleil – c) vent – d) nuages – e) plage
2. a) ruisseau – b) rivière – c) vallée – d) canal – e) fleuve
3. a) blé – b) arbre – c) maïs – c) chou – e) trèfle
4. a) bourdon – b) papillon – c) abeille – d) pigeon – e) mulot
5. a) ville – b) parc – c) jardin – d) champs – e) forêt
6. a) industrie – b) remembrement – c) nature – d) marée noire – e) combustion

Summe:

Testaufgabe 7

Vervollständigen Sie den Text, indem Sie die entsprechenden Relativpronomen einsetzen.

La Forêt Noire est la région _____ je préfère avant tout. C'est la région _____ j'ai passé mon adolescence. Ceux _____ ne la connaissent pas ne peuvent pas s'imaginer comment elle est dévastée aujourd'hui. _____ m'avait toujours impressionné, c'étaient les grands sapins. Mais maintenant, ils souffrent de la pollution _____, malheureusement, on n'a remarqué que trop tard. La Forêt Noire est devenue une région _____ est en train de dépérir.

Summe:

Testaufgabe 8

Lesen Sie den nachstehenden Text ein erstes Mal. Lesen Sie daraufhin die untenstehende Behauptungen. Lesen Sie sodann den Text ein zweites Mal, und kreuzen Sie an, was richtig und was falsch ist.

Le carnet de bal d'Etiennette

Etiennette a fêté, hier, son 80ième bal de 14 juillet. Pour rien au monde, elle n'aurait raté ce spectacle. Chaque année, à la même époque, elle descend dans la rue pour exprimer sa joie. Accompagnée de ses deux petits-fils de 10 et 12 ans, elle s'est promenée dans Paris au rythme des divers orchestres. Depuis plusieurs jours déjà, elle préparait ce qu'elle appelle sa «fête révolutionnaire». Une nouvelle fois, elle célébrait la Révolution Français.
«C'est un événement historique. Sans elle, ma vie n'aurait pas été aussi heureuse», raconte-t-elle.
Elle était venue pour danser et elle a dansé jusque tard dans la nuit. «Juste après la guerre, explique Etiennette, il y avait des bals dans chaque quartier. Tous les gens de mon immeuble descendaient pour faire la fête. C'était plus familial qu'aujourd'hui parce que tout le monde se connaissait.»
Mais, pour Etiennette, le 14 juillet restera le 14 juillet. Malgré tous les changements qu'a connus sa fête révolutionnaire, Etiennette reviendra l'année prochaine et surtout dans deux ans, pour le bi-centenaire[1]. En attendant, Etiennette a quitté le bal au son des douze coups de minuit.
D'après «Le Quotidien de Paris», N° 2378, page 15

[1] *le bi-centenaire* Zweihundertjahrfeier

	vrai	faux
1. Etiennette fête quelquefois le 14 juillet.		
2. Cette fois, elle l'a fêté avec ses deux petits-fils.		
3. Pour elle, le 14 juillet est une fête comme les autres.		
4. Elle se trouve trop âgée pour danser.		
5. Elle n'est pas restée longtemps au bal.		
6. Il y avait plus de bals après la guerre.		
7. A cette époque, elle connaissait peu de monde.		
8. Elle ira encore danser l'année suivante.		
9. Ce texte a été écrit en 1987.		

Summe:

Endsumme:

Grammatik

Grammatik pro Section

1 Wie man Fragen stellt V

«qu'est-ce qui» und «qu'est-ce que»

	Qu'est-ce qui	ne va pas?	– J'ai mal à la gorge.
Qu'est-ce que	vous	faites maintenant?	– Je suis à la retraite.
direktes Objekt	Subjekt		

Sowohl *qu'est-ce qui* als auch *qu'est-ce que* heißen im Deutschen „was?". Mit beiden Fragewörtern fragt man also nach etwas Unbelebtem. Mit *qu'est-ce qui* fragt man nach einem unbelebten Subjekt, mit *qu'est-ce que* nach einem unbelebten direkten Objekt.

2 Besonderheiten der Pluralbildung I

Nomen und Adjektive

Singular	Plural	Ebenso	
un bras un prix un nez	des bras des prix des nez	frais, gris, gros, mauvais, faux, heureux, nerveux	Nomen und maskuline Adjektive haben im Singular und Plural dasselbe Schriftbild, wenn sie auf *-s*, *-x*, oder *-z* enden.
un bateau	des bateaux	agneau, bureau, couteau, eau, manteau, panneau, plateau, veau, beau, nouveau	Nomen und maskuline Adjektive, die im Singular auf *-eau* enden, bilden den Plural auf *-eaux*.
un jeu	des jeux	cheveu, feu	Fast alle Nomen, die im Singular auf *-eu* enden, haben im Plural *-eux*.
un pneu	des pneus	bleu	
un genou un cou	des genoux des cous		Nomen auf *-ou* bilden den Plural auf *-oux* oder *-ous*.
un travail	des travaux		Etliche Nomen auf *-ail* und fast alle Nomen und maskulinen Adjektive auf *-al* bilden den Plural auf *-aux*.
un journal	des journaux	hôpital, mal, normal	
un œuf [œf] un œil [œj]	des œufs [ø] des yeux [jø]		Unregelmäßige Pluralbildung

3 Das «imparfait»

1. Die Formen des «imparfait»

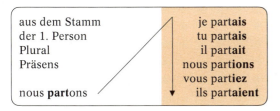

aus dem Stamm der 1. Person Plural Präsens → nous **part**ons	je part**ais** tu part**ais** il part**ait** nous part**ions** vous part**iez** ils part**aient**

Zur Bildung des *imparfait* hängt man die Endungen *-ais, -ait, -ions, -iez* und *-aient* an den Stamm der ersten Person Plural Präsens (*nous*-Stamm) des entsprechenden Verbs.
Ausnahme: *être* – j'**étais**

Beachten Sie die Besonderheit in der Schreibung:

manger	commencer
je mang**e**ais	je commen**ç**ais
tu mang**e**ais	tu commen**ç**ais
il mang**e**ait	il commen**ç**ait
nous mangions	nous commencions
vous mangiez	vous commenciez
ils mang**e**aient	ils commen**ç**aient

2. Der Gebrauch des «imparfait»

Das *imparfait* steht häufig mit Verben, die einen Zustand ausdrücken, bei denen Anfang und Ende unbestimmt bleiben. Vor allem: *j'avais, j'étais, je savais, je connaissais, je pouvais, je voulais* und *il y avait*. Das *imparfait* steht außerdem nach bestimmten Zeitangaben, die einen Zeitraum in der Vergangenheit bezeichnen, wie z. B. *avant, de mon temps, autrefois* etc., bei denen ebenfalls Anfang und Ende unbestimmt sind.

irgendwann früher, Anfang und Ende unbestimmt	heute
J'étais quand même plus libre, **avant**. Je me levais quand je voulais. Je n'avais rien à demander à personne. J'étais chez moi.	Maintenant, je vis dans une maison de retraite.

4 Die Verneinung III – «ne...(plus) rien» und «ne...(plus) personne»

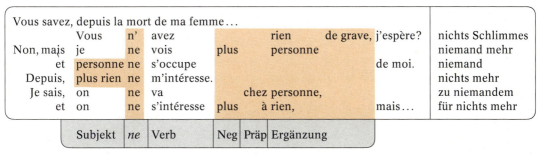

Beachten Sie: *rien à faire* – nichts zu machen, *personne d'autre* – niemand sonst

5 Unregelmäßige Verben V

s' asseoir	devoir	écrire	ouvrir	plaire	vivre
je m'assois	je dois	j'écris	j'ouvre	je plais	je vis
tu t'assois	tu dois	tu écris	tu ouvres	tu plais	tu vis
il s'assoit	il doit	il écrit	il ouvre	il plaît	il vit
nous nous asseyons	nous devons	nous écrivons	nous ouvrons	nous plaisons	nous vivons
vous vous asseyez	vous devez	vous écrivez	vous ouvrez	vous plaisez	vous vivez
ils s'assoient	ils doivent	ils écrivent	ils ouvrent	ils plaisent	ils vivent
je me suis assis(e)	j'ai dû, due	j'ai écrit	j'ai ouvert	j'ai plu	j'ai vécu

Ebenso: *souffrir*

1 Die Verlaufsform «être en train de»

Tu ne vois pas que	je suis		repasser?
Qu'est-ce que	tu es		faire?
La boulangère,	elle est	en train de	faire du pain.
Fais vite,	nous sommes		partir.
Qu'est-ce que	vous êtes		faire, Monsieur?
Les ouvriers,	ils sont		faire la pause.

Die Verlaufsform der Gegenwart wird aus dem Präsens von *être*, dem Ausdruck *en train de* und dem Infinitiv des Verbs gebildet. Sie drückt aus, daß eine Handlung gerade geschieht.

Beachten Sie: Die Objektpronomen stehen unmittelbar vor dem Infinitiv:
Elle est en train de **lui** parler de son nouvel emploi.

2 Wie man Fragen stellt VI – «quoi»

Vous vous occupez	de	quoi?	– Je suis responsable des ventes.
Vous pensez	à	quoi?	– A mes enfants.
C'est	pour	quoi?	– C'est pour le TGV.
Tu t'intéresses	à	quoi?	– A l'ordinateur.

Das Fragewort *quoi* fragt nach Sachen; *quoi* steht nach Präpositionen. Vergleichen Sie auch mit *qu'est-ce que* und *qu'est-ce qui* (Seite 142). Statt *Qu'est-ce que c'est?* hört man in der Umgangssprache oft *C'est quoi, ça?*.

3 Die indefiniten Pronomen I

Je voudrais	quelque chose	de	plus stable.		
C'est	quelqu'un	d'	important	qu'on attend?	
Il n'y a	personne	de	responsable	dans ce bureau.	
	Rien	d'	intéressant	dans ce journal.	

Nach den indefiniten Pronomen *quelque chose, quelqu'un, personne* und *rien* werden Adjektive mit *de* angeschlossen.

4 Das «conditionnel»

1. Die Formen des «conditionnel»

Alle Verben enden im *conditionnel* auf: -rais, -rait, -rions, -riez und -raient.

Verben auf -er	*conditionnel*		andere Verben
aus der 1. Person Singular Präsens j'achète	j' achète**rais** tu achète**rais** il achète**rait** nous achète**rions** vous achète**riez** ils achète**raient**	je mett**rais** tu mett**rais** il mett**rait** nous mett**rions** vous mett**riez** ils mett**raient**	aus dem Infinitivstamm **mett**re

Verben, die im Infinitiv auf -er enden, leiten das *conditionnel* in Lautbild und Schrift aus der ersten Person Singular Präsens ab.

Alle anderen Verben leiten das *conditionnel* ab aus dem Stamm des Infinitivs (= Infinitiv ohne -re: mett- oder ohne -r: fini-).

Beachten Sie: Die Verben *compléter, espérer, exagérer, préférer* und *répéter* leiten das *conditionnel* im Lautbild aus der ersten Person Singular Präsens ab, in der Schrift aber aus dem Infinitivstamm: [ʒɛspɛrrɛ] *j'espérerais*. Allerdings ist die Schreibung *j'espèrerais* auch zulässig.

2. Sonderformen

Infinitiv	*conditionnel*	Infinitiv	*conditionnel*
aller	j'**i**rais	pouvoir	je **pour**rais
avoir	j'**au**rais	savoir	je **sau**rais
devoir	je **dev**rais	tenir	je **tiend**rais
être	je **se**rais	venir	je **viend**rais
faire	je **fe**rais	voir	je **ver**rais
falloir	il **faud**rait	vouloir	je **voud**rais

3. Der Gebrauch des «conditionnel»

- Vous auriez quelque chose pour moi dans le bâtiment?
~ J'ai un poste pour trois mois, ça vous irait?
- J'aimerais mieux quelque chose de plus stable.
~ J'aurais un poste de maçon à Marseille.
- Ça me plairait, mais c'est loin de chez moi.

Das *conditionnel* drückt aus, daß eine Handlung nicht real ist, deshalb klingen Fragen, Antworten und Aufforderungen im *conditionnel* höflicher als im Präsens.

Beachten Sie: *je voudrais* – ich möchte

5 Die Relativpronomen II – «ce qui» und «ce que»

Je fais		ce qui	me plaît.	
		Ce qui	ne va pas,	c'est le prix.
J'ai pris	ce que	j'	ai trouvé.	
	Ce qu'	on	ne peut pas éviter,	c'est la monotonie.
	dir Obj	Subjekt		

Ce qui ist Subjekt des Relativsatzes und

ce que direktes Objekt des Relativsatzes.

Ce qui und *ce que* entsprechen dem deutschen Relativpronomen „(das) was".

1 Der Bedingungssatz

1. Der Sprecher hält die Bedingung für erfüllbar.

Hält der Sprecher eine Bedingung für erfüllbar, dann steht im *si*-Satz das Präsens oder das *passé composé*. Im Hauptsatz steht die vom Sinn geforderte Zeit.

Si vous êtes	à pied,	prenez	l'autobus.
Si vous prenez	le blouson,	je vous fais	un prix.
Si c'est	urgent,	vous pouvez	venir cet après-midi.
Si vous êtes	d'accord,	on va manger	ce soir.
S' il a pris	ce blouson-là,	on lui a sûrement fait	un prix.

2. Der Sprecher hält die Bedingung nicht für erfüllbar.

Hält der Sprecher eine gegenwärtige oder zukünftige Bedingung nicht für erfüllbar, so steht im *si*-Satz das *imparfait* und im Hauptsatz das *conditionnel*.

					Mais:
Si	j'étais	plus jeune,	j'irais	danser.	Je suis trop vieux.
Si	tu voulais	vraiment,	on pourrait	sortir un peu.	Tu ne veux pas.
S'	il avait	le temps,	il viendrait	dîner ce soir.	Il n'a pas le temps.
Si	on avait	de l'argent,	on ferait	de la voile.	On n'a pas d'argent.
Si	vous étiez	moins fatigués,	on irait	au cinéma.	Vous êtes trop fatigués.
S'	ils étaient	d'accord,	on pourrait	partir demain.	Ils ne sont pas d'accord.

Beachten Sie: Die subjektive Ansicht des Sprechers entscheidet, ob eine Bedingung erfüllbar oder nicht erfüllbar ist und nicht die objektive Wirklichkeit.

3. Die Abgrenzung von «quand» und «si»

Kann man „wenn" durch „immer wenn" ersetzen, dann entspricht es dem französischen *quand*.
Kann man „wenn" aber durch „falls" ersetzen, dann entspricht es dem französischen *si*.

Quand	Annie rentre tard dans la nuit,	son père n'est pas content.	immer wenn
Quand	on arrive trop tard,	il n'y a plus de places.	
Si	vous voulez une bonne place,	il faut y aller très tôt.	falls
Si	j'avais un peu plus de temps,	je ferais du tennis.	

2 Wie man jemanden überredet

Will der Sprecher eine zwar höfliche, aber besonders wirksame Aufforderung formulieren, so stehen ihm u. a. folgende Redestrategien zur Verfügung:

Si on regardait	autre chose?	ein *si*-Satz mit *imparfait*;
Si on prenait	l'apéritif avec les Dunot?	
Si on allait	se promener cet après-midi?	

On pourrait regarder	le dernier film de Chabrol.	ein Hauptsatz, bestehend aus dem *conditionnel* von *pouvoir* + Infinitiv.
On pourrait prendre	un Martini.	
On pourrait aller	pique-niquer, si tu veux.	

3 Die Einschränkung mit «ne...que»

Monsieur Ben Lharbi	ne	gagne	que	6.900 FF par moi, il est Algérien.	nur
Monsieur Jean Laroux	n'	a	que	16 ans, il gagne aussi 6.900 FF.	erst
L'égalité des salaires	n'	est	qu'	un rêve.	nur

Beachten Sie: Das *ne* steht wie bei der Verneinung, d. h. unmittelbar nach dem Subjekt, das *que* hingegen steht unmittelbar vor dem eingeschränkten Satzteil:
Nous n'*avons embauché du personnel* que *pour le TGV.*
ne ... que hat dieselbe Bedeutung wie *seulement*.

4 Unregelmäßige Verben VI

lire
je lis
tu lis
il lit
nous lisons
vous lisez
ils lisent
j'ai lu

Das Adjektiv VI

1. Die Stellung des attributiven Adjektivs

Die Adjektive stehen gewöhnlich hinter dem Nomen, auf das sie sich beziehen. Einige sehr häufige Adjektive wie *beau, gros, grand, petit* und *vieux* stehen meist vor dem zugehörigen Nomen.

La France est un	grand	pays.		
Il y a des	belles	régions		en France:
des		plages	infinies	sur l'Atlantique,
une		campagne	verte	en Normandie,
une		région	volcanique	dans le Centre.
La Bourgogne est une		région	intéressante.	
Il y a des	petits	canaux		
et des	grandes	rivières,		
des	vieilles	villes		
et des		centres	modernes.	
	Grosses	bises		Martine.

Beachten Sie: Für die Stellung der Adjektive gibt es keine absolute Regel. Die oben formulierte Regel ist nur eine Richtschnur, keine Vorschrift.

2. Steigerung und Vergleich III – Der Superlativ

Le Massif Central est		le plus vaste	massif ancien	d'Europe.
Le Tarn a creusé	les gorges	les plus profondes		du Massif Central.

Der Superlativ wird gebildet, indem man einen bestimmenden Begleiter, z. B. den bestimmten Artikel oder einen Possessivbegleiter, vor die Form des Komparativs setzt. Seine Stellung entspricht der Stellung der Adjektive. Der Superlativ kann immer nachgestellt werden, auch der Superlativ von normalerweise vorausgehenden Adjektiven.

3. Sonderformen

maskulin		feminin
vor Konsonant	vor Vokal	
quel **beau** pays	un **bel** opéra	quelle **belle** voiture/église
mon **nouveau** collègue	mon **nouvel** appareil	la **nouvelle** cuisine/autoroute
quel **vieux** château	un **vieil** homme	une **vieille** bagnole/église

2 Das «futur simple»

1. Die Formen des «futur simple»

Alle Verben enden im *futur simple* auf: *-rai, -ras, -ra, -rons, -rez* und *-ront*.
Das *futur simple* wird von den gleichen Stämmen abgeleitet wie das *conditionnel* (vgl. Seite 145).

Verben auf *-er*	*futur simple*		andere Verben
aus der 1. Person Singular Präsens	j' achèt**erai** tu achèt**eras** il achèt**era** nous achèt**erons** vous achèt**erez**	je mett**rai** tu mett**ras** il mett**ra** nous mett**rons** vous mett**rez**	aus dem Infinitivstamm
j'**achète**	ils achèt**eront**	ils mett**ront**	**mett**re

Verben, die im Infinitiv auf *-er* enden, leiten das *futur simple* in Lautbild und Schrift aus der ersten Person Singular Präsens ab.

Alle anderen Verben leiten das *futur simple* aus dem Stamm des Infinitivs ab.

Beachten Sie: Die Verben *compléter, espérer, exagérer, préférer* und *répéter* leiten das *futur simple* im Lautbild aus der ersten Person Singular Präsens ab, in der Schrift aber aus dem Infinitivstamm: [ʒɛspɛrɛ] *j'espérerai*. Allerdings ist die Schreibung *j'espèrerai* auch zulässig.

2. Sonderformen

Infinitiv	*futur simple*	Infinitiv	*futur simple*
aller	j'**i**rai	pouvoir	je **pour**rai
avoir	j'**au**rai	recevoir	je **recev**rai
devoir	je **dev**rai	savoir	je **sau**rai
envoyer	j'**enver**rai	tenir	je **tiend**rai
être	je **se**rai	venir	je **viend**rai
faire	je **fe**rai	voir	je **ver**rai
falloir	il **faud**ra	vouloir	je **voud**rai
pleuvoir	il **pleuv**ra		

3. Der Gebrauch des «futur simple»

– On part demain, on ne va pas rester ici, ~ On ira ailleurs,	j'en ai assez, où il pleut tout le temps. où il fait beau.

Eine zukünftige Handlung kann durch das Präsens, das *futur composé* oder das *futur simple* ausgedrückt werden.

Das Präsens kann aber nur verwendet werden, wenn die Zukunft durch eine Zeitangabe (hier: *demain*) bestimmt wird.

Das *futur composé* und das *futur simple* sind häufig austauschbar. In der geschriebenen Sprache überwiegt das *futur simple,* in der gesprochenen Sprache das *futur composé*. In folgenden Fällen sind die beiden Futurformen **nicht** austauschbar:

	On va partir	tout de suite.
Maintenant,	il va arrêter	de pleuvoir.
A droite,	vous allez voir	l'église de Vézelay.

Das *futur composé* **muß** stehen, wenn die zukünftige Handlung unmittelbar bevorsteht, insbesondere bei Zeitangaben wie *tout de suite* und *maintenant*.

En août,	il y aura	toujours	du monde dans le Midi.
	Tu ne croiras	jamais	où j'ai passé mes vacances.
Quand	il fera		beau, on fera un tour en vélo.

Das *futur simple* **muß** stehen, wenn die zukünftige Handlung von der Gegenwart losgelöst ist, insbesondere bei Zeitangaben wie *toujours, jamais* und in *quand*-Sätzen.

[3] **Das Passiv II** – «se faire faire»

Alors tu sais,	tu te fais rôtir	sur le sable.	braten
A Cannes,	on s'est fait avoir.		reingelegt werden

[4] **Unregelmäßige Verben VII**

falloir	pleuvoir
il faut	il pleut
il fallait	il pleuvait
il a fallu	il a plu
il faudra	il pleuvra

recevoir
je reçois
tu reçois
il reçoit
nous recevons
vous recevez
ils reçoivent
je reçu
j'ai recevrai

Vgl. auch *devoir* (Seite 144)

5

1 Die Formen des «subjonctif présent»

1. Die regelmäßige Bildung

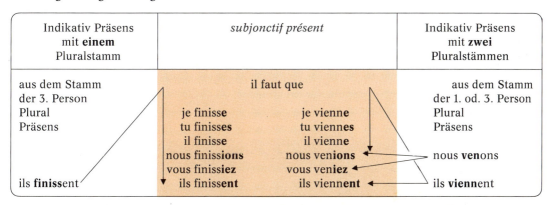

Indikativ Präsens mit **einem** Pluralstamm	subjonctif présent	Indikativ Präsens mit **zwei** Pluralstämmen
aus dem Stamm der 3. Person Plural Präsens	il faut que	aus dem Stamm der 1. od. 3. Person Plural Präsens
	je fin**isse** je vi**enne**	
	tu fin**isses** tu vi**ennes**	
	il fin**isse** il vi**enne**	
	nous fin**issions** nous ven**ions**	nous **ven**ons
	vous fin**issiez** vous ven**iez**	
ils **finiss**ent	ils fin**issent** ils vi**ennent**	ils **vienn**ent

Beachten Sie: Alle einstämmigen Verben auf *-er* (z. B. *aimer*) bilden den *subjonctif* wie *finir*, alle zweistämmigen (z. B. *acheter*) wie *venir*.

2. Sonderformen

	aller	faire	pouvoir	savoir	vouloir	pleuvoir
qu' que	j' **aille** nous **allions**	je **fasse** nous **fassions**	je **puisse** nous **puissions**	je **sache** nous **sachions**	je **veuille** nous **voulions**	il **pleuve**

3. être

que je **sois**
que tu **sois**
qu' il **soit**
que nous **soyons**
que vous **soyez**
qu' ils **soient**

4. avoir

que j' **aie**
que tu **aies**
qu' il **ait**
que nous **ayons**
que vous **ayez**
qu' ils **aient**

2 «subjonctif»-Auslöser I

Der *subjonctif* steht in *que*-Sätzen, wenn im Hauptsatz ein *subjonctif*-Auslöser steht. Leider sind die *subjonctif*-Auslöser nicht einheitlich einzuteilen; es gibt deshalb keine einfache Regel, die man sich einprägen kann, man muß alle *subjonctif*-Auslöser auswendig lernen.

1. Verben

Alle Verben, die eine Willensäußerung ausdrücken, lösen den *subjonctif* aus. Hierzu gehören „wollen", „mögen", „bitten", „erwarten", „verbieten" und „bedauern".

j'aime (mieux) que	il faut que	il vaut mieux que
j'aimerais (mieux) que	je préfère que	je veux que
je comprends que	je regrette que	je voudrais que

Beachten Sie: Nach *j'espère que* steht der Indikativ.
Nach *je comprends que* kann auch der Indikativ stehen.
In der indirekten Rede steht der Indikativ.

2. Adjektive

Alle Adjektive, die einen *que*-Satz nach sich haben, lösen den *subjonctif* aus, außer den unter „Beachten Sie" genannten. Hierzu gehören folgende Konstruktionen:

c'est		C'est bien que	tu sois venu.
il est + *Adjektiv* que		Il est important que	je parte.
je trouve		Je trouve bien que	tu sois de mon avis.

c'est bien que	c'est important que	c'est nécessaire que
je suis content que	c'est impossible que	c'est normal que
c'est drôle que	c'est intéressant que	c'est possible que
c'est faux que	c'est mauvais que	c'est utile que
je suis heureux que	c'est mieux que	

Beachten Sie: Nach *certain, clair, évident, exact, sûr* und *vrai que* steht in bejahten Sätzen immer der Indikativ.
Nach *heureusement que* steht ebenfalls der Indikativ.

3. Nomen

Bei den Nomen kann man keine Regel formulieren, man muß die Liste der *subjonctif*-auslösenden Nomen auswendig lernen. Bis zu dieser Lektion sind folgende bekannt:

c'est une chance que	j'ai l'habitude que
j'ai de la chance que	ce n'est pas la peine que
quelle chance que	c'est un problème que
(c'est) dommage que	il est temps que

4. Schwankender Gebrauch

Nach folgenden Ausdrücken steht in der geschriebenen Sprache meist der *subjonctif*; in gesprochener Sprache wird neben dem *subjonctif* auch der Indikativ verwendet.

je ne crois pas que	je ne suis pas certain que	je ne suis pas sûr que
je ne pense pas que	ce n'est pas certain que	ce n'est pas sûr que

Beachten Sie: Der Gebrauch ist nur schwankend, wenn es sich um verneinte Auslöser handelt. Nach bejahtem *je crois que* und *je pense que* steht immer der Indikativ.

3 «Passé composé»: «imparfait» in der Erzählung

Wenn jemand etwas erzählt, so gibt es immer einen Anfang und ein Ende und eine Kette von Handlungen und Zuständen, die chronologisch genau aufeinanderfolgen. Die gesamte Handlungskette vom Anfang bis zum Ende steht im Französischen im *passé composé*. Neben der Handlungskette gibt es Handlungen und vor allem Zustände, die sich nicht in die Handlungskette einordnen lassen; diese Handlungen und Zustände stehen im *imparfait*. Sie sind zu mehreren Handlungen aus der Handlungskette gleichzeitig.

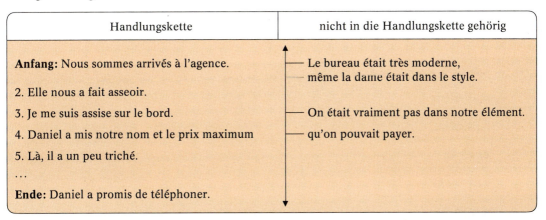

Handlungskette	nicht in die Handlungskette gehörig
Anfang: Nous sommes arrivés à l'agence.	— Le bureau était très moderne, même la dame était dans le style.
2. Elle nous a fait asseoir.	
3. Je me suis assise sur le bord.	— On était vraiment pas dans notre élément.
4. Daniel a mis notre nom et le prix maximum	— qu'on pouvait payer.
5. Là, il a un peu triché.	
…	
Ende: Daniel a promis de téléphoner.	

Beachten Sie: Wie in einer Kette folgt in der Handlungskette genau ein Glied auf das andere. Alles, was sich nicht in die Kette einbinden läßt, steht im *imparfait*. Meist werden Anfang und Ende solcher Handlungen oder Zustände im Text gar nicht erwähnt, so war das Büro zu Beginn der Erzählung und am Ende der Erzählung gleich modern, ebenso der Stil der Dame. Vom Beginn der Erzählung an bis zum Ende fühlen sich Daniel und Martine nicht wohl, und ob sie heute mehr bezahlen können, wissen wir nicht.
Kann man zwei Handlungen (meist mit *quand* verbunden) einander genau zuordnen, dann stehen beide im *passé composé*.

4 Das Adjektiv VII

1. nouveau – neuf

Nous avons loué une **nouvelle** maison, mais on a dû la remettre à **neuf**.	neu im allgemeinen neu im Sinne von jungfräulich, unberührt

2. vieux – ancien – âgé

Nous habitons dans une **vieille** maison en banlieue, que nous avons meublée avec des meubles **anciens**. Une dame très **âgée** nous les a vendus pour peu d'argent.	alt und oft wenig wert alt und wertvoll (antik) alt nur von Personen

Beachten Sie: *vieux* kann man von Personen und Sachen sagen, es hat in beiden Fällen eher abwertenden Charakter. Deshalb verwendet man bei Personen eher *âgé*.

ancien vor dem Nomen bedeutet „ehemalig":
mon *ancien* professeur – mein *ehemaliger* Lehrer

5 Unregelmäßige Verben VIII

valoir
je vaux tu vaux il vaut nous valons vous valez ils valent
ça a valu
ça vaudra
que ça vaille

6

1 Das Adjektiv VIII

Adjektive von Regionen und Städten

Region	Adjektiv	Stadt	Adjektiv
l'Alsace f	alsacien, ne	Strasbourg	strasbourgeois, e
l'Aquitaine f	aquitain, e	Bordeaux	bordelais, e
l'Auvergne f	auvergnat, e	Clermont-Ferrand	clermontois, e
la Bourgogne	bourguignon, ne	Lyon	lyonnais, e
		Dijon	dijonnais, e
la Bretagne	breton, ne	Rennes	rennais, e
la Champagne	champenois, e	Reims	rémois, e
la Corse	corse	Ajaccio	ajaccien, ne
le Dauphiné	dauphinois, e	Grenoble	grenoblois, e
la Flandre	flamand, e	Lille	lillois, e
la Franche-Comté	franc-comtois, e	Besançon	bisontin, e
la Gascogne	gascon, ne	Toulouse	toulousain, e
l'Ile-de-France f	français, e	Paris	parisien, ne
le Languedoc	languedocien, ne	Montpellier	montpelliérain, e
le Limousin	limousin, ne	Limoges	limougeaud, e
la Lorraine	lorrain, ne	Nancy	nancéen, ne
la Normandie	normand, e	Rouen	rouennais, e
		Caen [kã]	caennais, e [kanɛ]
le Pays basque	basque	Bayonne	bayonnais, e
le Périgord	périgourdin, e	Périgueux	périgourdain, e
la Picardie	picard, e	Amiens	amiénois, e
le Poitou	poitevin, e	Poitiers	poitevin, e
la Provence	provençal, e	Nice	niçois, e
		Marseille	marseillais, e
le Roussillon	roussillonnais, e	Perpignan	perpignanais, e
la Savoie	savoyard, e	Albertville	albertvillois, e
la Touraine	tourangeau, -elle	Tours	tourangeau, -elle
la Vendée	vendéen, ne	Nantes	nantais, e

Beachten Sie: Diese Liste gibt Ihnen eine Übersicht über die wichtigsten Regionen und ihre bedeutendsten Städte, sie ist keine Lernliste sondern eine Nachschlagliste. Da die Ableitung der Adjektive oft willkürlich ist (Neologismen), wissen auch die Franzosen oft nicht, welches Adjektiv zu welcher Region/Stadt gehört.

Die häufigsten Ableitungen sind *-ien, -ienne, -ois, -oise, -ais, -aise, -ain, -aine* und *-in, -ine*.

2 Das «passé immédiat»

Je viens	d'	acheter	des pommes de terre.	Ich habe **gerade** Kartoffeln gekauft.
Tu viens	de	faire	quoi?	Was hast du **eben** gemacht?
Il vient	d'	ouvrir	la bouteille.	Er hat **vorhin** die Flasche aufgemacht.
Nous venons	de	manger.		Wir haben **eben** gegessen.
Vous venez	de	faire	les courses?	Seid ihr **vorhin** einkaufen gewesen?
Ils viennent	de	rentrer.		Sie sind **gerade** nach Hause gekommen.

Das *passé immédiat* wird aus dem Hilfsverb *venir de* und dem Infinitiv des Verbs gebildet. Es steht an Stelle eines *passé composé* und drückt aus, daß eine Handlung **gerade** stattgefunden hat. Im Deutschen fehlt eine entsprechende Zeit, sie wird durch Adverbien wie „gerade", „eben", „vorhin" ausgedrückt.

Beachten Sie: Die Objektpronomen (*me, te, se, nous, vous, le, la, les, lui, leur, en* und *y*) stehen zwischen dem *de* und dem Infinitiv. Die Verneinung steht zwischen dem *venir* und dem *de*:
Je **ne** viens **pas** d'en acheter.

3 Das Passiv III

Das Passiv mit «être»

Neben den Formen *se faire faire* und *se laisser faire* und der Reflexivkonstruktion *Ce blouson se vend bien* gibt es im Französischen eine weitere Art, einen Passivsatz zu bilden. Diese Passivform ist in der gesprochenen Sprache ziemlich selten, aber in der Schriftsprache durchaus geläufig. Sie wird aus der Zeitform von *être* und dem *participe passé* des entsprechenden Verbs gebildet. Das Passiv mit *être* kann in allen Zeiten vorkommen. Das *participe* richtet sich dabei in Geschlecht und Zahl nach dem Subjekt des Satzes.

Voilà le vin de l'année,			
présent	il est	produit	par DUFIS.
passé composé	il a été	mis	en bouteille au château.
imparfait	il était	bu	surtout en Bourgogne avant la guerre.
futur composé	il va être	consommé	par des milliers de gens.
futur simple	il sera	vendu	partout.
conditionnel	il serait	exporté,	mais ...

4 Steigerung und Vergleich IV

Die graduelle Steigerung

Les Français boivent	de moins en moins	de vin ordinaire,
par contre, ils boivent	de plus en plus	de bière.

„immer mehr" wird durch *de plus en plus (de)*,
„immer weniger" durch *de moins en moins (de)* ausgedrückt.
„immer" + *Komparativ* entspricht *de plus en plus + Adj*:
immer schwieriger – *de plus en plus difficile*

5 Unregelmäßige Verben IX

mourir	rire
je meurs tu meurs il meurt nous mourons vous mourez ils meurent	je ris tu ris il rit nous rions vous riez ils rient
je suis mort, e	j'ai ri
je mourrai	je rirai

7

1 Die Relativpronomen III – «où»

La famille, c'est le lieu	où où où	j'ai grandi, j'évolue, je vis.
Les années 50, c'est l'époque L'année 68, c'est le moment Maintenant, je vis.	où où	j'ai grandi. j'ai évolué.

Das Relativpronomen *où* steht für eine Orts-, Richtungs- oder Zeitangabe im Relativsatz.

2 «subjonctif»-Auslöser II

1. Verben

j'admire	que	ça me dérange	que	ça m'ennuie	que
j'adore	que	je déteste	que	ça ne me plaît pas	que
ça m'agace	que	ça m'énerve	que		

2. Adjektive

je trouve	…	que
chouette		idéal
embêtant		super
ennuyeux		sympa

3 Die indefiniten Pronomen II

Indefinite Pronomen stehen für nicht näher bestimmte Personen, Dinge oder Sachverhalte (jemand, etwas, man, andere, gewisse) oder für Kollektive (alle, alles, jeder, niemand, nichts).

Autrefois, quand **quelqu'un** se mariait, tout le village était invité.	jemand
Un mariage, c'était **quelque chose** d'important dans la vie de chacun.	etwas
On se mariait pour avoir des enfants.	man
Certains voulaient échapper à la règle, mais c'était trop difficile.	einige
D'autres quittaient la campagne pour trouver la liberté en ville,	andere
mais **la plupart** respectaient les règles.	die meisten
Aujourd'hui **tout le monde** fait ce qui lui plaît.	alle
Chacun se marie ou vit en union libre comme il veut.	jeder
Les jeunes choisissent **tous** leur mode de vie.	alle
Cela **ne** regarde **personne**.	niemand
Nous sommes passé du stade «On sait **tout** sur tout le monde»,	alles
au stade «**Rien** dans la vie de mon voisin **ne** m'intéresse».	nichts

Beachten Sie: *tous, toutes* und *chacun, chacune* richten sich nach dem Geschlecht des Kollektivs, für das sie stehen. Alle anderen indefiniten Pronomen sind unveränderlich.

In geschriebener Sprache oder in sehr gepflegter gesprochener Sprache steht nach *si* statt *on l'on*: *si l'on a des ennuis.*

4 Steigerung und Vergleich V – plus de : plus que, moins de : moins que

… car s'il y a	moins de	mariages,	il y a	plus de	divorces.
Les gens se marient	moins qu'	autrefois,	et ils divorcent	plus que	jamais.

plus de (mehr) und *moins de* (weniger) sind einfache Mengenwörter wie z. B. *beaucoup de*.
plus que (mehr als) und *moins que* (weniger als) sind Vergleiche. *plus (que)* ist der Komparativ von *beaucoup*, *moins (que)* ist der Komparativ von *peu*.

5 Das «participe présent»

Das *participe présent* wird adjektivisch oder zur Verkürzung von Relativsätzen verwendet. Wenn es wie ein Adjektiv verwendet wird, richtet es sich in Geschlecht und Zahl nach dem Nomen, zu dem es gehört. Folgt ihm eine Ergänzung, bleibt es unverändert.

La famille est parfois **embêtante**.	qch qui embête
La famille est un groupe de personnes **vivant** sous le même toit.	qui vivent
La famille est un appui **important**.	qui importe
La famille, c'est pour moi un ensemble d'anecdotes **amusantes**.	qui amusent

Das *participe présent* wird aus dem *nous*-Stamm des *présent* und der Endung *-ant* gebildet.
Ausnahmen: *être* – **étant**, *avoir* – **ayant**

Beachten Sie: Die adjektivische Verwendung ist im Französischen weniger häufig als im Deutschen; statt des deutschen Partizips steht im Französischen oft ein Relativsatz:
Die Deutschen sind ein *aussterbendes* Volk. – Les Allemands sont un peuple *qui meurt*.

6 Besonderheiten der Pluralbildung II – Zusammengesetzte Nomen

Alle zusammengesetzten Nomen, die in einem Wort geschrieben werden, bilden den Plural wie einfache Nomen.

Alle zusammengesetzten Nomen, die aus einem Nomen und einer Präpositionalgruppe bestehen, verändern nur das erste Nomen (*une pomme de terre – des pommes de terre, une tasse de café – des tasses de café*).

In allen anderen Fällen nehmen in der Regel nur die veränderlichen Wörter (Nomen und Adjektive) ein Pluralkennzeichen, nicht aber die unveränderlichen (Verben, Präpositionen, Zahlwörter etc.).

Der Gebrauch ist zum Teil schwankend bzw. nicht einleuchtend, man sollte deshalb in Zweifelsfällen ein Wörterbuch zu Rate ziehen.

1. Beide Wörter veränderlich

une aide-ménagère	des aides-ménagères	une grand-mère	des grands-mères
un beau-frère	des beaux-frères		des grands-parents
une belle-fille	des belles-filles	un grand-père	des grands-pères
une belle-mère	des belles-mères	un petit-enfant	des petits-enfants
une belle-sœur	des belles-sœurs	une petite-fille	des petites-filles
un chef-lieu	des chefs-lieux	un petit-fils	des petits-fils

2. Nur ein Wort veränderlich

une après-midi	des après-midis	une micro-onde	des micro-ondes
une auto-tamponneuse	des auto-temponneuses	un music-hall	des music-halls
un bas-côté	des bas-côtés	un self-service	des self-services
une demi-heure	des demi-heures	un soutien-gorge	des soutiens-gorge
une haut-parleur	des haut-parleurs	une station-service	des stations-service
un hit-parade	des hit-parades	un week-end	des week-ends

3. Alle Wörter unveränderlich

un chez-soi	des chez-soi	un lave-vaisselle	des lave-vaisselle
un croque-monsieur	des croque-monsieur	un pare-brise	des pare-brise
un deux-pièces	des deux-pièces	un porte-monnaie	des porte-monnaie
un hors-d'œuvre	des hors-d'œuvre		

7 Unregelmäßige Verben X

accueillir	haïr	['air]
j'accueille	je hais	[ʒə 'ɛ]
tu accueilles	tu hais	[ty 'ɛ]
il accueille	il hait	[il 'ɛ]
nous accueillons	nous haïssons	[nu 'aisɔ̃]
vous accueillez	vous haïssez	[vu 'aise]
ils accueillent	ils haïssent	[il 'ais]
j'ai accueilli	j'ai haï	[ʒe 'ai]
j'accueillerai	je haïrai	[ʒə 'aire]

Beachten Sie: [ty‿ɛ] – tu es
[ty 'ɛ] – tu hais
[il‿ɛ] – il est
[il 'ɛ] – il hait

8

1 Das abgeleitete Adverb

1. Die Formen des abgeleiteten Adverbs

Anders als im Deutschen werden die französischen Adverbien durch Anhängen einer Adverbendung an das entsprechende Adjektiv gebildet.

– C'est une situation ~ Oui, le chômage a	dangereuse. dangereusement augmenté.		Meist wird -ment an die weibliche Form des Adjektivs gehängt.
– Le résultat paraît ~ Les gens n'y croient pas,	évident, évidemment.	mais …	Adjektive auf -ent bilden die Adverbien auf -emment [amã].
– Le nombre des chômeurs reste même si le nombre des bateaux a	constant, constamment	diminué.	Adjektive auf -ant bilden die Adverbien auf -amment [amã].

Sonderformen: *absolument, désespérément, énormément, profondément, uniformément, vraiment.*

2. Der Gebrauch des abgeleiteten Adverbs

Adverbien können Sätze, Satzteile, Verben, Adjektive und andere Adverbien näher bestimmen.

La crise a	gravement	touché les ports de pêche.	Verb
La création d'emplois est	vraiment	difficile.	Adjektiv
La diminution des bateaux va	vraiment	très vite.	Adverb
Mais	heureusement,	il y a le tourisme.	Satz

Da im Deutschen das Adverb und das entsprechende endungslose Adjektiv meist identisch sind, treten für deutschsprachige Französischlerner oft Schwierigkeiten auf, auch wenn der Gebrauch der Adverbien im Deutschen und Französischen weitgehend gleich ist.

Le changement économique est	lent.	Der ökonomische Wandel ist	langsam.	
La Bretagne se modernise	lentement.	Die Bretagne wird	langsam	modern.

Beachten Sie: Ebenso wie nach *être* steht nach *devenir*, *paraître*, *rester* und *sembler* das Adjektiv:
Le nombre des chômeurs reste *constant.*

3. Unterschiedliche Bedeutung zwischen Adjektiv und abgeleitetem Adverb

Einige Adverbien haben nicht mehr dieselbe Bedeutung wie das entsprechende Adjektiv:
L'hiver a été très doux. (mild) – *Parle doucement, je ne comprends pas bien le breton!* (langsam)

autre	andere(r/s)	autrement	anders, sonst	juste	richtig	justement	eben
complet	besetzt	complètement	völlig	net	rein	nettement	deutlich
doux	süß, sanft	doucement	leise, langsam	seul	allein	seulement	nur
drôle	komisch	drôlement	ganz schön	tel	solch	tellement	so sehr
forcé	gezwungen	forcément	zwangsläufig	vrai	wahr	vraiment	wirklich

2 Örtliche Beziehungen IV

Le dolmen «La table des marchands» se trouve	dans le	Morbihan.
La pointe du Raz se trouve	dans le	Finistère.
Le château des ducs de Bretagne se trouve à Nantes,	en	Loire-Atlantique.
Les remparts de Saint Malo se trouvent	en	Ille-et-Vilaine.
La côte de granit rose se trouve	dans les	Côtes-du-Nord.

Für das deutsche „in" als Orts- oder Richtungsangabe steht im Französischen bei maskulinen Departements und Regionen *dans le* und bei femininen Departements und Regionen *en*. Ist eine Departements- oder Regionenbezeichnung pluralisch, steht immer *dans les*.

3 Deutsch „können" : französisch «savoir» oder «pouvoir»

Autrefois, les Bretons **savaient** tous le breton.
Aujourd'hui, même s'ils **savent** le breton, ils ne **peuvent** plus le parler,
parce qu'on ne les comprendrait pas.

Wenn man ein Können erworben oder erlernt hat, dann steht *savoir faire*.
Wenn man auf Grund bestimmter Umstände etwas kann, dann steht *pouvoir faire*.

4 «commencer par», «finir par»

Les Bretons	ont commencé	par	parler un peu français avec les touristes.	zunächst
et un jour, le breton	finira	par	ne plus être parlé du tout.	schließlich

5 Unregelmäßige Verben XI

conquérir	courir
je conquiers	je cours
tu conquiers	tu cours
il conquiert	il court
nous conquérons	nous courons
vous conquérez	vous courez
ils conquièrent	ils courent
j'ai conquis	j'ai couru
je conquerrai	je courrai

1 Die Verneinung IV – Die Verneinung mehrerer Satzteile

Werden mehrere Satzteile eines Satzes verneint, dann steht *ni* statt *pas* vor den verneinten Satzteilen. Vor dem ersten verneinten Satzteil kann allerdings – vor allem in der gesprochenen Sprache – *pas* stehen bleiben.

| Non, ce n'était pas le paradis ni l'enfer ni rien de déjà vu ou entendu. | ne ... pas ... ni ... |

2 Steigerung und Vergleich VI – Vergleichende Verknüpfungen

„Mehr" und „weniger" können auch zusammen in einer Aussage vorkommen, es gibt vier Kombinationsmöglichkeiten:

Plus	il a y de chats,	plus	il y a de trèfle rouge.		mehr ...		mehr
Plus	il a y de chats,	moins	il y a de trèfle rouge.	je		desto	
Moins	il a y de chats,	moins	il y a de trèfle rouge.		weniger ...		weniger
Moins	il a y de chats,	plus	il y a de trèfle rouge.				

Beachten Sie: Für das deutsche „je ... desto" + Komparativ steht im Französischen bloß der Komparativ: *Plus c'est vite, mieux c'est* – Je schneller, desto besser.

3 «tout» als Adverb

Le mulot est un	tout	petit mammifère.
Aujourd'hui, même les arbres	tout	jeunes sont déjà malades.
L'eau des ruisseaux est encore	toute	claire en montagne.
Les feuilles des arbres deviennent	toutes	rouges en automne.

Beachten Sie: Im Zusammenhang mit maskulinen Nomen ist das Adverb *tout* unveränderlich. Kommt es jedoch im Zusammenhang mit femininen Nomen vor, richtet es sich nach Geschlecht und Zahl des Nomens, wenn das Adjektiv nach *tout* mit einem Konsonanten oder einem *h aspiré* beginnt: *Elle est* toute *contente.* [ɛlɛ tut kõtãt]
Elle est tout *étonnée.* [ɛlɛ tut‿etɔne]

4 Das Nomen und seine Begleiter XI – «de» oder «des» bei vorausgehenden Adjektiven

Vor einem Adjektiv und einem Nomen im Plural steht in der geschriebenen Sprache in der Regel *de*, in der gesprochenen Sprache in der Regel *des*. Von dieser Regel abweichend steht in der gesprochenen Sprache ebenfalls *de*, wenn der ganze Ausdruck eine feste Wendung ist, wenn das Adjektiv durch ein Adverb erweitert ist und wenn das Adjektiv mit einem Vokal beginnt.

Dans la forêt de Fontainebleau, il y a **des** vieux arbres.	Normalfall
La mort des forêts a **d'**énormes conséquences pour la vie des gens.	vor Vokal
Dans l'avenir, il y aura **de** très graves crises écologiques.	vor Adverb
Je vous souhaite **de** bonnes vacances.	feste Wendung

5 Unregelmäßige Verben XII

naître	suffire
je nais	je suffis
tu nais	tu suffis
il naît	il suffit
nous naissons	nous suffisons
vous naissez	vous suffisez
ils naissent	ils suffisent
je suis né(e)	j'ai suffi
il naîtra	je suffirai

1 Das Passiv IV

Das Passiv mit *être* entspricht zwei verschiedenen deutschen Passivsätzen, nämlich einem Satz mit „werden" – Die Bastille wurde erstürmt. – oder einem Satz mit „sein" – Die Bastille ist abgerissen. Das „werden"-Passiv nennt man Vorgangspassiv, weil es einen Vorgang beschreibt, das „sein"-Passiv nennt man Zustandspassiv.

1. Das Vorgangspassiv

Das Vorgangspassiv kann in allen Zeitformen stehen. Wenn ein Urheber der Handlung genannt wird, nämlich das Subjekt des entsprechenden Aktivsatzes, dann wird dieser mit *par* angeschlossen.

> D'énormes dettes ont été faites **par** le roi.
> Les Etats généraux seront réunis au mois de mai 1789.
> Quelquefois, l'Ancien régime a été gouverné **par** des ministres bourgeois, comme p. ex. Colbert.

Beachten Sie: Das Vorgangspassiv mit *être* ist eine Passivform der geschriebenen Sprache. Da das Subjekt psychologischer Schwerpunkt eines Satzes und die Endstellung eine betonte Stellung ist, kann man mit dem Vorgangspassiv gleichzeitig den Urheber einer Handlung hervorheben und das, was er angerichtet hat. Ein Satz wie *Le roi a fait d'énormes dettes.* klingt banal im Vergleich mit dem Satz *D'énormes dettes ont été fait par le roi*.
Das Vorgangspassiv wird in der gesprochenen Sprache verwendet, wenn das Subjekt eine Sache ist und der Urheber nicht genannt werden soll oder kann: *La Bastille a été détruite après la Révolution.*

2. Das Zustandspassiv

Das Zustandspassiv bezeichnet einen Zustand; mögliche Zeitformen sind das présent, das *imparfait* und das *futur*. Der Urheber des Zustands, sofern man überhaupt von Urheber sprechen kann, d. h. das Subjekt des entsprechenden Aktivsatzes wird mit *de* angeschlossen, wenn er genannt wird.

La société de l'Ancien régime était composée **de** trois groupes.	war zusammengesetzt aus
En 1789, la ville de Paris est entourée **de** remparts.	ist umgeben von
La révolution sociale sera faite le 4 août.	wird geschafft sein

Beachten Sie: Das Zustandspassiv wird meist nicht als ein Passivsatz empfunden, sondern als ein Aktivsatz mit „sein", wobei das Partizip als Adjektiv angesehen wird und der Urheber als eine Ergänzung des Adjektivs.

Lösungen

Interlude 1

Bizarre, bizarre …!

1. cheveux
2. œil
3. nez
4. cœur
5. ventre
6. jambe
7. tête
8. oreille
9. cou
10. estomac
11. bras
12. main
13. genou
14. pied

Charade

1. sans + thé = santé
2. a + su + ré = assuré
3. a + six + tante = assistante
4. an + le + vé = enlever
5. ma + la + de = malade
6. quand + sert = cancer
7. rue + me = rhume

Métiers et professions

Le o s'est envolé!

o-reille; c-o-u; b-o-uche; o-eil;
g-o-rge; est-o-mac; f-o-ie;
c-o-eur; gen-o-u; d-o-s; d-o-igt

Qui est-ce?

un boulanger

Code secret?

PDG; ANPE; SMIC; TUC;
SNCF; RATP; RFA; RDA

Les mots dans le mot

CINEMA: aimé; né; ma; main; ami(e) …
TELEVISION: vie; voile; son; toi; on …

Message secret

Rendez-vous à huit heures au cinéma.

Quel est l'objet qui manque?

le piano; la guitare; la voiture;
le bateau; le téléphone;
l'appareil photo

Interlude 2

Quelle salade!

a) le gratin dauphinois
le pâté aux pommes de terre
le choucroute garnie
la tarte au poireau
les cèpes à la bordelaise
les escargot de Bourgogne
la fondue savoyarde
le clafoutis limousin
le foie gras
les tripes à la mode de Caen
les crêpes de sarrasin

b) 1. C R̂ E P E S
2. C E P Ê S
3. Ĉ L A F O U T I S
4. T R I P Ê S
5. T̂ A R T E
6. E S C A R G O T̂ S
7. F O N D U Ê
= R E C E T T E

Grammatikübersicht

Die Begleiter des Nomens

	An-laut	Singular		Plural	
		maskulin	feminin	maskulin	feminin
bestimmter Artikel	Kons	**le** thé **au** café **du** père de Paul	**la** bière **à la** boucherie **de la** mère de Paul	**les** parents **aux** vacances **des** parents de Paul	
	Vok	**l'**épicier **à l'**arrêt **de l'**ami de Paul	**l'**épicerie **à l'**épicerie **de l'**amie de Sylvia	**les**_épiceries **aux**_amis **des**_amis de Sylvia	
unbestimmter Artikel	Kons Vok	**un** disque **un** ami	**une** photo **une** orange	**des** disques **des**_oranges	
Partitiv	Kons Vok	**du** sucre **de l'**argent	**de la** confiture **de l'**eau	–	
Frage-begleiter	Kons Vok	**quel** disque? **quel** ami?	**quelle** nuit? **quelle** idée?	**quels** disques? **quels**_enfants?	**quelles** nuits? **quelles**_idées?
Demonstrativ-begleiter	Kons Vok	**ce** disque **cet**_appareil	**cette** femme **cette** eau	**ces** disques **ces**_idées	
Possessiv-begleiter	Kons	**mon** père **ton** frère **son** disque **notre** fils **votre** thé **leur** bus	**ma** mère **ta** sœur **sa** voiture **notre** fille **votre** photo **leur** bouteille	**mes** parents **tes** frères et sœurs **ses** disques **nos** vacances **vos** fils **leurs** filles	
	Vok	**mon**_oncle **ton**_ami **son**_argent **notre** ami **votre** argent **leur** oncle	**mon**_idée **ton**_amie **son**_huile **notre** épicerie **votre** orange **leur** eau	**mes**_oranges **tes**_oncles **ses**_amis **nos**_enfants **vos**_idées **leurs**_amies	
indefinite Begleiter		**tout le** fromage **chaque** jour **aucun** ami	**toute la** crème **chaque** nuit **aucune** personne	**tous les** jours **certains** arbres **quelques** disques	**toutes les** nuits **certaines** plantes
Mengen-begleiter		**un kilo de** fromage **une tasse de** thé		**deux kilos de** farine **beaucoup de** tomates	

165

Das natürliche Geschlecht der Nomen

1. Eine Form im Schriftbild – Eine Form im Lautbild

une/un Belge	une/un collègue	une/un enfant	une/un touriste
[bɛlʒ]	[kɔlɛg]	[ɑ̃fɑ̃]	[turist]

2. Zwei Formen im Schriftbild – Eine Form im Lautbild

une am**ie**	un am**i**	une employ**ée**	un employ**é**
[ami]		[ɑ̃plwaje]	

3. Zwei Formen im Schriftbild – Zwei Formen im Lautbild

une Franç**aise**	un Franç**ais**	une Allem**ande**	un Allem**and**	une étudi**ante**	un étudi**ant**
-aise [-ɛz]	-ais [-ɛ]	-ande [-ɑ̃d]	-and [-ɑ̃]	-ante / -ente [-ɑ̃t]	-ant / -ent [-ɑ̃]

Ebenso: concurrent

une candid**ate**	un candid**at**	une patr**onne**	un patr**on**	une ouvr**ière**	un ouvr**ier**
-ate [-ɑ̃t]	-at [-ɑ̃]	-onne [-ɔn]	-on [-ɔ̃]	-ière [-jɛr]	-ier [-je]

une Autrich**ienne**	un Autrich**ien**	une cous**ine**	un cous**in**	une lycé**enne**	un lycé**en**
-ienne [-jɛn]	-ien [-jɛ̃]	-ine [-in]	-in [-ɛ̃]	-enne [-ɛn]	-en [-ɛ̃]

Aber: copine – copain

une conduc**trice**	un conduc**teur**	une étrang**ère**	un étrang**er**	une vend**euse**	un vend**eur**
-trice [-tris]	-teur [-tœr]	-ère [-ɛr]	-er [-e]	-euse [-øz]	-eur [-œr]

Die Pluralbildung der Nomen

Im *Lautbild* sind die Pluralformen jeweils mit den entsprechenden Singularformen identisch. Ausnahmen: Nomen unter Punkt 3 und 5.

Im *Schriftbild* gibt es folgende Arten der Pluralbildung:

1. Plural auf «-s» (Die meisten Nomen bilden den Plural nach diesem Schema.)

un restaurant	des restaurant**s**	une femme	des femme**s**	un ami	des_ami**s**
[rɛstɔrɑ̃]		[fam]		[ami]	

2. Plural auf «-x»

un bat**eau**	des bat**eaux**	un chev**eu**	des chev**eux**	un gen**ou**	des gen**oux**
[bato]		[ʃ(ə)vø]		[ʒənu]	

Aber: un pneu – des pneus, un cou – des cous

3. Plural auf «-aux»

un anim**al**	des anim**aux**	un trav**ail**	des trav**aux**
[animal]	[animo]	[travaj]	[travo]

Aber: un festival – des festival**s**   *Aber:* un détail – des détail**s**

4. Plural nur durch den Begleiter gekennzeichnet

un/des repas	**un/des** fils	**un/des** prix	**un/des** nez
[rəpa]	[fis]	[pri]	[ne]

5. Weitere Pluralformen

un œuf	des œufs	un œil	des **yeux**
[œf]	[ø]	[œj]	[jø]

Ebenso: bœuf

Das Geschlecht der Adjektive

1. Eine Form im Schriftbild – Eine Form im Lautbild

libre	jeune	difficile	super	sympa
[libr]	[ʒœn]	[difisil]	[sypɛr]	[sɛ̃pa]

2. Zwei Formen im Schriftbild – Eine Form im Lautbild

vraie	vrai	noire	noir	chère	cher	normale	normal	culturelle	culturel
[vrɛ]		[nwar]		[ʃɛr]		[nɔrmal]		[kyltyrɛl]	

3. Zwei Formen im Schriftbild – Zwei Formen im Lautbild

française	français	heureuse	heureux	courte	court
[frãsɛz]	[frãsɛ]	[œrøz]	[œrø]	[kurt]	[kur]

blonde	blond	blanche	blanc	sèche	sec
[blõd]	[blõ]	[blãʃ]	[blã]	[sɛʃ]	[sɛk]

longue	long	légère	léger	discrète	discret
[lõg]	[lõ]	[leʒɛr]	[leʒe]	[diskrɛt]	[discrɛ]

grosse	gros	négative	négatif	bonne	bon
[gros]	[gro]	[negativ]	[negatif]	[bɔn]	[bõ]

parisienne	parisien	humaine	humain	fine	fin
[parizjɛn]	[parizjɛ̃]	[ymɛn]	[ymɛ̃]	[fin]	[fɛ̃]

4. Drei Formen im Schriftbild – Zwei Formen im Lautbild

une **belle** femme	un **bel** homme	un **beau** garçon
[bɛl]		[bo]

une **nouvelle** leçon	un **nouvel** ami	un **nouveau** livre
[nuvɛl]		[nuvo]

une **vieille** voiture	un **vieil** oncle	un **vieux** quartier
[vjɛj]		[vjø]

Die Pluralbildung der Adjektive

Im *Lautbild* sind die Pluralformen jeweils mit den entsprechenden Singularformen identisch. Ausnahme: maskuline Adjektive unter Punkt 3.

Im *Schriftbild* gibt es folgende Arten der Pluralbildung:

1. Plural feminin und maskulin auf «-s»

petite	petites	petit	petits
[pətit]		[pəti]	

Die meisten Adjektive bilden den Plural nach diesem Schema.

2. Plural feminin auf «-s», maskulin auf «-x»

nouvelle	nouvelles	nouveau	nouveaux	belle	belles	beau	beaux
[nuvɛl]		[nuvo]		[bɛl]		[bo]	

3. Plural feminin auf «-s», maskulin auf «-aux»

spéciale	spéciales	spécial	spéciaux
[spesjal]		[spesjal]	[spesjo]

Praktisch alle maskulinen Adjektive auf *-al* bilden den Plural nach diesem Schema.

4. Plural feminin auf «-s», maskulin ohne Pluralkennzeichen

grise	grises	gris	gris	heureuse	heureuses	heureux	heureux
[griz]		[gri]		[œrøz]		[œrø]	

Die Stellvertreter des Nomens: Die Personalpronomen

1. Form und Funktion

		freies Pro-nomen	Subjekt	direktes Objekt		indirektes Objekt			Refl.-pro-nomen
				be-stimmt	unbe-stimmt	mit *à*		mit *de*	
						belebt	unbel.		
Sprecher	Singular	moi	je	me		me			me
	Plural	nous	on	nous		nous			se
		nous	nous	nous		nous			nous
Ange-sproche-ner	Singular	toi	tu	te		te			te
	Plural	vous	vous	vous		vous			vous
	Höflichkeit	vous	vous	vous		vous			vous
Person/ Sache, über die gesprochen wird	Sing mask	lui	il	le	en	lui	y	en	se
	Sing fem	elle	elle	la	en	lui	y	en	se
	Plur mask	eux	ils	les	en	leur	y	en	se
	Plur fem	elles	elles	les	en	leur	y	en	se

2. Stellung

	Subjekt	*ne*	Pron	Verb/Hilfsverb	Neg		Partizip
Präsens	Je		vous	connais?			
imparfait	Je	ne	la	connaissais	pas.		
futur	Je		leur	parlerai.			
conditionnel	Je	ne	lui	parlerais	jamais.		
passé composé	Vous		m'	avez			parlé?
	Tu	ne	t'	es	pas		lavé.
futur composé	Je	ne		vais	plus	lui	écrire.
passé immédiat	Vous			venez d'		en	prendre?
	Subjekt	*ne*		Hilfsverb	Neg	Pron	Infinitiv

Die Zeitformen

1. Das Präsens

parler	acheter	ouvrir	partir	finir
je parle	j' achète	j' ouvre	je pars	je finis
tu parles	tu achètes	tu ouvres	tu pars	tu finis
il parle	il achète	il ouvre	il part	il finit
nous parlons	nous achetons	nous ouvrons	nous partons	nous finissons
vous parlez	vous achetez	vous ouvrez	vous partez	vous finissez
ils parlent	ils achètent	ils ouvrent	ils partent	ils finissent

2. Das «imparfait»

attendre	conduire
j' attends	je conduis
tu attends	tu conduis
il attend	il conduit
nous attendons	nous conduisons
vous attendez	vous conduisez
ils attendent	ils conduisent

nous parlons	nous finissons
je parlais	je finissais
tu parlais	tu finissais
il parlait	il finissait
nous parlions	nous finissions
vous parliez	vous finissiez
ils parlaient	ils finissaient

Besonderheiten im Schriftbild: nous mangeons, nous commençons; je mangeais, je commençais
Ebenso: allonger, changer, corriger, déménager, diriger, emménager, interroger, loger, mélanger, nager, ranger; agacer, forcer, remplacer.

3. Das «conditionnel»

je parle	attendre
je parlerais	j' attendrais
tu parlerais	tu attendrais
il parlerait	il attendrait
nous parlerions	nous attendrions
vous parleriez	vous attendriez
ils parleraient	ils attendraient

4. Das «futur simple»

je parle	attendre
je parlerai	j' attendrai
tu parleras	tu attendras
il parlera	il attendra
nous parlerons	nous attendrons
vous parlerez	vous attendrez
ils parleront	ils attendront

5. Das «passé composé»

mit *avoir*		bei reflexiven Verben			mit *être*		
j' ai	mangé	je me	suis	lavé(e)	je suis	descendu(e)
tu as	attendu	tu t'	es	lavé(e)	tu es	venu(e)
il a	fini	il s'	est	lavé	elle est	sortie
nous avons	compris	nous nous	sommes	lavé(e)s	nous sommes	parti(e)s
vous avez	été	vous vous	êtes	lavé(e)(s)	vous êtes	allé(e)(s)
ils ont	dit	ils se	sont	lavés	ils sont	arrivés

6. Das «futur composé»

aller + Infinitiv	je **vais**	deman**der**
	tu **vas**	finir
	il **va**	attend**re**
	nous **allons**	savoir
	vous **allez**	dire
	ils **vont**	parler

7. Das «passé immédiat»

venir de + Infinitiv	je **viens**	de	deman**der**
	tu **viens**	de	finir
	il **vient**	d'	attend**re**
	nous **venons**	de	savoir
	vous **venez**	d'	écrire
	ils **viennent**	de	parler

8. Der «subjonctif»

ils **parl**ent	ils **finiss**ent	ils **boiv**ent / nous **buv**ons
je parle	je finisse	je boive
tu parles	tu finisses	tu boives
il parle	il finisse	il boive
nous parl**ions**	nous finiss**ions**	nous buv**ions**
vous parl**iez**	vous finiss**iez**	vous buv**iez**
ils parl**ent**	ils finiss**ent**	ils boivent

Die Konjugation der Verben

Infinitiv	Präsens Singular	Präsens Plural	imparfait	présent du subjonctif	futur simple	participe passé
accueillir	j'accueille	nous accueillons	j'accueillais			accueilli
		ils accueillent		que j'accueille		
					j'accueillerai	
acheter		nous achetons	j'achetais	que nous achetions		acheté
	j'achète	ils achètent		que j'achète	j'achèterai	
				qu'ils achètent		
Ebenso: s'élever*, emmener, enlever, se lever*, se promener*, soulever							
aller*		nous allons	j'allais	que nous allions		allé
	je vais	ils vont		que j'aille	j'irai	
	tu vas			qu'ils aillent		
	il va					

* Diese Verben bilden das *passé composé* mit *être*.

Infinitiv	Präsens Singular	Präsens Plural	*imparfait*	*présent du subjonctif*	*futur simple*	*participe passé*
appeler		nous appelons	j'appelais	que nous appelions		appelé
	j'appelle	ils appellent		que j'appelle qu'ils appellent	j'appellerai	
	Ebenso: **s'appeler*, épeler, jeter, rappeler**					
s'asseoir*	je m'assois	ils s'assoient				
		nous nous asseyons	je m'asseyais	que je m'asseye	je m'assiérai	assis
attendre		nous attendons ils attendent	j'attendais	que j'attende	j'attendrai	attendu
	j'attends					
	Ebenso: **défendre, dépendre, descendre*, se détendre*, entendre, s'entendre*, étendre, s'étendre*, s'interrompre*, perdre, rendre, répondre, vendre**					
avoir		nous avons	j'avais			
	j'ai tu as il a	ils ont		que j'aie qu'il ait que nous ayons qu'ils aient	j'aurai	eu
boire	je bois				je boirai	
		nous buvons ils boivent	je buvais	que nous buvions que je boive qu'ils boivent		bu
conduire	je conduis				je conduirai	conduit
		nous conduisons ils conduisent	je conduisais	que je conduise		
	Ebenso: **cuire, détruire, introduire, produire, traduire**					
connaître					je connaîtrai	
	je connais il connaît	nous connaissons ils connaissent	je connaissais	que je connaisse		connu
	Ebenso: **apparaître, disparaître, paraître**					
conquérir		nous conquérons	je conquérais	que nous conquérions	je conquerrai	
	je conquiers tu conquiers il conquiert	ils conquièrent		que je conquière qu'ils conquièrent		conquis

* Diese Verben bilden das *passé composé* mit *être*.

Infinitiv	Präsens Singular	Präsens Plural	imparfait	présent du subjonctif	futur simple	participe passé
courir	je cours	nous courons ils courent	je courais	que je coure	je courrai	couru
croire	je crois	ils croient		que je croie qu'ils croient	je croirai	
		nous croyons	je croyais	que nous croyions		cru
devoir		nous devons	je devais	que nous devions	je devrai	
	je dois	ils doivent		que je doive qu'ils doivent		dû
dire	je dis				je dirai	dit
		nous disons vous dites ils disent	je disais	que je dise		
	Ebenso: **interdire;** *aber:* **vous interdisez**					
écrire	j'écris				j'écrirai	écrit
		nous écrivons ils écrivent	j'écrivais	que j'écrive		
	Ebenso: **décrire**					
envoyer		nous envoyons	j'envoyais	que nous envoyions		envoyé
	j'envoie	ils envoient		que j'envoie qu'ils envoient	j'enverrai	
être			j'étais			été
	je suis tu es il est	nous sommes vous êtes ils sont		que je sois que nous soyons qu'ils soient	je serai	
faire	je fais					fait
		nous faisons vous faites ils font	je faisais	que je fasse	je ferai	
	Ebenso: **refaire, satisfaire**					
falloir			il fallait			fallu
	il faut			qu'il faille	il faudra	

* Diese Verben bilden das *passé composé* mit *être*.

Infinitiv	Präsens Singular	Präsens Plural	imparfait	présent du subjonctif	futur simple	participe passé
finir	je finis				je finirai	fini
		nous finissons ils finissent	je finissais	que je finisse		
	Ebenso: **s'agir*, choisir, grandir, se nourrir*, rajeunir, réagir, réfléchir, remplir, répartir, rétablir, réunir, réussir, rôtir, saisir, salir, vieillir**					
haïr					je haïrai	haï
	je hais	nous haïssons ils haïssent	je haïssais	que je haïsse		
lire	je lis				je lirai	
		nous lisons ils lisent	je lisais	que je lise		lu
	Ebenso: **élire, relire**					
mettre		nous mettons ils mettent	je mettais	que je mette	je mettrai	
	je mets					mis
	Ebenso: **promettre, remettre**					
mourir*		nous mourons	il mourait	que nous mourions	il mourra	
	je meurs	ils meurent		que je meure qu'ils meurent		mort
naître*					je naîtrai	
	je nais il naît	nous naissons ils naissent	je naissais	que je naisse		né
ouvrir	j'ouvre	nous ouvrons ils ouvrent	j'ouvrais	que j'ouvre	j'ouvrirai	
						ouvert
	Ebenso: **couvrir, découvrir, recouvrir, souffrir**					
partir*		nous partons ils partent	je partais	que je parte	je partirai	parti
	je pars					
	Ebenso: **dormir, repartir*, ressentir, ressortir*, sentir, se sentir*, servir, sortir(*)**					

* Diese Verben bilden das *passé composé* mit *être*.

Infinitiv	Präsens Singular	Präsens Plural	imparfait	présent du subjonctif	futur simple	participe passé
plaindre					je plaindrai	
	je plains	nous plaignons ils plaignent	je plaignais	que je plaigne		plaint
	Ebenso: **rejoindre**					
plaire	je plais il plaît				je plairai	
		nous plaisons ils plaisent	je plaisais	que je plaise		plu
pleuvoir			il pleuvait	qu'il pleuve	il pleuvra	
	il pleut					plu
pouvoir		nous pouvons	je pouvais			
	je peux	ils peuvent		que je puisse	je pourrai	pu
préférer		nous préférons	je préférais	que nous préférions		préféré
	je préfère	ils préfèrent		que je préfère qu'ils préfèrent	je préférerai [ʒə prefɛrre]	
	Ebenso: **compléter, espérer, exagérer, s'inquiéter, persévérer, régner, répéter**					
prendre					je prendrai	
	je prends	nous prenons ils prennent	je prenais	que nous prenions que je prenne qu'ils prennent		pris
	Ebenso: **apprendre, comprendre, surprendre**					
recevoir		nous recevons	je recevais	que nous recevions	je recevrai	
	je reçois	ils reçoivent		que je reçoive qu'ils reçoivent		reçu
rire	je ris	nous rions ils rient	je riais	que je rie	je rirai	ri
	Ebenso: **sourire**					
savoir		nous savons ils savent	je savais			
	je sais			que je sache	je saurai	su

* Diese Verben bilden das *passé composé* mit *être*.

Infinitiv	Präsens Singular	Präsens Plural	*imparfait*	*présent du subjonctif*	*futur simple*	*participe passé*
suffire	je suffis				je suffirai	suffi
		nous suffisons ils suffisent	je suffisais	que je suffise		
suivre		nous suivons ils suivent	je suivais	que je suive	je suivrai	suivi
	je suis il suit					
tenir		nous tenons	je tenais	que nous tenions		tenu
	je tiens	ils tiennent		que je tienne qu'ils tiennent	je tiendrai	
	Ebenso: **obtenir, retenir**					
valoir		ils valent	il valait			valu
	il vaut			qu'il vaille	il vaudra	
venir*		nous venons	je venais	que nous venions		venu
	je viens	ils viennent		que je vienne qu'ils viennent	je viendrai	
	Ebenso: **convenir, devenir*, revenir***					
vivre		nous vivons ils vivent	je vivais	que je vive	je vivrai	
	je vis					vécu
voir	je vois	ils voient		que je vois qu'ils voient		
		nous voyons	je voyais	que nous voyions	je verrai	vu
	Ebenso: **prévoir**					
vouloir		nous voulons	je voulais	que nous voulions		voulu
	je veux	ils veulent		que je veuille qu'ils veuillent	je voudrai	

* Diese Verben bilden das *passé composé* mit *être*.

Erklärung der grammatischen Bezeichnungen

Verwendete Bezeichnung	Weitere Bezeichnungen	Beispiele aus dem Deutschen
Adjektiv	Eigenschaftswort	*schön, alt, klein*
Adverb	Umstandswort	*Hier* ist es sehr schön. Der Hase läuft *schnell*.
Artikel	Geschlechtswort	*der, die, das, ein, eine*
attributiv	beifügend gebraucht	das *schöne* Haus, seine *kleine* Tochter
Begleiter	*Wortarten, die das Nomen begleiten:* Artikel, Possessivbegleiter, Fragebegleiter etc.	*ein* Bier, *sein* Geld, *welche* Straße?
Begleiter, indefiniter	unbestimmtes Fürwort (adjektivisch gebraucht)	*einige* Kinder, *alle* Kleider
Demonstrativbegleiter	hinweisendes Fürwort (adjektivisch gebraucht)	*dieses* Haus, *der* Kerl *da*
Elision	Apostrophierung	–
Femininum	weibliches Geschlecht	*sie, Petra, die Mutter*
Fragebegleiter	Fragefürwort (adjektivisch gebraucht)	*welches* Haus? *was für ein* Buch?
Grundzahlen		*eins, zwei, drei*
Hilfsverb	Hilfszeitwort	Ich *bin* nach Hause gefahren. Er *hat* zuviel getrunken.
Imperativ	Befehlsform	*Warte! Kommen Sie!*
Infinitiv	Nennform, Grundform	*laufen, geben, tun*
Komparativ	1. Steigerungsform	Frankreich ist *größer* als Portugal.
Konsonant	Mitlaut	*b, c, d, f, g …*
Maskulinum	männliches Geschlecht	*er, Peter, der Vater*
Mengenbegleiter	Mengenwort, Mengenangabe	*ein Kilo* Pfirsiche, *eine Tasse* Tee
Nomen	Substantiv, Hauptwort	*Bier, Geld, Liebe*
Objekt, direktes	Ergänzung ohne Präposition/ mit Akkusativ	*jdn* lieben (=aimer *qn*) *etw* trinken (=boire *qch*)

Verwendete Bezeichnung	Weitere Bezeichnungen	Beispiele aus dem Deutschen
Objekt, indirektes	Ergänzung mit Präposition/ mit Dativ	*jdm* gefallen (=plaire *à qn*)
Objektpronomen	Stellvertreter einer Ergänzung	Ich kenne *sie*. Magst du *ihn*? Das gefällt *mir*. Dieses Kleid steht *dir*.
Ordnungszahlen		*erster, zweiter, dritter* ...
Ortsadverb	Umstandswort des Ortes	*hier, dort, rechts*
Partitiv	Teilungsartikel	–
Partizip Perfekt	Mittelwort der Vergangenheit, Partizip II	Ich bin nach Hause *gefahren*. Er hat zuviel *getrunken*.
Passiv	Leideform	Wolle *wird* dieses Jahr viel *getragen*.
Personalpronomen	persönliches Fürwort	*ich, dir, euch*
Plural	Mehrzahl	*Häuser, Bücher, Augen*
Possessivbegleiter	besitzanzeigendes Fürwort	*mein* Haus, *Ihr* Geld, *deinen* Freund
prädikativ	aussagend gebraucht	Das Haus ist *schön*. Seine Tochter ist noch *klein*.
Präposition	Verhältniswort	*auf, in, unter*
Präsens	Gegenwart	Ich *lese* viel. Er *ist* Franzose.
Pronomen	Fürwort	*ich, diesen, meinen*
Pronomen, freies	unverbundenes Pronomen	–
Pronomen, indefinites	unbestimmtes Fürwort	*einige, alle, keiner*
Reflexivpronomen	rückbezügliches Fürwort	Er wäscht *sich*. Ich kenne *mich*.
Relativpronomen	bezügliches Fürwort	die Schuhe, *die* du trägst ... der Mann, *der* uns gegenüber sitzt ...
Singular	Einzahl	*Haus, Buch*
Subjekt	Satzgegenstand	*Er* lügt. *Meine Mutter* kommt heute.
Superlativ	2. Steigerungsform	Das war mein *schönster* Urlaub.
Verb	Zeitwort, Tätigkeitswort	Er *kommt* bald. *Hat* er dich *angerufen*?
Verb, reflexives	rückbezügliches Zeitwort	Er *freut sich* sehr. *Beeile dich!*
Vokal	Selbstlaut	*a, e, i, o, u*

Vokabular

Die Laute im Französischen

Laut	Schreib-weisen	Beispiel
[a]	a à â as at e	travail voilà gâteau cas résultat femme
[ã]	am amp an and ans ant em emps en ent	jambon champ an grand dans restaurant employé temps en argent
[e]	ai e é ê ei er es et ez	aider effet né gêner freiner aimer les et nez
[ɛ]	ai aî aie ais ait e é è ê ei es(t) et	faire chaîne monnaie français lait cher médecin chèque crêpe peine es, est billet

Laut	Schreib-weisen	Beispiel
[ɛ̃]	aim ain ein en im in ingt un	faim main peindre bien important fin vingt un
[ə]	e	nous prenons
[i]	i î il is it iz y	il île gentil permis lit riz type
[o]	au aud aut aux eau eaux o ô op os ot	au chaud il faut faux eau Bordeaux rose drôle trop gros abricot
[ɔ]	au o ô u	auto offrir hôpital maximum
[ɔ̃]	om omb on ond ont	nom plomb on blond pont

Laut	Schreibweisen	Beispiel
[ø]	eu eux œufs	peu yeux œufs
[œ]	eu œu	meuble œuf
[u]	ou où oû oup oût aoû	ou où coûter coup goût août
[y]	eu u û us ut	eu mur mûr ne … plus salut
[j]	i il ill ille y	bien travail reveiller feuille yeux
[ɥ]	u	huile
[w]	w ou	week-end jouer
[wa]	oi oie ois oit	avoir voie trois droit
[wɛ̃]	oin	pointure
[b]	b	beau robe
[d]	d	dame sud
[f]	f ph	fille photo
[g]	g gu	garder collègue

Laut	Schreibweisen	Beispiel
[ʒ]	j g ge	jour gens nous mangeons
[k]	c ch k q qu	course orchestre kilo coq qualité
[l]	l	livre
[m]	m	manger
[n]	n mn	nord automne
[ɲ]	gn	agneau
[ŋ]	ng	camping
[p]	p b	passer obtenir
[r]	r rc rd rf rps rs rt	rose porc bord nerf corps dehors port
[s]	c ç s sc ss t x	cinéma français savoir scène passer nation dix
[z]	s z	rose zone
[ʃ]	ch	chercher
[t]	t th	table thé
[v]	v w	vin wagon

Französisch-deutsches Wörterverzeichnis

Abkürzungen

Abk	Abkürzung	jdn	jemanden	*Pron*	Pronomen
Adv	Adverb	jds	jemandes	qch	quelque chose
etw	etwas	*Konj*	Konjunktion	qn	quelqu'un
f	feminin	*m*	maskulin	*Subj*	Subjekt
Inf	Infinitiv	*Obj*	Objekt	*subj*	subjonctif
Interj	Interjektion	*Plur*	Plural	*ugs*	umgangssprachlich
jdm	jemandem	*Präp*	Präposition	*uv*	unveränderlich

Verben mit * bilden das *passé composé* mit être.

Le voyage à Lyon

la règle du jeu	[larɛglədyʒø]	Spielregel
jouer	[ʒwe]	spielen
le/la joueur, -euse	[ləʒwœr/laʒwøz]	Spieler(in)
chaque *m/f*	[ʃak]	jede(r, s)
lancer le dé	[lɑ̃selde]	würfeln
celui qui	[s(ə)lɥiki]	derjenige, der; wer
élevé, e	[elve]	hoch
avancer	[avɑ̃se]	vorrücken
le pion	[ləpjɔ̃]	*hier:* Stein
la case	[lakaz]	Feld
reculer de 7 cases	[rəkyledəsɛtkaz]	7 Felder zurückgehen
bon, ne	[bɔ̃/bɔn]	*hier:* richtig
s'exprimer*	[sɛksprime]	sich ausdrücken
précis, e	[presi/presiz]	*hier:* bestimmt
la monnaie	[lamɔnɛ]	(Klein-)Geld
le tour	[lətur]	Runde
autorisé, e	[ɔtorize]	genehmigt
le camping	[ləkɑ̃piŋ]	Campingplatz
complet, -ète	[kɔ̃plɛ/kɔ̃plɛt]	voll, besetzt
demander	[d(ə)mɑ̃de]	*hier:* verlangen
la cabine téléphonique	[lakabintelefɔnik]	Telefonzelle
la queue	[lakø]	(Warte-)Schlange
la langue	[lalɑ̃g]	Sprache
vous êtes en panne d'essence	[vuzɛtɑ̃pandɛsɑ̃s]	Ihr Tank ist leer
déguster	[degyste]	probieren
le passeport	[ləpaspɔr]	(Reise-)Paß
le/la passant, e	[ləpasɑ̃/lapasɑ̃t]	Passant(in)
le plan de la ville	[ləplɑ̃dlavil]	Stadtplan
vieux, vieil, vieille	[vjø/vjɛj]	alt
vers *Präp*	[vɛr]	in Richtung auf
romain, e	[rɔmɛ̃/rɔmɛn]	romanisch
l'époque *f*	[lepɔk]	Epoche, Zeit
il fait du vent	[ilfɛdyvɑ̃]	es windet
la soif	[laswaf]	Durst
la terrasse	[latɛras]	Terrasse; *hier:* Straßencafé
le tunnel	[lətynɛl]	Tunnel, Unterführung

la santé	[lasɑ̃te]	Gesundheit
le médecin	[ləmɛdsɛ̃]	Arzt
Docteur	[dɔktœr]	Herr/Frau Doktor
avoir mal à la gorge	[avwarmalalagɔrʒ]	Halsschmerzen haben
le mal (*Plur:* les maux)	[ləmal/lemo]	Übel, Schmerz
la gorge	[lagɔrʒ]	Rachen, Hals
malade *m/f*	[malad]	krank
s'asseoir*	[saswar]	sich hinsetzen
qu'est-ce qui …? *Subj*	[kɛski]	was …?
je ne me sens pas bien	[ʒən(ə)məsɑ̃pabjɛ̃]	ich fühle mich nicht wohl
(se) sentir(*) (*wie* partir*)	[(sə)sɑ̃tir]	(sich) fühlen
la fièvre	[lafjɛvr]	Fieber
la grippe	[lagrip]	Grippe
en effet	[ɑ̃nefɛ]	tatsächlich, wirklich
l'effet *m*	[lefɛ]	Wirkung, Ergebnis, Effekt
fatigué, e	[fatige]	müde
ouvrir	[uvrir]	öffnen, aufmachen
la bouche	[labuʃ]	Mund
tirer la langue	[tirelalɑ̃g]	die Zunge rausstrecken
respirer fort *Adv*	[rɛspirefɔr]	tief einatmen
le rhume	[lərym]	Schnupfen, Erkältung
l'ordonnance *f*	[lɔrdɔnɑ̃s]	(ärztl.) Rezept
devoir	[dəvwar]	schulden
la feuille de maladie	[lafœjd(ə)maladi]	Krankenschein
la maladie	[lamaladi]	Krankheit
assuré, e	[asyre]	versichert
l'assurance *f*	[lasyrɑ̃s]	Versicherung
rembourser qn de qch	[rɑ̃burse]	jdm etw ersetzen, zurückzahlen
la médecine	[lamɛdsin]	Medizin
général, e	[ʒeneral]	allgemein
la pharmacie	[lafarmasi]	Apotheke
le comprimé	[ləkɔ̃prime]	Tablette
au cours de	[okurdə]	im Laufe von
le corps	[ləkɔr]	Körper
humain, e	[ymɛ̃/ymɛn]	menschlich
la tête	[latɛt]	Kopf
l'œil *m* (*Plur:* les yeux)	[lœj/lezjø]	Auge
le nez	[ləne]	Nase
la dent	[ladɑ̃]	Zahn
l'oreille *f*	[lɔrɛj]	Ohr
le cou (*Plur:* les cous)	[ləku/leku]	Hals
le bras	[ləbra]	Arm
la main	[lamɛ̃]	Hand
le doigt	[lədwa]	Finger
le cœur	[ləkœr]	Herz
le sein	[ləsɛ̃]	Brust
le foie	[ləfwa]	Leber
l'estomac *m*	[lɛstɔma]	Magen
le ventre	[ləvɑ̃tr]	Bauch
la jambe	[laʒɑ̃b]	Bein
le genou (*Plur:* les genoux)	[ləʒ(ə)nu/leʒ(ə)nu]	Knie
le dos	[lədo]	Rücken

③ l'aspirine *f*	[laspirin]	Aspirin
dormir (*wie* partir*)	[dɔrmir]	schlafen
nerveux, -euse	[nɛrvø/nɛrvøz]	nervös; Nerven-
le médicament	[ləmedikamɑ̃]	Medikament, Arznei
le/la spécialiste	[lə/laspesjalist]	Spezialist(in)
l'hôpital *m* (*Plur:* les hôpitaux)	[ɔpital/lezopito]	Krankenhaus

peut-être que	[pøtɛtrəkə]	vielleicht
arracher	[araʃe]	herausreißen, *hier:* ziehen
souffrir (*wie* ouvrir)	[sufrir]	leiden
les rhumatismes *m*	[lerymatism]	Rheuma(tismus)
la migraine	[lamigrɛn]	Migräne
horrible *m/f*	[ɔribl]	schrecklich, grauenhaft
jouer au ballon	[ʒweobalɔ̃]	Ball spielen
le ballon	[ləbalɔ̃]	Ball
mauvais, e	[mɔvɛ/mɔvɛz]	schlecht
le terrain	[lətɛrɛ̃]	Gelände
la consultation	[lakɔ̃syltasjɔ̃]	Sprechstunde; Konsultation
sauf *Präp*	[sof]	außer
sur rendez-vous	[syrɑ̃devu]	nach Vereinbarung
le/la chirurgien, ne	[ləʃiryrʒjɛ̃/laʃiryrʒjɛn]	Chirurg(in)
interne *m/f*	[ɛ̃tɛrn]	innere(r, s), innerlich
excepté *Präp uv*	[ɛksɛpte]	ausgenommen, außer
le/la masseur, -euse	[ləmasœr/lamasøz]	Masseur(in)

quelqu'un (*Abk* qn)	[kɛlkɛ̃]	jemand
conseiller	[kɔ̃seje]	empfehlen
soigner	[swaɲe]	pflegen, heilen
avoir bonne réputation	[avwarbɔnrepytasjɔ̃]	einen guten Ruf haben
la réputation	[larepytasjɔ̃]	Ruf
se méfier* de qn	[səmefje]	jdm mißtrauen
tellement (de) *Adv*	[tɛlmɑ̃]	*hier:* so viele
à la va-vite	[alavavit]	flüchtig, auf die schnelle
prendre son temps	[prɑ̃drəsɔ̃tɑ̃]	sich Zeit lassen
avoir confiance en qn	[avwarkɔ̃fjɑ̃s]	zu jdm Vertrauen haben
la confiance	[lakɔ̃fjɑ̃s]	Vertrauen
hésiter à	[hezite]	zögern zu

l'assistant, e	[lasistɑ̃/lasistɑ̃t]	Helfer(in); Assistent(in)
c'est bien le cabinet du docteur Dumas?	[sɛbjɛ̃lkabinɛdydɔktœrdyma]	ist da die Praxis von Dr. Dumas?
le cabinet	[ləkabinɛ]	(Arzt-)Praxis
prendre un rendez-vous	[prɑ̃drɛ̃rɑ̃devu]	einen Termin vereinbaren
urgent, e	[yrʒɑ̃/yrʒɑ̃t]	dringend
écrire	[ekrir]	schreiben
épeler (*wie* appeler)	[eple]	buchstabieren
la lettre	[lalɛtr]	Buchstabe
l'alphabet *m*	[lalfabɛ]	Alphabet

⑦ la date	[ladat]	Datum
exact, e	[ɛgzakt]	exakt, genau
le/la client, e	[ləklijɑ̃/laklijɑ̃t]	*hier:* Patient(in)

vieillir (*wie* finir)	[vjɛjir]	alt werden
chez soi	[ʃeswa]	daheim, zu Hause

l'homme *m*	[lɔm]	Mann; Mensch
âgé, e	[aʒe]	alt, gealtert, betagt
se rencontrer*	[sərãkɔ̃tre]	sich begegnen
le quartier	[ləkartje]	(Stadt-)Viertel
vivre	[vivr]	leben
la maison de retraite	[lamɛzɔ̃dərətrɛt]	Altenheim
la retraite	[larətrɛt]	Rente, Pension
se plaire*	[səplɛr]	sich wohl fühlen
(ne …) personne	[(nə)pɛrsɔn]	niemand, keiner
…, quoi *Interj*	[kwa]	*(verstärkend, bekräftigend)*
la mort	[lamɔr]	Tod
elle est morte d'un cancer	[ɛlɛmɔrtdɛ̃kãsɛr]	sie ist an Krebs gestorben

8/
se passer*	[səpase]	stattfinden, sich abspielen
la scène	[lasɛn]	Szene

9/
le contraire	[ləkɔ̃trɛr]	Gegenteil
la vie active	[laviaktiv]	Berufsleben
actif, -ve	[aktif/aktiv]	aktiv; *hier:* berufs-, erwerbstätig
la partie	[laparti]	Teil
amusant, e	[amyzã/amyzãt]	amüsant, unterhaltsam

11/
faible *m/f*	[fɛbl]	schwach
l'opération *f*	[lɔperasjɔ̃]	Operation
le feuilleton	[ləfœjtɔ̃]	(Fernseh-)Serie *(in Fortsetzungen)*
de temps en temps	[dətãzãtã]	gelegentlich, von Zeit zu Zeit
envoyer	[ãvwaje]	schicken
elle-même	[ɛlmɛm]	selbst
être en bonne santé	[ɛtrãbɔnsãte]	gesund sein
comme *Konj*	[kɔm]	da, weil
actuellement *Adv*	[aktɥɛlmã]	zur Zeit, im Augenblick
depuis que *Konj*	[dəpɥikə]	seit(dem)

12/
pareil, le	[parɛj]	gleich, ähnlich
la retraite anticipée	[larətrɛtãtisipe]	Frührente, Vorruhestand
anticipé, e	[ãtisipe]	vorgezogen, vorweggenommen
la sieste	[lasjɛst]	Siesta, Mittagsschlaf
jouer aux boules *f*	[ʒwɛobul]	Boules spielen
le bistro(t)	[ləbistro]	Kneipe, Bistro

la lettre	[lalɛtr]	Brief
Caen	[kã]	*Stadt in der Normandie*
cher, chère	[ʃɛr]	liebe(r, s)
bien	[bjɛ̃]	*hier:* sehr
déçu, e	[desy]	enttäuscht
les fêtes *f*	[lefɛt]	Festtage *(hier: Weihnachten und Neujahr)*
venir* chercher qn	[v(ə)nirʃɛrʃe]	jdn abholen
la complication	[lakɔ̃plikasjɔ̃]	Komplikation
même *Adv*	[mɛm]	sogar, selbst
comme *Präp*	[kɔm]	wie
vieux, vieil, vieille	[vjø/vjɛj]	alt
le croûton	[ləkrutɔ̃]	(Brot-)Kanten, Kruste
Noël *m*	[nɔɛl]	Weihnachten

la vieillesse	[lavjɛjɛs]	Alter
magnifique *m/f*	[maɲifik]	großartig
moindre *m/f*	[mwɛ̃dr]	geringste(r, s), kleinste(r, s)
la petite-fille	[laptitfij]	Enkeltochter, Enkelin
la cataracte	[lakatarakt]	(grauer) Star
l'événement *m*	[levɛnmɑ̃]	Ereignis
le vide	[ləvid]	Leere, Lücke
ensemble *Adv*	[ɑ̃sɑ̃bl]	zusammen
le passé	[ləpase]	Vergangenheit
devoir	[dəvwar]	müssen, sollen
tomber* malade	[tɔ̃bemalad]	krank werden
pénible *m/f*	[penibl]	mühsam, mühselig, unangenehm
l'appartement *m*	[lapartəmɑ̃]	Wohnung
quelques	[kɛlk]	einige
le meuble	[ləmœbl]	Möbel(stück)
causer des soucis	[kozedesusi]	Sorgen machen
causer	[koze]	verursachen
le souci	[ləsusi]	Sorge
embrasser	[ɑ̃brase]	umarmen, küssen
tendrement *Adv*	[tɑ̃drəmɑ̃]	zärtlich
j'espère recevoir bientôt de vos nouvelles	[ʒɛspɛrəsvwarbjɛ̃todəvonuvɛl]	ich hoffe, bald von Euch zu hören
recevoir	[rəsvwar]	empfangen, erhalten
bientôt	[bjɛ̃to]	bald
la nouvelle	[lanuvɛl]	Neuigkeit
⑭ la correspondance	[lakɔrɛspɔ̃dɑ̃s]	*hier:* Entsprechung
⑰ le reproche	[lərəprɔʃ]	Vorwurf, Tadel
relisez	[rəlize]	lesen Sie noch einmal
indirect, e	[ɛ̃dirɛkt]	indirekt
⑱ la variation	[lavarjasɔ̃]	Abwechslung, Variation
donner un coup de téléphone	[dɔneɛ̃kudtelefɔn]	anrufen
le coup de téléphone	[ləkudtelefɔn]	Anruf
mémé *f*	[meme]	Großmama, Oma
la visite	[lavizit]	Besuch
⑲ un maximum de phrases	[ɛ̃maksimɔmdəfraz]	so viele Sätze wie möglich
⑳ la signification	[lasiɲifikasjɔ̃]	Bedeutung
possible *m/f*	[pɔsibl]	möglich
casser	[kase]	(zer)brechen
serrer	[sɛre]	zusammenziehen, -beißen
la gueule	[lagœl]	Schnauze, Maul
le bois	[ləbwa]	Holz
creuser	[krøze]	aushöhlen
la cervelle	[lasɛrvɛl]	Gehirn; Hirn
㉒ la personne agée	[lapɛrsɔnaʒe]	alter Mensch

2

ce que *Obj*	[səkə]	(das) was
l'usine *f*	[lyzin]	Fabrik
l'entreprise *f*	[lɑ̃trəpriz]	Unternehmen, Betrieb, Firma
embaucher	[ɑ̃boʃe]	einstellen, engagieren
le tourneur	[ləturnœr]	Dreher
le/la soudeur, -euse	[ləsudœr/lasudøz]	Schweißer(in)
le magasinier	[ləmagazinje]	Lagerverwalter
le/la speaker, ine	[ləspikœr/laspikrin]	Ansager(in), Sprecher(in)
les actualités *f*	[lezaktyalite]	Nachrichten
régional, e	[reʒjɔnal]	regional
l'ouvrier, -ière	[luvrije/luvrijɛr]	Arbeiter(in)
l'atelier de fabrication	[latəljedfabrikasjɔ̃]	Werkshalle
l'atelier *m*	[latəlje]	Werkstatt
la fabrication	[lafabrikasjɔ̃]	Fertigung, Herstellung, Fabrikation
malgré	[malgre]	trotz
le bruit	[ləbrɥi]	Lärm, Krach
la chaîne	[laʃɛn]	Fließband; Kette
être en train de faire qch	[ɛtrɑ̃trɛ̃]	(gerade) dabei sein, etw zu tun
la pièce	[lapjɛs]	(Werk-)Stück
sous	[su]	unter
la presse	[laprɛs]	Presse
le bout	[ləbu]	Ende
retirer	[rətire]	herausnehmen, zurückziehen
remettre (*wie* mettre)	[rəmɛtr]	zurücklegen
de suite	[dəsɥit]	hintereinander
faire les 3×8	[fɛrletrwaɥit]	Schicht arbeiten
fatigant, e	[fatigɑ̃/fatigɑ̃t]	ermüdend
le nerf	[lənɛr]	Nerv
à présent	[aprezɑ̃]	augenblicklich, zur Zeit
le service des ventes	[ləsɛrvisdevɑ̃t]	Verkaufsabteilung
la vente	[lavɑ̃t]	Verkauf
commercial, e	[kɔmɛrsjal]	geschäftlich, kaufmännisch, Handels-
responsable *m/f*	[rɛspɔ̃sabl]	verantwortlich
la commande	[lakɔmɑ̃d]	Auftrag
satisfaire (*wie* faire)	[satisfɛr]	zufriedenstellen, befriedigen
la demande	[ladmɑ̃d]	Nachfrage, Bedarf
l'ordinateur *m*	[lɔrdinatœr]	Computer
en ce moment	[ɑ̃smɔmɑ̃]	im Augenblick, zur Zeit
le TGV (Train à grande vitesse)	[lەteʒeve]	Hochgeschwindigkeitszug
le/la PDG (Président-directeur/ Présidente-directrice général, e)	[lə/lapedeʒe]	Geschäftsführer(in)
diriger	[diriʒe]	leiten
le personnel	[ləpɛrsɔnɛl]	Personal
les affaires *f*	[lezafɛr]	Geschäfte
en pleine expansion	[ɑ̃plɛnɛkspɑ̃sjɔ̃]	voll am Expandieren
plein, e	[plɛ̃/plɛn]	voll
l'expansion *f*	[lɛkspɑ̃sjɔ̃]	Ausdehnung, Erweiterung, Ausbau, Expansion
le reportage	[lərəpɔrtaʒ]	Reportage

③	le salaire	[ləsalɛr]	Gehalt, Lohn
	l'agent *m* de maîtrise	[laʒɑ̃dmɛtriz]	Vorarbeiter
	la femme de ménage	[lafamdəmenaʒ]	Putzfrau
	l'analyste-programmeur *m/f*	[lanalistprɔgramœr]	*etwa:* Organisationsprogrammierer(in)
	gagner	[gaɲe]	verdienen
	autant que	[otɑ̃kə]	soviel wie
	moins que	[mwɛ̃kə]	weniger als
	FF (francs français)	[frɑ̃frɑ̃sɛ]	französische Francs
②	retravailler	[rətravaje]	wieder anfangen zu arbeiten, wieder ins Berufsleben eintreten
	recommencer	[rəkɔmɑ̃se]	wieder anfangen
	il paraît que (*Inf:* paraître)	[ilparɛkə]	es scheint, als ob; es sieht so aus, als ob; offenbar
	dur, e	[dyr]	hart, schwer
	être obligé, e de	[ɛtrɔbliʒe]	müssen
	se recycler*	[sərəsikle]	sich fortbilden
	l'informatique *f*	[lɛ̃fɔrmatik]	Informatik, EDV
	à mi-temps	[amitɑ̃]	Halbtags-
	à plein temps	[aplɛ̃tɑ̃]	Vollzeit-
	ce qui *Subj*	[səki]	(das) was
	à temps partiel	[atɑ̃parsjɛl]	Teilzeit-
⑤	passer*	[pase]	laufen, gespielt werden
	le Pernod	[ləpɛrno]	*Anisschnaps*
	bof *Interj*	[bɔf]	na ja
	autre chose	[otrəʃoz]	etwas anderes
③	à la recherche d'un emploi	[alarəʃɛrʃdɛ̃nɑ̃plwa]	auf Arbeitssuche
	l'emploi *m*	[lɑ̃plwa]	Anstellung, Stelle, Posten
	le million	[ləmiljɔ̃]	Million
	le/la chômeur, -euse	[ləʃomœr/laʃomøz]	Arbeitslose(r)
	le chômage	[ləʃomaʒ]	Arbeitslosigkeit
	la population	[lapɔpylasjɔ̃]	Bevölkerung
	distinguer	[distɛ̃ge]	unterscheiden
	la catégorie	[lakategɔri]	Kategorie
	d'une part … d'autre part	[dynpar … dotrəpar]	einerseits … andererseits
	licencié, e	[lisɑ̃sje]	*hier:* entlassen, gekündigt
	compter	[kɔ̃te]	rechnen
	le demandeur d'emploi	[lədəmɑ̃dœrdɑ̃plwa]	Arbeitssuchende(r)
	les T.U.C. *m* (Travaux d'utilité collective)	[letyk]	*etwa:* Arbeitsbeschaffungsmaßnahme
	la moyenne	[lamwajɛn]	Durchschnitt
	le travailleur immigré	[lətravajœrimigre]	ausländischer Arbeiter
	le/la travailleur, -euse	[lətravajœr/latravajøz]	Arbeiter(in)
	immigré, e	[imigre]	eingewandert, immigriert
	la durée	[ladyre]	Dauer
	être en augmentation constante	[ɛtrɑ̃nɔgmɑ̃tasjɔ̃kɔ̃stɑ̃t]	ständig ansteigen, zunehmen
	l'augmentation *f*	[lɔgmɑ̃tasjɔ̃]	Erhöhung, Anstieg
	constant, e	[kɔ̃stɑ̃/kɔ̃stɑ̃t]	(be)ständig
	d'après	[daprɛ]	nach; gemäß
⑥	la définition	[ladefinisjɔ̃]	Definition, Erklärung

en chômage	[ɑ̃ʃomaʒ]	arbeitslos
se retrouver*	[sərətruve]	sich (wieder)finden
de plus en plus longtemps	[dəplyzɑ̃plylɔ̃tɑ̃]	immer länger
7) le pourcentage	[ləpursɑ̃taʒ]	Prozentsatz
la situation	[lasityasjɔ̃]	Situation
8) l'opinion f	[lɔpinjɔ̃]	Meinung
c'est pas si grave	[sɛpasigrav]	das ist doch nicht so schlimm
si Adv	[si]	so
le pire	[ləpir]	das Schlimmste
4) l'A.N.P.E. f (Agence nationale pour l'emploi)	[laɛnpeə]	Arbeitsamt
le bâtiment	[ləbatimɑ̃]	hier: Baugewerbe
le maçon	[ləmasɔ̃]	Maurer
ça vous irait?	[savuzirɛ]	würde Ihnen das passen?
le SMIC (Salaire minimum interprofessionnel de croissance)	[ləsmik]	staatlich festgelegter Mindestlohn
quelque chose de plus stable	[kɛlkəʃozdəplystabl]	etwas Langfristigeres
stable m/f	[stabl]	zuverlässig, stabil
le miracle	[ləmirakl]	Wunder
9) le désir	[lədezir]	Wunsch, Verlangen
5) les offres f d'emploi	[lezɔfrədɑ̃plwa]	Stellenangebote
le/la réceptionniste	[lə/laresɛpsjɔnist]	Empfangschef/-dame
dont	[dɔ̃]	hier: davon
la formation	[laformasjɔ̃]	(Berufs-)Ausbildung
souhaiter	[swete]	wünschen
la présentation	[laprezɑ̃tasjɔ̃]	hier: Äußeres
à partir de	[apartirdə]	von ... an
le commerce	[ləkɔmɛrs]	Handel, Geschäft
convenir(*) (de) (wie venir*)	[kɔ̃vnir]	vereinbaren
le foyer	[ləfwaje]	Heim
l'infirmier, -ière	[lɛ̃firmje/lɛ̃firmjɛr]	Krankenpfleger/-schwester
l'aide-ménagère f	[lɛdmenaʒɛr]	Haushaltshilfe
trilingue m/f	[trilɛ̃g]	dreisprachig
la langue maternelle	[lalɑ̃gmatɛrnɛl]	Muttersprache
maternel, le	[matɛrnɛl]	mütterlich, Mutter-
Mesdames, Messieurs	[medammesjø]	sehr geehrte Damen und Herren
paru, e	[pary]	erschienen
paraître (wie connaître)	[parɛtr]	erscheinen
Le Monde	[ləmɔ̃d]	frz. Tageszeitung
le monde	[ləmɔ̃d]	Welt; Leute
le courant	[ləkurɑ̃]	hier: laufender Monat
retenir (wie tenir)	[rətnir]	festhalten, hier: (Aufmerksamkeit) erwecken, erregen
l'attention f	[latɑ̃sjɔ̃]	Aufmerksamkeit
les connaissances f	[lekɔnɛsɑ̃s]	Kenntnisse
reconnaissant, e	[rəkɔnɛsɑ̃/rəkɔnɛsɑ̃t]	dankbar
accorder	[akɔrde]	gewähren
l'entrevue f	[lɑ̃trəvu]	(Vorstellungs-)Gespräch; Zusammenkunft

personnel, le	[pɛrsɔnɛl]	persönlich
l'attente *f*	[latɑ̃t]	Erwartung, Warten
je vous prie d'agréer, …, l'expression de mes sentiments respectueux	[ʒəvupridagreelɛksprɛsjõdəme sɑ̃timɑ̃rɛspɛktyø]	*förmlicher Briefschluß, etwa:* hochachtungsvoll
prier	[prije]	bitten; beten
agréer	[agree]	annehmen, zulassen
le sentiment	[ləsɑ̃timɑ̃]	Gefühl
respectueux, -euse	[rɛspɛktyø/rɛspɛktyøz]	respektvoll

la profession	[laprɔfɛsjõ]	Beruf
rechercher	[rəʃɛrʃe]	(intensiv) suchen, forschen
le lieu de travail	[ləljødətravaj]	Arbeitsstelle
le lieu	[ləljø]	Ort, Stelle, Platz
le début	[lədeby]	Anfang
apprendre qch sur qn/qch (*wie* **prendre**)	[aprɑ̃dr]	etw über jdn/etw erfahren
la vente par correspondance	[lavɑ̃tparkɔrɛspõdɑ̃s]	Versandhandel
la correspondance	[lakɔrɛspõdɑ̃s]	Schriftwechsel, Korrespondenz
faire des études	[fɛrdezetyd]	*(an der Universität)* studieren
les études *f*	[lezetyd]	Studium
les lettres *f* **(modernes)**	[lelɛtr/lelɛtrəmɔdɛrn]	Literatur- und Geisteswissenschaften, (neuere) Philologien
le débouché	[lədebuʃe]	*hier:* Berufsaussicht
l'enseignement *m*	[lɑ̃sɛɲmɑ̃]	Lehramt, Unterricht(swesen)
ne … que	[nə … kə]	nur
la matière	[lamatjɛr]	*hier:* (Studien-)Fach
le/la candidat, e	[ləkɑ̃dida/lakɑ̃didat]	Kandidat(in), Prüfling
le boulot (*ugs für:* **travail**)	[ləbulo]	Job, Arbeit
Prifix	[prifiks]	*frz. Supermarktkette*
distribuer	[distribye]	verteilen
le prospectus	[ləprɔspɛktys]	(Werbe-)Prospekt
laver	[lave]	waschen, putzen
la vitre	[lavitr]	(Glas-, Fenster-)Scheibe
en avoir marre de qch *ugs*	[ɑ̃navwarmar]	etw satt haben
la filiale	[lafiljal]	Zweigstelle, Filiale
la possibilité	[lapɔsibilite]	Möglichkeit
devenir* (*wie* **venir***)	[dəvnir]	werden
servir à (*wie* **partir***)	[sɛrvir]	dienen, nutzen zu
la salle	[lasal]	Saal, (großer) Raum
la majorité	[lamaʒɔrite]	Mehrzahl, Mehrheit
le courrier	[ləkurje]	(tägliche) Post
la responsabilité	[larɛspõsabilite]	Verantwortung
non pas parce que	[nõpaparskə]	nicht weil
le génie	[ləʒeni]	Genie
la condition	[lakõdisjõ]	Bedingung
la pause	[lapoz]	Pause
la cafétéria	[lakafeterja]	Cafeteria
la réduction	[laredyksjõ]	Ermäßigung, Rabatt
faciliter	[fasilite]	erleichtern, leichter machen
le conflit	[ləkõfli]	Konflikt, Streit
la monotonie	[lamɔnɔtoni]	Eintönigkeit, Monotonie
l'ennui *m*	[lɑ̃nɥi]	Langeweile

présent, e	[prezɑ̃/prezɑ̃t]	gegenwärtig, da
la carrière	[lakarjɛr]	berufliche Laufbahn; Karriere
négatif, -ve	[negatif/negativ]	negativ, nachteilig
positif, -ve	[pɔzitif/pɔzitiv]	positiv, von Vorteil
remarquer	[rəmarke]	bemerken
professionnel, le	[prɔfɛsjɔnɛl]	beruflich, Berufs-
le poste	[ləpɔst]	Stelle, Posten
le total	[lətɔtal]	Summe
l'ensemble *m*	[lɑ̃sɑ̃bl]	Gesamtheit
lequel, laquelle?	[ləkɛl/lakɛl]	welche(r, s)?
chaque *m/f*	[ʃak]	jede(r,s)
le membre	[ləmɑ̃br]	Mitglied; Glied
la fiche	[lafiʃ]	Zettel, (Kartei-)Karte
redistribuer	[rədistribɥe]	(wieder) verteilen
poser des questions	[pozedekɛstjɔ̃]	Fragen stellen
poser	[poze]	setzen, stellen, legen
répondre par «oui»	[repɔ̃drəparwi]	mit „ja" antworten
la femme au foyer	[lafamofwaje]	*(erwerbslose)* Hausfrau
le foyer	[ləfwaje]	Zuhause

3

les loisirs *m*	[lelwazir]	Freizeit(beschäftigungen), Muße(stunden)
l'assistante *f* médicale	[lasistɑ̃tmedikal]	Arzthelferin
médical, e	[medikal]	medizinisch, Medizin-, Arzt-
le/la pharmacien, ne	[ləfarmasjɛ̃/lafarmasjɛn]	Apotheker(in)
crevé, e *ugs*	[krəve]	todmüde, kaputt
je n'ai pas le temps	[ʒnepaltɑ̃]	ich habe keine Zeit
jouer du piano	[ʒwedypjano]	Klavier spielen
plutôt *Adv*	[plyto]	ziemlich
le jeu télévisé	[ləʒøtelevize]	(Rate-)Spiel im Fernsehen
télévisé, e	[televize]	Fernseh-, im Fernsehen übertragen
chanter	[ʃɑ̃te]	singen
la chorale	[lakɔral]	Chor
avoir répétition	[avwarrepetisjɔ̃]	proben
la répétition	[larepetisjɔ̃]	*hier:* Probe
supporter	[sypɔrte]	ertragen, aushalten
lire	[lir]	lesen
le roman	[lərɔmɑ̃]	Roman
la science-fiction	[lasjɑ̃sfiksjɔ̃]	Science-fiction
le tour du monde	[ləturdymɔ̃d]	Weltreise
le tour	[lətur]	(Rund-)Reise, Tour
pour l'instant	[purlɛ̃stɑ̃t]	im Augenblick, Moment
l'instant *m*	[lɛ̃stɑ̃]	Augenblick
en moyenne	[ɑ̃mwajɛn]	durchschnittlich

	isolé, e	[izɔle]	isoliert, (ver)einsam(t)
	j'aimerais bien	[ʒɛmrɛbjɛ̃]	ich würde gerne
	s'ennuyer*	[sɑ̃nɥije]	sich langweilen
	le jardin	[ləʒardɛ̃]	Garten
	bricoler	[brikɔle]	basteln, herumwerken
2	correspondant, e	[kɔrɛspɔ̃dɑ̃/kɔrɛspɔ̃dɑ̃t]	entsprechend
3	encore une fois	[ɑ̃kɔrynfwa]	noch einmal
5	le talent	[lətalɑ̃]	Begabung, Talent
6	riche m/f	[riʃ]	reich
7	chacun, e	[ʃakɛ̃/ʃakyn]	jede(r)
	le papier	[ləpapje]	Papier
	plier	[plije]	(zusammen)falten, (um)knicken
	le commencement	[ləkɔmɑ̃smɑ̃]	Anfang, Beginn
	déplier	[deplije]	auf-, entfalten
	absurde m/f	[apsyrd]	absurd
	la poule	[lapul]	Huhn
2	le spectacle	[ləspɛktakl]	Aufführung
	fréquenter	[frekɑ̃te]	(häufig, regelmäßig) besuchen, frequentieren
	au moins	[omwɛ̃]	mindestens, wenigstens
	payant, e	[pɛjɑ̃/pɛjɑ̃t]	*hier:* mit Eintritt
	le music-hall	[ləmyzikol]	*Veranstaltung mit populärer Musik*
	les variétés f	[levarjete]	Varieté
	le chansonnier	[ləʃɑ̃sɔnje]	Chansonsänger
	par	[par]	von, durch
	le professionnel	[ləprɔfɛsjɔnɛl]	Profi
	le folk	[ləfolk]	Folk(musik)
	le rock	[lərɔk]	Rock
	le cirque	[ləsirk]	Zirkus
	le festival	[ləfɛstival]	Festspiele
	le ballet	[ləbalɛ]	Ballett
	l'opérette f	[lɔpɛrɛt]	Operette
	non disponible m/f	[nɔ̃dispɔnibl]	nicht verfügbar
8	la statistique	[lastatistik]	Statistik
9	mini-	[mini]	Mini-; kleine(r, s)
	le tableau	[lətablo]	Tafel
	la différence	[ladiferɑ̃s]	Unterschied
10	ça me dit rien	[samdirjɛ̃]	das interessiert mich nicht
	le zoo	[ləzo]	Zoo(logischer Garten)
3	sur la ... chaîne	[syrla ... ʃɛn]	im ... Programm
	la chaîne	[laʃɛn]	*hier:* (Fernseh-)Programm
	avoir envie de	[avwarɑ̃vidə]	Lust haben auf
	l'envie f	[lɑ̃vi]	Lust
	ennuyeux comme tout	[ɑ̃nɥijøkɔmtu]	furchtbar langweilig

ennuyeux, -euse	[ɑ̃nɥijø/ɑ̃nɥijøz]	langweilig
les dossiers *m* de l'écran	[ledosjedlekrɑ̃]	*bekannte frz. Fernsehreihe*
le dossier	[lədosje]	Sammlung, Zusammenstellung
l'écran *m*	[lekrɑ̃]	Bildschirm, Leinwand
la Mafia	[lamafja]	Mafia
ça doit être …	[sadwatɛtr]	das ist bestimmt …
exprimer	[ɛksprime]	ausdrücken
la proposition	[laprɔpozisjɔ̃]	Vorschlag
avec précaution	[avɛkprekosjɔ̃]	vorsichtig
la précaution	[laprekosjɔ̃]	Vorsicht(smaßnahme)
refuser	[rəfyze]	zurückweisen, ablehnen
insister sur	[ɛ̃sistesyr]	bestehen auf
durer	[dyre]	dauern
le poste (de télévision)	[ləpɔst(dətelevizjɔ̃)]	(Fernseh-)Apparat
se mettre* d'accord sur qch	[səmɛtrədakɔr]	sich über etwas einigen
arriver* à faire qch	[ariveafɛr]	es schaffen, etwas zu tun
organiser	[ɔrganize]	organisieren
le parc	[ləpark]	Park
le cours	[ləkur]	Kurs, (Unterrichts-)Stunde
une minute à moi	[ynminytamwa]	eine Minute für mich
prévoir (*wie* voir)	[prevwar]	vorsehen, planen
promettre (*wie* mettre)	[prɔmɛtr]	versprechen
être occupé, e	[ɛtrɔkype]	beschäftigt sein
l'emploi *m* du temps	[lɑ̃plwadytɑ̃]	Zeit-, Stundenplan
chargé, e	[ʃarʒe]	ausgefüllt, vollgepackt
charger	[ʃarʒe]	belasten, beladen
le/la lycéen, ne	[ləliseɛ̃/laliseɛn]	Gymnasialschüler(in)
il est question de	[ilɛkɛstjɔ̃də]	es handelt sich um
le rapt	[lərapt]	Raub, Entführung
l'amour *m*	[lamur]	Liebe
l'aventure *f*	[lavɑ̃tyr]	Abenteuer
l'adulte *m/f*	[ladylt]	Erwachsene(r)
composer	[kɔ̃poze]	komponieren
l'acteur, -trice	[laktœr/laktris]	Schauspieler(in)
l'artisan, e	[lartizɑ̃/lartizan]	Handwerker(in)
le plombier	[ləplɔ̃bje]	Klempner
impossible *m/f*	[ɛ̃pɔsibl]	unmöglich
le frigo *ugs*	[ləfrigo]	Kühlschrank
la réunion	[lareynjɔ̃]	Versammlung
politique *m/f*	[pɔlitik]	politisch
en tout cas	[ɑ̃tuka]	jedenfalls, auf jeden Fall
utile *m/f*	[ytil]	nützlich, dienlich
et alors	[ealɔr]	na und
le meeting	[ləmitiŋ]	Treffen, Meeting, (politische) Veranstaltung
tout juste	[tuʒyst]	gerade eben, nur

bonsoir	[bɔ̃swar]	guten Abend
l'exposition *f*	[lɛkspozisjɔ̃]	Ausstellung
insolent, e	[ɛ̃sɔlɑ̃/ɛ̃sɔlɑ̃t]	unverschämt
remarque *Interj*	[rəmark]	hör mal, weißt du
avoir raison	[avwarɛzɔ̃]	recht haben
la raison	[larɛzɔ̃]	Verstand, Vernunft
pique-niquer	[piknike]	picknicken
l'embouteillage *m*	[lɑ̃butɛjaʒ]	Verkehrsstau
le footing	[ləfutiŋ]	Jogging, Dauerlauf
l'activité *f*	[laktivite]	Aktivität, Beschäftigung
ou bien	[ubjɛ̃]	oder (auch)
je veux avoir la paix	[ʒəvøavwarlapɛ]	ich will meine Ruhe haben
la paix	[lapɛ]	Frieden, Ruhe
se fâcher*	[səfaʃe]	sich ärgern, böse werden
la Révolution Russe	[larevɔlysjɔ̃rys]	Oktoberrevolution
la révolution	[larevɔlysjɔ̃]	Revolution
russe *m/f*	[rys]	russisch
embêter qn (*ugs für:* ennuyer)	[ɑ̃bete]	jdn (ver)ärgern, aufregen, langweilen
l'intellectuel, le	[lɛ̃tɛlɛktɥɛl]	Intellektuelle(r)
⑰ le jour où	[ləʒuru]	der Tag, an dem
l'atmosphère *f*	[latmɔsfɛr]	Atmosphäre, Stimmung
familial, e	[familjal]	Familien-
à nouveau	[anuvo]	erneut, noch einmal
⑱ le souhait	[ləswɛ]	Wunsch
⑳ le jeu de rôles	[ləʒødrol]	Rollenspiel
le rôle	[lərol]	Rolle
semblable *m/f*	[sɑ̃blabl]	ähnlich
㉑ retrouver	[rətruve]	wiederfinden; herausfinden
㉓ la détente	[ladetɑ̃t]	Entspannung
㉔ défendre (*wie* attendre)	[defɑ̃dr]	verteidigen
le film vidéo	[ləfilmvideo]	Videofilm
la vidéo	[lavideo]	Video
㉕ la durée d'écoute	[ladyredekut]	Hör-, Fernsehdauer
hebdomadaire *m/f*	[ɛbdɔmadɛr]	Wochen-, wöchentlich
㉖ le/la bricoleur, -euse	[ləbrikɔlœr/labrikɔløz]	Bastler(in), Heimwerker(in)
le bouton	[ləbutɔ̃]	Knopf
se replier*	[sərəplije]	zusammenklappen

Interlude 1

l'interlude *m*	[lɛ̃tɛrlyd]	Zwischenspiel, Zwischenmusik
bizarre *m/f*	[bizar]	seltsam
le/la dessinateur, -trice	[lədesinatœr/la desinatris]	Zeichner(in)

la charade	[laʃarad]	Rätsel
courant, e	[kurɑ̃/kurɑ̃t]	*hier:* geläufig
le trottoir	[lətrɔtwar]	Gehweg, Bürgersteig
le pictogramme	[ləpiktɔgram]	Symbol
dessiner	[desine]	zeichnen
s'envoler*	[sɑ̃vɔle]	davonfliegen
de haut en bas	[də'oɑ̃ba]	von oben nach unten
avoir froid	[avwarfrwa]	frieren
le message	[ləmesaʒ]	Mitteilung, Botschaft
secret, -ète	[səkrɛ/səkrɛt]	geheim
le plus possible de mots	[ləplypɔsiblədəmo]	so viele Wörter wie möglich
l'objet *m*	[lɔbʒɛ]	Sache, Gegenstand
manquer	[mɑ̃ke]	fehlen

4

idiot, e	[idjo/idjɔt]	blöde, idiotisch
la plage	[laplaʒ]	Strand
décrire (*wie* écrire)	[dekrir]	beschreiben
la foule	[laful]	(Menschen-)Menge
moderne *m/f*	[mɔdɛrn]	modern
la jeune fille	[laʒœnfij]	junges Mädchen
la casquette	[lakaskɛt]	(Uniform-)Mütze
endormi, e	[ɑ̃dɔrmi]	schlafend, träge
la rangée	[larɑ̃ʒe]	Reihe, Linie
infini, e	[ɛ̃fini]	unendlich (lang)
le parcmètre	[ləparkmɛtr]	Parkuhr
le Languedoc-Roussillon	[ləlɑ̃gdɔkrusijɔ̃]	*Region in Südfrankreich*
la Toscane	[latɔskan]	Toskana *(Gegend in Mittelitalien)*
pauvre *m/f*	[povr]	arm
industriel, le	[ɛ̃dystrijɛl]	Industrie-, industriell
agréable *m/f*	[agreabl]	angenehm
la Grande Motte	[lagrɑ̃dmɔt]	*beliebter Badeort am Mittelmeer*
louer	[lwe]	mieten
avec vue sur la mer	[avɛkvysyrlamɛr]	mit Meerblick
la vue	[lavy]	(Aus-)Blick
propre *m/f (nachgestellt)*	[prɔpr]	sauber
au bout de	[obudə]	nach, am Ende von
faire de la planche à voile	[fɛrdlaplɑ̃ʃavwal]	(wind)surfen
la planche	[laplɑ̃ʃ]	Brett, Planke
je ne sais pas en faire	[ʒənsɛpaɑ̃fɛr]	ich kann es nicht
savoir	[savwar]	*hier:* können
tu te fais rôtir	[tytfɛrotir]	du brätst
rôtir (*wie* finir)	[rotir]	rösten, braten

le sable	[ləsabl]	Sand
se baigner*	[səbeɲe]	baden, schwimmen gehen
la serviette	[lasɛrvjɛt]	Hand-, Badetuch
la chaleur	[laʃalœr]	Wärme, Hitze
à force de + Inf	[afɔrsdə]	dadurch, daß + Nebensatz, durch + substantivierter Inf
prendre des kilos	[prɑ̃drədekilo]	zunehmen
décider de faire qch	[deside]	beschließen, etw zu tun

⑤
faire du camping	[fɛrdykɑ̃piŋ]	zelten, campen
le camping	[ləkɑ̃piŋ]	Camping
la ferme	[lafɛrm]	Bauernhof
la bicyclette	[labisiklɛt]	Fahrrad
s'amuser*	[samyze]	Spaß haben, sich amüsieren
garder la ligne	[gardesaliɲ]	auf seine (schlanke) Linie achten
perdre des kilos	[pɛrdrədekilo]	abnehmen
prendre des cours	[prɑ̃drədekur]	(Unterrichts-)Stunden nehmen, an einem Kurs teilnehmen
la randonnée	[larɑ̃dɔne]	(lange) Wanderung
l'idée f	[lide]	Vorstellung, Idee

③
Besançon	[bəzɑ̃sɔ̃]	*Hauptstadt der Region Franche-Comté*
Decize	[dəsiz]	*kleiner Ort in Burgund*
le camping	[ləkɑ̃piŋ]	*hier:* Camping-, Zeltplatz
être situé, e	[ɛtrəsitɥe]	liegen, gelegen sein
la Loire	[lalwar]	*Fluß in Mittelfrankreich*
Nevers	[nəvɛr]	*Stadt an der Loire*
au début	[odeby]	am Anfang
Vézelay	[vezlɛ]	*Ort in Burgund*
s'inquiéter* (*wie* préférer)	[sɛ̃kjete]	sich ängstigen, Sorgen machen
Montpellier	[mɔ̃pəlje]	*Hauptstadt der Region Languedoc-Roussillon*
Palinges	[palɛ̃ʒ]	*Ort in Burgund*
se reposer*	[sərəpoze]	sich ausruhen, erholen
le Canal du Centre	[ləkanaldysɑ̃tr]	*Kanal, der die Loire mit der Saône verbindet*
la goutte	[lagut]	Tropfen
la pluie	[laplɥi]	Regen
Paray-le-Monial	[parɛlmɔnjal]	*Ort in Burgund*
manger comme des rois	[mɑ̃ʒekɔmderwa]	königlich speisen
le roi	[lərwa]	König
l'étape f	[letap]	Etappe, Strecke, Abschnitt
Cluny	[klyni]	*Ort in Burgund*
Taizé	[teze]	*Ort in Burgund*
Mâcon	[makɔ̃]	*Stadt in Burgund*
Tournus	[turnys]	*Ort in Burgund*
amitiés	[amitje]	*freundschaftlicher Briefschluß, etwa:* viele Grüße
l'amitié f	[lamitje]	Freundschaft
grosses bises	[grosbiz]	*freundschaftlicher Briefschluß, etwa:* dicke Küßchen
la bise *ugs*	[labiz]	(Begrüßungs-)Küßchen
froid, e	[frwa/frwad]	kalt
il pleut	[ilplø]	es regnet

	pleuvoir	[pløvwar]	regnen
	il y a du vent	[iljadyvɑ̃]	es ist windig
	le vent	[ləvɑ̃]	Wind
	il y a des nuages	[iljadenɥaʒ]	es ist bewölkt
	le nuage	[lənɥaʒ]	Wolke
	il y a des orages	[iljadezɔraʒ]	es gewittert
	l'orage *m*	[lɔraʒ]	Unwetter, Gewitter
7	la carte postale	[lakartpɔstal]	Post-, Ansichtskarte
	postal, e	[pɔstal]	Post-, postalisch
	Beaune	[bon]	*Stadt in Burgund*
	Autun	[otɛ̃]	*Stadt in Burgund*
	Moulins	[mulɛ̃]	*Stadt in Burgund*
	Dijon	[diʒɔ̃]	*Hauptstadt von Burgund*
	le fleuve	[ləflœv]	Strom, (großer) Fluß
3	le bulletin météo(rologique)	[ləbyltɛ̃meteo/meteɔrɔlɔʒik]	Wetterbericht
	la température	[latɑ̃peratyr]	Temperatur
	au moment où	[omɔmɑ̃u]	(in dem Augenblick) als
	monter	[mɔ̃te]	(an)steigen
	dans la journée	[dɑ̃laʒurne]	im Laufe des Tages
4	l'Auvergne *f*	[lovɛrɲ]	*Gegend in Mittelfrankreich*
	le Massif Central	[ləmasifsɑ̃tral]	Zentralmassiv *(Gebirge in Mittelfrankreich)*
	le massif	[ləmasif]	Gebirge, Gebirgskette
	central, e	[sɑ̃tral]	zentral
	couvrir (*wie* ouvrir)	[kuvrir]	(be-, zu)decken, *hier:* einnehmen
	élevé, e	[elve]	hoch, erhöht
	vaste *m/f*	[vast]	ausgedehnt, gewaltig
	varié, e	[varje]	abwechslungsreich, verschiedenartig
	ancien, ne	[ɑ̃sjɛ̃/ɑ̃sjɛn]	alt; ehemalig
	européen, ne	[ørɔpeɛ̃/ørɔpeɛn]	europäisch
	le centre	[ləsɑ̃tr]	Zentrum, Mittelpunkt
	comprendre (*wie* prendre)	[kɔ̃prɑ̃dr]	umfassen, einschließen
	le bloc	[ləblɔk]	(Gesteins-)Block
	granitique *m/f*	[granitik]	Granit-
	le volcan	[ləvɔlkɑ̃]	Vulkan
	la vallée	[lavale]	Tal, Schlucht
	profond, e	[prɔfɔ̃/prɔfɔ̃d]	tief
	la chaîne des Puys	[laʃɛndepɥi]	*Bergkette in der Auvergne*
	présenter	[prezɑ̃te]	aufweisen, (dar)bieten
	le cratère	[ləkratɛr]	Krater
	conserver	[kɔ̃sɛrve]	erhalten
	le Cantal	[ləkɑ̃tal]	*Berg in der Auvergne*
	fortement *Adv*	[fɔrtəmɑ̃]	stark, sehr
	attaquer	[atake]	angreifen
	l'érosion *f*	[lerɔsjɔ̃]	Erosion
	la rivière	[larivjɛr]	Fluß
	le canyon	[ləkaɲɔ̃]	Canyon, tiefe Schlucht
	la montagne	[lamɔ̃taɲ]	Berg, Gebirge
	l'Ardèche *f*	[lardɛʃ]	*Fluß im Zentralmassiv*
	l'Allier *m*	[lalje]	*Fluß im Zentralmassiv*
	la Truyère	[latrɥijɛr]	*Fluß im Zentralmassiv*

le Tarn	[lətarn]	*Fluß im Zentralmassiv*
dont les gorges	[dɔ̃legɔrʒ]	dessen/deren Schluchten
la gorge	[lagɔrʒ]	Schlucht, Klamm
la superficie	[lasypɛrfisi]	(Ober-)Fläche
l'altitude *f*	[laltityd]	Höhe *(über Meeresspiegel)*
le Puy de Sancy	[ləpɥidsɑ̃si]	*Berg in der Auvergne*
le Plomb du Cantal	[ləplɔ̃dykɑ̃tal]	*Berg in der Auvergne*
le Mont Mézenc	[ləmɔ̃mezɛ̃k]	*Berg in der Auvergne*
le Puy de Dôme	[ləpɥidədom]	*Berg in der Auvergne*
la coulée de lave *f*	[lakuledlav]	Lavastrom
ruiner	[rɥine]	zerstören, vernichten
l'Europe *f*	[lœrɔp]	Europa

haut, e	['o/'ot]	hoch

la donnée	[ladɔne]	Angabe, Tatsache, Faktum
principal, e	[prɛ̃sipal]	hauptsächlich, Haupt-
la caractéristique	[lakaraktéristik]	Merkmal, Charakteristikum

géologique *m/f*	[ʒeɔlɔʒik]	geologisch
ci-dessus *Adv*	[sidsy]	obenstehend
mentionner	[mɑ̃sjɔne]	erwähnen

le superlatif	[ləsypɛrlatif]	Superlativ, Höchststufe
le Roquefort	[lərɔkfɔr]	*Käsesorte*
les Vosges *f*	[levoʒ]	Vogesen *(Mittelgebirge im Elsaß)*
le Massif Armoricain	[ləmasifarmɔrikɛ̃]	*Mittelgebirge in der Bretagne*
le Rhône	[ləron]	*Fluß in Südfrankreich*
la Seine	[lasɛn]	*Fluß im nördlichen Frankreich*
le Puy Mary	[ləpɥimari]	*Berg in der Auvergne*
Clermont-Ferrand	[klɛrmɔ̃ferɑ̃]	*Stadt im Zentralmassiv*
Limoges	[limoʒ]	*Stadt im Zentralmassiv*
Saint-Etienne	[sɛ̃tetjɛn]	*Stadt im Zentralmassiv*
Marseille	[marsɛj]	*Großstadt an der Mittelmeerküste*
av. J.-C. (avant Jésus-Christ)	[avɑ̃ʒezykri]	v. Chr. (vor Christus)

le département	[lədepartmɑ̃]	*Verwaltungseinheit*
l'organisme *m*	[lɔrganism]	Verband, Stelle
le comité	[ləkɔmite]	Ausschuß, Komitee
le tourisme	[ləturism]	Tourismus
Orléans	[ɔrleɑ̃]	*Hauptstadt der Region Centre*
séjourner	[seʒurne]	sich aufhalten
améliorer	[ameljɔre]	verbessern
la documentation	[ladɔkymɑ̃tasjɔ̃]	Prospektmaterial
particulièrement *Adv*	[partikyljɛrmɑ̃]	besonders, insbesondere
le stage	[ləstaʒ]	Lehrgang, Kurs, Seminar
précis, e	[presi/presiz]	genau, präzise
en attendant votre réponse	[ɑ̃natɑ̃dɑ̃vɔtrərepɔ̃s]	in Erwartung Ihrer Antwort
je vous prie d'agréer, M., l'expression de mes sentiments distingués	[ʒəvupridagreeməsjølɛksprɛsjɔ̃dəmesɑ̃timɑ̃distɛ̃ge]	*Schlußformel für offizielle und Geschäftsbriefe, etwa:* hochachtungsvoll

le service	[ləsɛrvis]	Gefälligkeit, Gefallen
la famille	[lafamij]	*hier:* Verwandtschaft

l'institution *f*	[lɛ̃stitysjɔ̃]	Einrichtung, Institution
5 administratif, -ve	[administratif/administrativ]	Verwaltungs-
le chef-lieu (*Plur:* les chefs-lieux)	[ləʃɛfljø/leʃɛfljø]	Hauptstadt
découvrir (*wie* ouvrir)	[dekuvrir]	entdecken
le système	[ləsistɛm]	System, Prinzip
le classement	[ləklasmɑ̃]	Klassifikation, Klassifizierung
nécessaire *m/f*	[nesɛsɛr]	notwendig, nötig
le cyclotourisme	[ləsiklɔturism]	Fahrradtourismus
le château	[ləʃato]	Schloß
le ski nautique	[ləskinotik]	Wasserschi
nautique *m/f*	[notik]	Wasser-, See-, nautisch
la roulotte	[larulɔt]	Zigeunerwagen
artisanal, e	[artizanal]	Kunsthandwerk-
la sculpture sur bois	[laskyltyrsyrbwa]	Holzschnitzen
la sculpture	[laskyltyr]	Bildhauerei, Skulptur
la terre cuite	[latɛrkɥit]	Terrakotta, Tonarbeiten
le bijou (*Plur:* les bijoux)	[ləbiʒu/lebiʒu]	Schmuck(stück)
le tissage	[lətisaʒ]	Weben, Weberei
le squash	[ləskwaʃ]	Squash
la voie navigable	[lavwanavigabl]	Wasserweg
navigable *m/f*	[navigabl]	schiffbar, Wasser-
pédestre *m/f*	[pedɛstr]	zu Fuß; Fuß-
6 le projet	[ləprɔʒɛ]	Projekt, (größeres) Vorhaben
la liste	[lalist]	Liste
en détail	[ɑ̃detaj]	im einzelnen
le détail (*Plur:* les details)	[lədetaj/ledetaj]	Einzelheit
le code postal	[ləkɔdpɔstal]	Postleitzahl
17 l'Ecosse *f*	[lekɔs]	Schottland
dépayser	[depeize]	verwirren
le paysage	[ləpeizaʒ]	Landschaft
la terre	[latɛr]	Erde, Welt
Hawaï *m*	[awai]	Hawaii
le Kenya	[ləkeɲa]	Kenia
l'Egypte *f*	[leʒipt]	Ägypten
le rayon	[lərɛjɔ̃]	Radius, Umkreis
le Pays Basque	[ləpeibask]	Baskenland
basque *m/f*	[bask]	baskisch, Basken-
le Secrétariat d'Etat au Tourisme	[ləsəkretarjadetaoturism]	staatl. Fremdenverkehrsamt
le secrétariat	[ləsəkretarja]	Sekretariat, Geschäftsstelle
l'Etat *m*	[leta]	Staat
les Landes *f*	[lelɑ̃d]	*Gegend an der Atlantikküste*
la Corse	[lakɔrs]	Korsika
18 la campagne publicitaire	[lakɑ̃paɲpyblisitɛr]	Werbekampagne, -feldzug
cette fois-ci	[sɛtfwasi]	diesmal
l'humour *m*	[lymur]	Humor
l'adjectif *m*	[ladʒɛktif]	Eigenschaftswort, Adjektiv
pittoresque *m/f*	[pitɔrɛsk]	malerisch, pittoresk
romantique *m/f*	[rɔmɑ̃tik]	romantisch
passionnant, e	[pasjɔnɑ̃/pasjɔnɑ̃t]	aufregend, spannend, fesselnd

1 être logé, e à la même enseigne	[ɛtrəlɔʒealamɛmɑ̃sɛɲ]	*etwa:* in der gleichen Lage sein
être logé, e	[ɛtrəlɔʒe]	wohnen, untergebracht sein
l'enseigne *f*	[lɑ̃sɛɲ]	Wahrzeichen, Aushängeschild
l'habitat *m*	[labita]	Wohnung, Wohnort
l'habitant, e	[labitɑ̃/labitɑ̃t]	Be-, Einwohner(in)
la clinique	[laklinik]	Klinik
à deux	[adø]	zu zweit
le pavillon	[ləpavijɔ̃]	Einfamilienhaus
dans la banlieue parisienne	[dɑ̃labɑ̃ljøparizjɛn]	im Großraum Paris
la banlieue	[labɑ̃ljø]	Vorort(e), Vorstadt, Stadtrand
l'assistant, e social, e	[lasistɑ̃sɔsjal/lasistɑ̃tsɔsjal]	Sozialarbeiter(in)
social, e	[sɔsjal]	sozial, Sozial-
divorcé, e	[divɔrse]	geschieden
le rez-de-chaussée	[ləredʃose]	Erdgeschoß
le H.L.M. (Habitation à loyer modéré)	[lə'aʃɛlɛm]	*etwa:* Wohnblock mit Sozialwohnungen
l'habitation *f*	[labitasjɔ̃]	Wohnung, Wohnsitz, Bleibe
le loyer	[ləlwaje]	Miete
modéré, e	[mɔdere]	*hier:* ermäßigt
le F3	[ləɛftrwa]	Dreizimmerwohnung
le grand ensemble	[ləgrɑ̃tɑ̃sɑ̃bl]	Wohnanlage
la compagnie d'assurance	[lakɔ̃paɲidasyrɑ̃s]	Versicherungsgesellschaft
l'immeuble *m*	[limœbl]	Wohngebäude, -block, Mietshaus
le XVIᵉ (le seizième arrondissement)	[ləsɛzjɛm]	*vornehmes Wohnviertel in Paris*
l'arrondissement *m*	[larɔ̃dismɑ̃]	*Stadtbezirk von Paris*
la résidence secondaire	[larezidɑ̃səgɔ̃dɛr]	Wochenend-, Ferienhaus
la résidence	[larezidɑ̃s]	Wohnsitz, Wohnung
secondaire *m/f*	[səgɔ̃dɛr]	zweitrangig, sekundär
venir* voir	[vənirvwar]	besuchen kommen
l'agriculteur, -trice	[lagrikyltœr/lagrikyltris]	Landwirt(in)
les environs *m*	[lezɑ̃virɔ̃]	Umgebung, -gegend
Angers	[ɑ̃ʒe]	*Stadt in Westfrankreich*
facile *m/f*	[fasil]	einfach
Nantes	[nɑ̃t]	*Stadt an der Loire-Mündung*
le textile	[lətɛkstil]	Textilindustrie
tout confort	[tukɔ̃fɔr]	Komfort-
le confort	[ləkɔ̃fɔr]	moderne Ausstattung, Komfort
la verdure	[lavɛrdyr]	Grün
le logement	[ləlɔʒmɑ̃]	Wohnung, Wohnraum
1 il s'agit de (*Inf:* s'agir* *wie* finir)	[ilsaʒidə]	es geht um, es handelt sich um
deviner	[dəvine]	(er)raten, herausfinden
la maison individuelle	[lamɛzɔ̃ɛ̃dividɥɛl]	Einfamilienhaus
2 individuel, le	[ɛ̃dividɥɛl]	Einzel-, individuell
le trois-pièces	[lətrwapjɛs]	Dreizimmerwohnung
la pièce	[lapjɛs]	Zimmer
monter*	[mɔ̃te]	Treppen steigen, hinaufgehen
3 le type	[lətip]	Art, Typ
calme *m/f*	[kalm]	ruhig

bruyant, e	[brɥijɑ̃/brɥijɑ̃t]	laut, lärmend
luxueux, -euse	[lyksɥø/lyksɥøz]	luxuriös
modeste m/f	[mɔdɛst]	bescheiden

4/ **le village** [ləvilaʒ] Dorf

5/
déménager	[demenaʒe]	um-, ausziehen
la surface	[lasyrfas]	(Wohn-)Fläche
refaire (wie **faire**)	[rəfɛr]	renovieren, erneuern
la salle d'eau	[lasaldo]	Waschraum, einfaches Badezimmer

2/
meubler	[mœble]	einrichten, möblieren
l'intérieur m	[lɛ̃terjœr]	hier: Haus, Heim
la salle de séjour	[lasaldseʒur]	Wohnzimmer
la fenêtre	[lafnɛtr]	Fenster
le couloir	[ləkulwar]	Flur, Gang
l'entrée f	[lɑ̃tre]	Flur, Diele; Eingang
le placard	[ləplakar]	Einbauschrank
les WC m	[levese]	WC, Toilette
la baignoire	[labɛɲwar]	Badewanne
le bidet	[ləbidɛ]	Bidet
l'évier m	[levje]	Spülstein, -becken
la cuisinière	[lakɥizinjɛr]	(Küchen-)Herd
la machine à laver	[lamaʃinalave]	Waschmaschine
la chaise	[laʃɛz]	Stuhl
rendre visite à qn	[rɑ̃drəvizit]	jdn besuchen
le couple	[ləkupl]	Paar
voici	[vwasi]	hier ist/sind
le livre	[ləlivr]	Buch
emménager	[ɑ̃menaʒe]	einziehen
les charges f	[leʃarʒ]	Nebenkosten
minuscule m/f	[minyskyl]	winzig
le mètre carré	[ləmɛtrəkare]	Quadratmeter
il faudra que + subj	[ilfodrakə]	man wird (wohl) ... müssen
il vaut mieux + Inf	[ilvomjø]	es ist besser zu
valoir	[valwar]	wert sein
le bébé	[ləbebe]	Baby
d'un autre côté	[dɛ̃notrəkote]	andererseits
le côté	[ləkote]	Seite
seul, e	[sœl]	einzig
il est normal que + subj	[ilɛnɔrmalkə]	es ist normal, daß
la place	[laplas]	Platz, Raum
il faut que + subj	[ilfokə]	man muß
il vaut mieux que + subj	[ilvomjøkə]	es ist besser, wenn

7/ **dessiner** [desine] zeichnen

8/
sentir (wie **partir***) **bon**	[sɑ̃tirbɔ̃]	gut riechen
prendre un bain	[prɑ̃drɛ̃bɛ̃]	baden
le bain	[ləbɛ̃]	Bad

9/
installer	[ɛ̃stale]	aufstellen; einrichten
le lave-vaisselle uv	[ləlavvɛsɛl]	Geschirrspülmaschine
le grill	[ləgril]	(Küchen-)Grill

le four à micro-ondes	[ləfuramikroɔ̃d]	Mikrowellenherd
la micro-onde	[lamikroɔ̃d]	Mikrowelle
fonctionnel, le	[fɔ̃ksjɔnɛl]	funktional

librement *Adv*	[librəmɑ̃]	frei, ungehindert
tranquille *m/f*	[trɑ̃kil]	ruhig, ungestört

le geste	[ləʒɛst]	Geste
réaliser	[realize]	ausführen, realisieren
la classe	[laklas]	Klasse(nraum)

neuf, neuve	[nœf/nœv]	neu, ungebraucht
sale *m/f*	[sal]	schmutzig
la banquette	[labɑ̃kɛt]	Sitz-, Polsterbank
se faire* des idées	[səfɛrdezide]	sich etwas einreden, -bilden
refait, e à neuf	[rəfɛ/rəfɛtanœf]	frisch renoviert
le salon	[ləsalɔ̃]	Wohnzimmer(einrichtung)
le séjour	[ləseʒur]	Wohnzimmer
le canapé	[ləkanape]	Sofa, Kanapee, Couch
bas, se	[ba/bas]	niedrig
le fauteuil	[ləføtœj]	(Polster-)Sessel
ranger	[rɑ̃ʒe]	(an-, ein)ordnen, aufstellen
le buffet	[ləbyfɛ]	Küchenschrank, Büfett
comme tout *ugs*	[kɔmtu]	wie sonstwas
le/la mendiant, e	[ləmɑ̃djɑ̃/lamɑ̃djɑ̃t]	Bettler(in)
le crédit	[ləkredi]	Darlehen, Kredit
calculer	[kalkyle]	(aus)rechnen

réagir (*wie* finir)	[reaʒir]	reagieren
à la place de	[alaplasdə]	anstelle von

remplacer	[rɑ̃plase]	ersetzen

le deux-pièces	[lədøpjɛs]	Zweizimmerwohnung
de caractère	[dəkaraktɛr]	originell, eigentümlich
le caractère	[ləkaraktɛr]	Charakter, Eigentümlichkeit, Ausdruck
la kitchenette	[lakitʃənɛt]	Kochnische
le standing	[ləstɑ̃diŋ]	Rang, Stand
l'agence *f*	[laʒɑ̃s]	Agentur
Le Figaro	[ləfigaro]	*frz. Tageszeitung*
rénover	[renɔve]	renovieren
l'affaire *f*	[lafɛr]	Sache, Angelegenheit
saisir (*wie* finir)	[sezir]	packen, ergreifen
plein, e (de)	[plɛ̃/plɛn(də)]	voll(er)
le charme	[ləʃarm]	Charme, Reiz
se retrouver*	[sərətruve]	sich treffen
directement *Adv*	[dirɛktəmɑ̃]	direkt, unmittelbar
malheureusement *Adv*	[malœrøzmɑ̃]	leider, unglücklicherweise
le design	[lədizain]	Design
la vitre gris fumé	[lavitrəgrifyme]	Rauchglasscheibe
fumé, e	[fyme]	geschwärzt, rauchfarben
l'acier *m*	[lasje]	Stahl
le plexiglas	[ləplɛksiglas]	Plexiglas
le lampadaire	[ləlɑ̃padɛr]	Stehlampe

rond, e	[rɔ̃/rɔ̃d]	rund
la coiffure	[lakwafyr]	Frisur
l'ensemble *m*	[lɑ̃sɑ̃bl]	zweiteiliges Kleid, Kostüm
impeccable *m/f*	[ɛ̃pekabl]	makellos, einwandfrei
instinctivement *Adv*	[ɛ̃stɛ̃tivmɑ̃]	instinktiv
par peur de + *Inf*	[parpœrdə]	aus Angst zu
la peur	[lapœr]	Angst, Furcht
salir (*wie* **finir**)	[salir]	beschmutzen, schmutzig machen
bête *m/f ugs*	[bɛt]	dumm, doof
l'élément *m*	[lelemɑ̃]	Element
de cette façon	[dəsɛtfasɔ̃]	derart, so
la façon	[lafasɔ̃]	Art (und Weise)
l'adresse *f*	[ladrɛs]	Anschrift, Adresse
le prix maximum	[ləprimaksimɔm]	Höchstpreis
tricher *ugs*	[triʃe]	mogeln
il aurait dû écrire	[ilorɛdyekrir]	er hätte schreiben müssen
rêver	[reve]	träumen
se ficher* de (*ugs für:* **se moquer* de**)	[səfiʃedə]	sich lustig machen über, nicht ernst nehmen
le compromis	[ləkɔ̃prɔmi]	Kompromiß
préciser	[presize]	präzisieren, genauer erklären
pour que + *subj*	[purkə]	damit
sourire (*wie* **rire**)	[surir]	lächeln
le trousseau de clés	[lətrusodkle]	Schlüsselbund
emmener (*wie* **acheter**)	[ɑ̃məne]	mitnehmen *(für Personen)*
facilement *Adv*	[fasilmɑ̃]	leicht, unproblematisch
se garer*	[səgare]	parken
monter un étage	[mɔ̃teɛ̃netaʒ]	eine Etage nach oben gehen
la poutre	[laputr]	(Holz-)Balken
apparent, e	[aparɑ̃/aparɑ̃t]	sichtbar
le crépi	[ləkrepi]	(Rauh-)Putz
la cheminée	[laʃəmine]	(offener) Kamin; Schornstein
le papier peint	[ləpapjepɛ̃]	Tapete
l'impression *f*	[lɛ̃prɛsjɔ̃]	Eindruck
différent, e	[diferɑ̃/diferɑ̃t]	anders
naturellement *Adv*	[natyrɛlmɑ̃]	natürlich, selbstverständlich
sentir (*wie* **partir***)	[sɑ̃tir]	spüren, fühlen
agacer	[agase]	ärgern, reizen
du reste	[dyrɛst]	im übrigen, außerdem
le reste	[lərɛst]	Rest
fixer	[fikse]	fixieren, anstarren
le toit	[lətwa]	Dach
voisin, e	[vwazɛ̃/vwazin]	benachbart, Nachbar-
de telle sorte que	[dətɛlsɔrtkə]	derart daß, so daß
la sorte	[lasɔrt]	Art (und Weise)
prendre sa douche en regardant se promener* les pigeons	[prɑ̃drəsaduʃɑ̃rəgardɑ̃ sprɔmnelepiʒɔ̃]	duschen und dabei zuschauen, wie die Tauben umherlaufen
le pigeon	[ləpiʒɔ̃]	Taube
pour la première fois	[purlaprəmjɛrfwa]	zum erstenmal
charmant, e	[ʃarmɑ̃/ʃarmɑ̃t]	charmant, reizend
poétique *m/f*	[pɔetik]	poetisch
comme si	[kɔmsi]	als ob
l'enthousiasme *m*	[lɑ̃tuzjasm]	Begeisterung, Enthusiasmus
s'élever* à (*wie* **acheter**)	[selve]	sich belaufen auf
total, e	[tɔtal]	Gesamt-, ganz, umfassend, total

	à quel point	[akɛlpwɛ̃]	in welchem Maße
	le point	[ləpwɛ̃]	Punkt
	s'en aller*	[sãnale]	weggehen
(14)	le titre	[lətitr]	Titel, Überschrift
	se donner* rendez-vous	[sədɔneRɑ̃devu]	sich verabreden
	à l'heure	[alœr]	pünktlich
	l'ascenseur m	[lasɑ̃sœr]	Aufzug
	corriger	[kɔriʒe]	berichtigen, korrigieren
(17)	le sujet	[ləsyʒɛ]	Thema, Aufgabe
	se comporter*	[səkɔ̃pɔrte]	sich verhalten
	dans les différentes situations	[dɑ̃lediferɑ̃tsitɥasjɔ̃]	in den einzelnen Situationen
(20)	marié, e	[marje]	verheiratet
	habiter	[abite]	bewohnen
	inattendu, e	[inatɑ̃dy]	unerwartet
	ne … ni	[nə … ni]	weder … noch
(21)	le chez-soi uv	[ləʃeswa]	Zuhause
	le/la propriétaire	[lə/laprɔprijetɛr]	Eigentümer(in), Besitzer(in)
	le plaidoyer	[ləplɛdwaje]	Plädoyer
	l'immobilité f	[limɔbilite]	Unbeweglichkeit
	l'indépendance f	[lɛ̃depɑ̃dɑ̃s]	Unabhängigkeit
	l'esclavage m	[lɛsklavaʒ]	Sklaverei
	la dépendance	[ladepɑ̃dɑ̃s]	Abhängigkeit
	l'investissement m	[lɛ̃vɛstismɑ̃]	Investition, Geldanlage
	la dette	[ladɛt]	(Geld-)Schuld

6

(1)	la panse ugs	[lapɑ̃s]	Bauch, Wanst
	la cuisine	[lakɥizin]	*hier:* Kochkunst, -art
	traditionnel, le	[tradisjɔnɛl]	traditionell
	la spécialité	[laspesjalite]	Spezialität
	la Flandre	[laflɑ̃dr]	Flandern
	la Lorraine	[lalɔrɛn]	Lothringen
	l'Alsace f	[lalzas]	Elsaß
	l'Ile f de France	[lildəfrɑ̃s]	*Region um Paris*
	La Rochelle	[larɔʃɛl]	*Stadt an der Atlantikküste*
	le Limousin	[ləlimuzɛ̃]	*Region, die den nordwestlichen Teil des Zentralmassivs umfaßt*
	la Savoie	[lasavwa]	Savoyen
	le Périgord	[ləperigɔr]	*Region im Südwesten Frankreichs*
	Bordeaux	[bɔrdo]	*Stadt an der Atlantikküste*
	Toulouse	[tuluz]	*Stadt am Nordrand der Pyrenäen*
	la Provence	[laprɔvɑ̃s]	*Gegend in Südfrankreich*
	la tarte au poireau	[latartopwaro]	Porree-, Lauchkuchen

le poireau	[ləpwaro]	Porree, Lauch
la quiche	[lakiʃ]	Speckkuchen
la choucroute garnie	[laʃukrutgarni]	Sauerkraut mit Beilagen
Bercy	[bɛrsi]	*Stadtteil von Paris am rechten Seine-Ufer*
les tripes *f*	[letrip]	Kutteln
le sarrasin	[ləsarazɛ̃]	Buchweizen
la mouclade	[lamuklad]	*Miesmuscheln mit Sahne*
le clafoutis	[ləklafuti]	*Art Kirschkuchen*
le foie gras	[ləfwagra]	Gänseleber(pastete)
gras, se	[gra/gras]	fett
le cèpe	[ləsɛp]	Steinpilz
à la bordelaise	[alabɔrdəlɛz]	nach Art der Gegend um Bordeaux
la piperade	[lapiprad]	*Gericht aus Eiern, Paprika und Tomaten*
le cassoulet	[ləkasulɛ]	*Bohnen mit Speck*
la bouillabaisse	[labujabɛs]	*Fischsuppe*
la ratatouille	[laratatuj]	*Gemüseeintopf aus Tomaten, Zucchini, Auberginen etc.*
le broccio	[ləbrɔtʃo]	*korsische Käsesorte*
provençal, e	[prɔvɑ̃sal]	provenzalisch, aus der Provence
alsacien, ne	[alzasjɛ̃/alzasjɛn]	elsässisch
auvergnat, e	[ovɛrɲa/ovɛrɲat]	aus der Auvergne
bourguignon, ne	[burgiɲɔ̃/burgiɲɔn]	burgundisch, aus Burgund
breton, ne	[brətɔ̃/brəton]	bretonisch
corse *m/f*	[kɔrs]	korsisch
flamand, e	[flamɑ̃/flamɑ̃d]	flämisch
lorrain, e	[lɔrɛ̃/lɔrɛn]	lothringisch
marseillais, e	[marsɛjɛ/marsɛjɛz]	aus Marseille
normand, e	[nɔrmɑ̃/nɔrmɑ̃d]	normannisch, aus der Normandie
savoyard, e	[savwajar/savwajard]	savoyisch, aus Savoyen
bourbonnais, e	[burbɔnɛ/burbɔnɛz]	bourbonisch, aus dem (Herrscher-)Haus der Bourbonen
tout d'abord	[tudabɔr]	zuallererst
la pâte feuilletée	[lapatfœjte]	Blätterteig
la rondelle	[larɔ̃dɛl]	Scheibe
le persil	[ləpɛrsil]	Petersilie
hacher	['aʃe]	(zer-, klein)hacken
l'oignon *m*	[lɔɲɔ̃]	Zwiebel
saler	[sale]	salzen
poser	[poze]	legen
le rond	[lərɔ̃]	Rund, Kreis
recouvrir (*wie* ouvrir)	[rəkuvrir]	zu-, bedecken
la cuisson	[lakɥisɔ̃]	Kochen, Garwerden
découper	[dekupe]	zerschneiden
la calotte	[lakalɔt]	Deckel, Haube
la croûte	[lakrut]	Kruste; Rinde
verser	[vɛrse]	gießen, schütten
avec soin	[avɛkswɛ̃]	sorgfältig
le soin	[ləswɛ̃]	Sorgfalt, Sorge
la crème fraîche	[lakrɛmfrɛʃ]	*etwa:* saure Sahne
servir (*wie* partir*)	[sɛrvir]	servieren

	déguster	[degyste]	kosten, probieren
	le Saint-Pourçain	[ləsɛ̃pursɛ̃]	*Weinsorte*
③	le plat	[ləpla]	Gericht
④	convenir (*wie* venir*)	[kɔ̃vnir]	*hier:* passen
⑤	réussir (*wie* finir)	[reysir]	*hier:* Erfolg haben mit
③	Pâques *m Plur*	[pak]	Ostern
	Saumur	[somur]	*Stadt an der Loire*
	le/la participant, e	[ləpartisipɑ̃/lapartisipɑ̃t]	Teilnehmer(in)
	pas grand-chose	[pagrɑ̃ʃoz]	nichts Besonderes, Großartiges
	venir de faire qch	[vənirdfɛr]	gerade etw getan haben
	l'avocat *m*	[lavɔka]	Avocado
	le champignon	[ləʃɑ̃piɲɔ̃]	Pilz
	la sauce tomate	[lasostɔmat]	Tomatensoße
	le fenouil	[ləfənuj]	Fenchel
	arroser	[arɔze]	(be)gießen
	le Saumur Champigny	[ləsomurʃɑ̃piɲi]	*Weinsorte*
	le Bourgueil	[ləburgœj]	*Weinsorte*
⑧	faire les achats	[fɛrlezaʃa]	einkaufen
	l'achat *m*	[laʃa]	(Ein-)Kauf
	interviewer	[ɛ̃tɛrvjuve]	interviewen
④	le hit-parade	[lə'itparad]	Hit-Parade
	lorsque	[lɔrskə]	wenn; als
	la langouste	[lalɑ̃gust]	Languste
	le homard	[lə'ɔmar]	Hummer
	les fruits *m* de mer	[lefrɥidmɛr]	Meeresfrüchte
	la blanquette	[lablɑ̃kɛt]	*Kalbfleischfrikassee*
	le pot au feu	[ləpotofø]	*Rindfleischsuppe*
	le pot	[ləpo]	Topf; Krug
	la paella	[lapaeja]	*spanische Reispfanne*
	le méchoui	[ləmeʃwi]	*arabisches Gericht: gegrillter Hammel*
	le bœuf (*Plur:* les bœufs)	[ləbœf/lebø]	Rind(fleisch)
	le canard	[ləkanar]	Ente
	la volaille	[lavɔlaj]	Geflügel
	le gibier	[ləʒibje]	Wild
	le chevreuil	[ləʃəvrœj]	Reh(bock)
	le faisan	[ləfəzɑ̃]	Fasan
⑨	propre *m/f (vorangestellt)*	[prɔpr]	eigen
⑩	tomber*	[tɔ̃be]	fallen
⑤	A.O.C. (Appellation d'origine contrôlée)	[aose]	*Herkunftsbezeichnung; Güte-, Qualitätszeichen*
	le chevalier	[ləʃəvalje]	Ritter
	goûter	[gute]	kosten, probieren
	mourir*	[murir]	sterben
	enterrer	[ɑ̃tɛre]	beerdigen
	la cave	[lakav]	Keller

la muraille	[lamyraj]	(dicke) Mauer, Mauerwerk
le robinet	[lərɔbinɛ]	(Wasser-)Hahn
la tombe	[latɔ̃b]	Grab(mal)
inscrire (*wie* écrire)	[ɛ̃skrir]	einschreiben, eintragen
ici gît	[isiʒi]	hier ruht (in Frieden)
le/la buveur, -euse	[ləbuvœr/labuvøz]	Trinker(in), Säufer(in)

11/
l'étiquette *f*	[letikɛt]	Etikett
le Château Faubernet	[ləʃatofobɛrnɛ]	*Weinsorte*
produire (*wie* conduire)	[prɔdɥir]	produzieren, herstellen
le Bordelais	[ləbɔrdəlɛ]	*Gegend um Bordeaux*
DUFIS Frères	[dyfifrɛr]	Gebrüder DUFIS
Ets Rineau (Les Etablissements Rineau)	[etablismɑ̃rino]	Winzereibetriebe Rineau
St-Loubès	[sɛ̃lubɛs]	*Stadt in der Gironde*
la Gironde	[laʒirɔ̃d]	*Departement im Südwesten Frankreichs*
supérieur, e	[syperjœr]	hervorragend
contenir (*wie* tenir)	[kɔ̃tnir]	enthalten

6/
la descente	[ladesɑ̃t]	Niedergang, Rückgang
le gros rouge	[ləgruruʒ]	gewöhnlicher Rotwein
courant, e	[kurɑ̃/kurɑ̃t]	gängig
le cidre	[ləsidr]	Apfelwein
gazeux, -euse	[gazø/gazøz]	mit Kohlensäure (versetzt)
le domaine	[lədɔmɛn]	Domäne, Gebiet
assister à qch	[asistea]	einer Sache beiwohnen, etw beobachten können
le mouvement	[ləmuvmɑ̃]	Bewegung
le produit	[ləprɔdɥi]	Produkt
sophistiqué, e	[sɔfistike]	raffiniert
ainsi	[ɛ̃si]	so, auf diese Weise
de moins en moins	[dəmwɛ̃zɑ̃mwɛ̃]	immer weniger
au profit de	[oprɔfidə]	zugunsten
le profit	[ləprɔfi]	Vorteil, Nutzen, Profit
fin, e	[fɛ̃/fin]	*hier:* auserlesen, gut
également *Adv*	[egalmɑ̃]	gleichermaßen
délaisser	[delese]	aufgeben, verlassen
de plus en plus	[dəplyzɑ̃ply]	immer mehr

12/
la consommation	[lakɔ̃sɔmasjɔ̃]	Konsum, Verbrauch; *bei Lebensmitteln:* Verzehr, Genuß
en tête	[ɑ̃tɛt]	an der Spitze
la position	[lapozisjɔ̃]	Stelle; Stellung

14/
alimentaire *m/f*	[alimɑ̃tɛr]	Lebensmittel-, Nahrungs-

7/
la restauration de masse	[larɛstorasjɔ̃dmas]	Massenverköstigung
la masse	[lamas]	Masse, große Menge
le saucisson	[ləsosisɔ̃]	(Schnitt-)Wurst
le croque-madame *uv*	[ləkrɔkmadam]	*Schinken-Käse-Toast mit Spiegelei*
les rillettes *f*	[lerijɛt]	*Schmalz mit gebratenen Schweinefleischstücken*
l'œuf *m* au plat	[lœfopla]	Spiegelei

le croque-monsieur *uv*	[ləkrɔkməsjø]	Schinken-Käse-Toast
le hot dog	[lə'ɔtdɔg]	Hot Dog
la saucisse	[lasosis]	Wurst, Würstchen
les pâtisseries *f*	[lepatisri]	Kleingebäck
la croissanterie	[lakrwasɑ̃tri]	Stehcafé

⑰
autrefois *Adv*	[otrəfwa]	früher
désormais *Adv*	[dezɔrmɛ]	nunmehr, fortan
une personne active sur deux	[ynpɛrsɔnaktivsyrdø]	jeder zweite Berufstätige

☽
la conquête	[lakɔ̃kɛt]	Aneignung, Eroberung
l'autonomie *f*	[lɔtɔnɔmi]	Selbständigkeit, Autonomie
debout *Adv*	[dəbu]	auf(recht)
s'alimenter*	[salimɑ̃te]	sich ernähren
sans doute	[sɑ̃dut]	zweifellos, ohne Zweifel
le doute	[lədut]	Zweifel
le fast food	[ləfastfud]	Fast Food, Schnellgericht
papa-maman	[papamamɑ̃]	Zuhause
le papa	[ləpapa]	Papa, Vati
le bol	[ləbɔl]	(Trink-)Schale
le chocolat	[ləʃɔkɔla]	Kakao; Schokolade
le lait entier	[ləlɛɑ̃tje]	Vollmilch
entier, -ière	[ɑ̃tje/ɑ̃tjɛr]	ganz, voll
la tartine	[latartin]	(Butter-)Brot, Stulle
les pâtes *f*	[lepat]	Nudeln, Teigwaren
le goûter	[ləgute]	Vesper(brot)
sauté, e	[sote]	gebraten
le yaourt	[ləjaur(t)]	Joghurt
naturel, le	[natyrɛl]	natürlich
sucré, e	[sykre]	süß; gezuckert
consulter	[kɔ̃sylte]	zu Rate ziehen, konsultieren
le cahier de recettes	[ləkajedrəsɛt]	Kochbuch
le cahier	[ləkaje]	Heft
le lavage	[ləlavaʒ]	Wäsche(waschen)
l'éducation *f*	[ledykasjɔ̃]	Erziehung, (Aus-)Bildung
consacrer	[kɔ̃sakre]	widmen
généralement *Adv*	[ʒeneralmɑ̃]	im allgemeinen, generell
retapisser	[rətapise]	aufmöbeln, neu beziehen
le/la brocanteur, -euse	[ləbrɔkɑ̃tœr/labrɔkɑ̃tøz]	Altwarenhändler(in)
la céréale	[lasereal]	Getreide, Korn
l'ananas *m*	[lanana(s)]	Ananas
beurrer	[bœre]	mit Butter bestreichen
la barre de chocolat	[labardəʃɔkɔla]	Riegel Schokolade
le potage	[ləpɔtaʒ]	Suppe
la part	[lapar]	(An-)Teil, Stück
le fromage blanc	[ləfrɔmaʒblɑ̃]	*(ähnlich wie)* Speisequark
le café léger	[ləkafeleʒe]	schwacher Kaffee
la tasse	[latas]	Tasse
répartir (*wie* finir)	[repartir]	verteilen
l'entrepreneur, -euse	[lɑ̃trəprənœr/-prənøz]	Unternehmer(in)
la maçonnerie	[lamasɔnri]	Maurerhandwerk; Mauerwerk
fort, e	[fɔr/fɔrt]	kräftig, stark; korpulent
en plein air	[ɑ̃plɛnɛr]	im Freien, an der frischen Luft
le chantier	[ləʃɑ̃tje]	Baustelle
soulever (*wie* lever)	[sulve]	(hoch)heben, stemmen

le parpaing	[ləparpɛ̃]		Vollbinder, Tragstein
la pelleteuse	[lapɛltøz]		Schaufellader
partager	[partaʒe]		(ver-, auf-, aus-, ein)teilen
le bricolage	[ləbrikɔlaʒ]		Basteln
le jardinage	[ləʒardinaʒ]		Gartenarbeit
la parlote	[laparlɔt]		Geschwätz, Klatschgesellschaft
le saucisson sec	[ləsosisɔ̃sɛk]		*frz. Dauer-, Trockenwurst*
sec, sèche	[sɛk/sɛʃ]		trocken
la noix	[lanwa]		Nuß
se résumer* à	[sərezyme a]		sich belaufen auf
le déjeuner d'affaires	[ledeʒœnedafɛr]		Geschäftsessen
célibataire *m/f*	[selibatɛr]		alleinstehend, ledig
le minimum	[ləminimɔm]		Minimum, Mindestmaß
pratiquer	[pratike]		ausüben, praktizieren
aucun, e	[okɛ̃/okyn]		kein(e,r,s)
régulier, -ière	[regylje/regyljɛr]		regelmäßig
sur place	[syrplas]		an Ort und Stelle
la place	[laplas]		Ort, Stelle, Platz
la crevette	[lakrəvɛt]		Krabbe
le ris de veau	[ləridvo]		Kalbsbries(chen)
le hamburger	[lə'ãburgœr]		Hamburger
la portion	[lapɔrsjɔ̃]		Portion
écrémé, e	[ekreme]		entrahmt
le poids	[ləpwa]		Gewicht
tout à fait	[tutafɛ]		völlig, ganz
faible *m/f*	[fɛbl]		*hier:* gering
maigre *m/f*	[mɛgr]		mager, hager
mince *m/f*	[mɛ̃s]		schlank, schmal, dünn
costaud *m*	[kɔsto]		kräftig gebaut, stämmig
enveloppée *f*	[ãvlɔpe]		rundlich, mollig
l'habitude *f* alimentaire	[labitydalimãtɛr]		Eßgewohnheit
le portrait	[ləpɔrtrɛ]		Porträt, (Ab-)Bild
le domicile	[lədɔmisil]		Wohnsitz; Wohnung
l'alimentation *f*	[lalimãtasjɔ̃]		Ernährung; Kost
équilibré, e	[ekilibre]		ausgewogen
comporter	[kɔ̃pɔrte]		beinhalten
la graisse	[lagrɛs]		Fett
la protéine	[laprɔtein]		Protein
la vitamine	[lavitamin]		Vitamin
sembler	[sãble]		scheinen
typiquement *Adv*	[tipikmã]		typisch
suivre un régime	[sɥivrɛ̃reʒim]		Diät leben, eine Diät machen
le régime	[ləreʒim]		Diät, Hungerkur
le conseil	[ləkɔ̃sɛj]		Rat(schlag)
se nourrir* (*wie* finir)	[sənurir]		sich ernähren
nombreux, -euse	[nɔ̃brø/nɔ̃brøz]		zahlreich
excessif, -ve	[ɛksɛsif/ɛksɛsiv]		übermäßig, maßlos
l'alcool *m*	[lalkɔl]		Alkohol
les corps *m* gras	[lekɔrgra]		Fette
augmenter	[ɔgmãte]		erhöhen
l'excès *m*	[lɛksɛ]		Überschuß, Exzeß
calorique *m/f*	[kalɔrik]		Kalorien-

le risque	[lərisk]	Risiko
cardiaque *m/f*	[kardjak]	Herz-
circulatoire *m/f*	[sirkylatwar]	Blutkreislauf-
insuffisant, e	[ɛ̃syfizɑ̃/ɛ̃syfizɑ̃t]	unzureichend, ungenügend
le produit laitier	[ləprɔdɥiletje]	Milchprodukt
laitier, -ière	[letje/letjɛr]	Milch-
la tendance	[latɑ̃dɑ̃s]	Neigung, Tendenz
l'aliment *m*	[lalimɑ̃]	Nahrungsmittel
contrairement à	[kɔ̃trɛrmɑ̃]	entgegen
l'idée *f* reçue	[lidərəsy]	überkommene Vorstellung
parfaitement *Adv*	[parfɛtmɑ̃]	vollkommen, vollständig
tel, le que	[tɛlkə]	wie z. B.
le constituant	[ləkɔ̃stitɥɑ̃]	Anteil, Bestandteil
joyeusement *Adv*	[ʒwajøzmɑ̃]	fröhlich; lustig
l'atmosphère dans laquelle	[latmɔsfɛrdɑ̃lakɛl]	die Atmosphäre, in der
se dérouler*	[sədérule]	sich abspielen
l'appétit *m*	[lapeti]	Appetit
rire	[rir]	lachen
accompagner	[akɔ̃paɲe]	begleiten
suivre un conseil	[sɥivrɛ̃kɔ̃sɛj]	einen Rat befolgen
le testament	[lətɛstamɑ̃]	Testament, Letzter Wille
le/la saint, e	[ləsɛ̃/lasɛ̃t]	Heilige(r)
le/la menteur, -euse	[ləmɑ̃tœr/lamɑ̃tøz]	Lügner(in)
㉒ l'avenir *m*	[lavnir]	Zukunft

Interlude 2

le puzzle	[ləpœzl]	Puzzle
reconnaître (*wie* **connaître**)	[rəkɔnɛtr]	(wieder)erkennen
la pente	[lapɑ̃t]	Hang
enneigé, e	[ɑ̃neʒe]	verschneit, eingeschneit
l'abbaye *f*	[labei]	Abtei, Kloster
le calme	[ləkalm]	Ruhe, Stille
le/la locataire	[lə/lalɔkatɛr]	Mieter(in)
l'animal *m* (*Plur:* **les animaux**)	[lanimal/lezanimo]	Tier
encadrer	[ɑ̃kadre]	einrahmen
la solution	[lasɔlysjɔ̃]	Lösung
comme ça	[kɔmsa]	so, auf diese Weise
la casserole	[lakasrɔl]	Schmorpfanne, Kasserolle
remuer	[rəmɥe]	umrühren
poivrer	[pwavre]	pfeffern
sucrer	[sykre]	zuckern; süßen
arrêter de + *Inf*	[arete]	aufhören zu
doucement *Adv*	[dusmɑ̃]	*hier:* langsam
6 blancs d'œufs battus en neige	[siblɑ̃døbatyɑ̃nɛʒ]	Eischnee von 6 Eiern
battre (*wie* **mettre**; *aber:* battu, e)	[batr]	schlagen
la neige	[lanɛʒ]	Schnee
râper	[rape]	reiben, raspeln
gratiner	[gratine]	überbacken

la vie en rose	[laviɑ̃roz]	das Leben im rosigsten Lichte
parfois *Adv*	[parfwa]	manchmal
embêtant, e	[ɑ̃bɛtɑ̃/ɑ̃bɛtɑ̃t]	lästig, ärgerlich
l'aide *f*	[lɛd]	Hilfe(stellung), Unterstützung
moral, e	[mɔral]	moralisch
l'appui *m*	[lapɥi]	Stütze
compter sur	[kɔ̃tesyr]	sich verlassen auf, rechnen mit
la complicité	[lakɔ̃plisite]	Komplizen-, Mittäterschaft
la tradition	[latradisjɔ̃]	Tradition
le goût	[ləgu]	Geschmack, Vorliebe
commun, e	[kɔmɛ̃/kɔmyn]	gemeinsam
l'anecdote *f*	[lanɛkdɔt]	Anekdote
le mariage	[ləmarjaʒ]	Ehe; Hochzeit
aider qn	[ede]	jdm helfen
ennuyeux, -euse	[ɑ̃nɥijø/ɑ̃nɥijøz]	*hier:* lästig
le cadeau	[ləkado]	Geschenk
sinon	[sinɔ̃]	ansonsten
grandir (*wie* finir)	[grɑ̃dir]	aufwachsen, groß werden
évoluer	[evɔlɥe]	sich entwickeln, entfalten
le cocon	[ləkɔkɔ̃]	Kokon; Verpuppung
le regard	[lərəgar]	Blick
admirer	[admire]	bewundern
le sourire	[ləsurir]	Lächeln
le baiser	[ləbeze]	Kuß
guider	[gide]	führen, leiten
le bouillon	[ləbujɔ̃]	Bouillon, Kraftbrühe; *hier:* Nährboden
le débat	[lədeba]	Diskussion
éternel, le	[etɛrnɛl]	ewig
la génération	[laʒenerasjɔ̃]	Generation
l'insouciance *f*	[lɛ̃susjɑ̃s]	Sorglosigkeit
parental, e	[parɑ̃tal]	elterlich
le clan	[ləklɑ̃]	Clan, Stamm, Sippe, Sippschaft
il fait bon	[ilfɛbɔ̃]	es tut gut
la force	[lafɔrs]	Kraft, Stärke
persévérer (*wie* préférer)	[pɛrsevere]	durch-, anhalten
servir de (*wie* partir*)	[sɛrvirdə]	dienen als
le refuge	[lərəfyʒ]	Zuflucht(sort)
rendre service à qn	[rɑ̃drəsɛrvisa]	jdm einen Gefallen tun
mutuel, le	[mytɥɛl]	gegenseitig
le milieu	[ləmiljø]	Milieu, Umwelt, Umgebung
déterminer	[detɛrmine]	bestimmen
le comportement	[ləkɔ̃pɔrtəmɑ̃]	Verhalten
indifférent, e	[ɛ̃diferɑ̃/ɛ̃diferɑ̃t]	gleichgültig, indifferent
faire partie de	[fɛrpartidə]	Teil sein von; teilhaben an
la forme	[lafɔrm]	Form, Art
spontanément *Adv*	[spɔ̃tanemɑ̃]	spontan, unvorbereitet
la valeur	[lavalœr]	Wert
n° (numéro)	[nymero]	Nr. (Nummer)

le/la sociologue	[lə/lasɔsjɔlɔg]	Soziologe/Soziologin
l'écrivain m	[lekrivɛ̃]	Schriftsteller(in)
le professeur	[ləprɔfɛsœr]	Lehrer(in)
le conseil	[ləkɔ̃sɛj]	Rat, beratende Versammlung
économique m/f	[ekɔnɔmik]	wirtschaftlich, Wirtschafts-
le/la fondateur, -trice	[ləfɔ̃datœr/lafɔ̃datris]	Gründer(in)
l'association f	[lasɔsjasjɔ̃]	Verein(igung), Verband
auprès de	[oprɛdə]	bei; nahe bei
apparaître* comme (wie connaître)	[aparɛtrəkɔm]	(er)scheinen als
s'entendre* (wie attendre)	[sɑ̃tɑ̃dr]	sich verstehen
précédent, e	[presedɑ̃/presedɑ̃t]	vorhergehend
autrement dit	[otrəmɑ̃di]	anders gesagt
l'adolescent, e	[ladɔlɛsɑ̃/ladɔlɛsɑ̃t]	Jugendliche(r)
le lien	[ləljɛ̃]	(Ver-)Bindung
en bon état	[ɑ̃bɔ̃neta]	in gutem Zustand, gut
l'état m	[leta]	Zustand
de ce côté-là	[dəskotela]	so gesehen
aimable m/f	[emabl]	liebenswert, -würdig
haïr	['air]	hassen
mettre à la porte	[mɛtralapɔrt]	vor die Tür setzen, rausschmeißen
enceinte f	[ɑ̃sɛ̃t]	schwanger
couper les vivres à qn	[kupelevivra]	jdm nicht länger den Unterhalt zahlen
accueillir	[akœjir]	empfangen, aufnehmen
le/la petit, e ami, e	[lə/laptitami]	fester Freund/feste Freundin
tolérant, e	[tɔlerɑ̃/tɔlerɑ̃t]	tolerant, duldsam
chaleureux, -euse	[ʃalœrø/ʃalœrøz]	warm(herzig)
la tendresse	[latɑ̃drɛs]	Zärtlichkeit
fonder	[fɔ̃de]	gründen
s'interrompre* (wie attendre)	[sɛ̃terɔ̃pr]	abbrechen, abreißen

③
la relation	[larəlasjɔ̃]	Beziehung
mettre dehors	[mɛtrədəɔr]	rausschmeißen
dehors Adv	[dəɔr]	draußen, raus
attendre	[atɑ̃dr]	erwarten
recevoir	[rəswar]	hier: empfangen

⑤
la fête	[lafɛt]	Fest, Feier
détester	[detɛste]	verabscheuen, hassen
ennuyer qn	[ɑ̃nɥije]	jdn langweilen
énerver	[enɛrve]	aufregen, auf die Nerven gehen

③
la robe de mariée	[larɔbdəmarje]	Hochzeits-, Brautkleid
le/la marié, e	[lə/lamarje]	Bräutigam, Braut
se marier*	[səmarje]	heiraten
l'union libre	[lynjɔ̃libr]	Ehe ohne Trauschein
l'union f	[lynjɔ̃]	Verbindung, Vereinigung
le divorce	[lədivɔrs]	(Ehe-)Scheidung
se confirmer*	[səkɔ̃firme]	sich bewahrheiten, bestätigen
pour quelle(s) raison(s)?	[purkɛlrɛzɔ̃]	weshalb?
la raison	[larɛzɔ̃]	Grund, Ursache
la feuille d'impôts	[lafœjdɛ̃po]	Steuerzettel
l'impôt m	[lɛ̃po]	Steuer, Abgabe
le genre	[ləʒɑ̃r]	Art (und Weise)

certainement *Adv*	[sɛrtɛnmɑ̃]	sicherlich
la cohabitation	[lakɔabitasjɔ̃]	Zusammenleben, -wohnen
hors	[ɔr]	außerhalb (von)
faire scandale	[fɛrskɑ̃dal]	Anstoß erregen, (viel) Staub aufwirbeln
le scandale	[ləskɑ̃dal]	Skandal
certains caricaturent en disant qu'on essaie son conjoint	[sɛrtɛ̃karikatyrɑ̃dizɑ̃ kɔ̃nesɛsɔ̃kɔ̃ʒwɛ̃]	einige sagen karikierend, daß sie den Ehegatten ausprobieren
certains *Pron*	[sɛrtɛ̃]	einige
caricaturer	[karikatyre]	karikieren, überzeichnen
le/la conjoint, e	[lək̃ɔʒwɛ̃/lakɔ̃ʒwɛ̃t]	Ehegatte/-in; Ehemann/-frau
à l'essai	[alesɛ]	auf Probe
l'essai *m*	[lesɛ]	Versuch
l'engagement *m*	[lɑ̃gaʒmɑ̃]	Verbindlichkeit, Engagement
l'échec *m*	[leʃɛk]	Scheitern, Mißerfolg
réussir (*wie* finir)	[reysir]	gelingen
en baisse	[ɑ̃bɛs]	fallend
la baisse	[labɛs]	(Ab-)Fall, Niedergang
comparez la situation actuelle à celle d'autrefois	[kɔ̃parelasityasjɔ̃aktyɛl asɛldotrəfwa]	vergleichen Sie die heutige Situation mit (der von) früher
actuel, le	[aktyɛl]	heutig, gegenwärtig
contemporain, e	[kɔ̃tɑ̃pɔrɛ̃/kɔ̃tɑ̃pɔrɛn]	heutig, zeitgenössisch
le ministre de la Santé et de la Famille	[ləministrədlasɑ̃teedlafamij]	Gesundheits- und Familienminister(in)
la mesure	[laməzyr]	Maßnahme
créer	[kree]	schaffen
le climat	[ləklima]	Klima, Atmosphäre
favorable *m/f*	[favɔrabl]	günstig (gesinnt)
les allocations familiales	[lezalɔkasjɔ̃familjal]	*etwa:* Familienbeihilfe, Kindergeld
l'allocation *f*	[lalɔkasjɔ̃]	Zulage, Zuweisung
le montant	[ləmɔ̃tɑ̃]	Betrag
l'horaire *m*	[lɔrɛr]	*hier:* Öffnungszeiten
la crèche	[lakrɛʃ]	(Kinder-)Krippe, Hort
scolaire *m/f*	[skɔlɛr]	Schul-, schulisch
l'aire *f* de jeux	[lɛrdəʒø]	Spielplatz
le centre aéré	[ləsɑ̃traere]	*etwa:* Stadtranderholung(s-zentrum)
la colonie de vacances	[lakɔlɔnidvakɑ̃s]	Ferienlager
au-delà de	[odladə]	über … hinaus, jenseits
la mise à jour	[lamizaʒur]	*hier:* Stand
ci-dessous	[sidsu]	untenstehend, weiter unten
un autre enfant	[ɛ̃notrɑ̃fɑ̃]	noch ein Kind
l'album *m*	[lalbɔm]	Album
(le/la) veuf, veuve	[(lə)vœf/(la)vœv]	Witwe(r); verwitwet
aîné, e	[ene]	erstgeborene(r), älteste(r)
le/la musicien, ne	[ləmyzisjɛ̃/lamyzisjɛn]	Musiker(in)
le/la vétérinaire	[lə/laveterinɛr]	Tierarzt/-ärztin
exigeant, e	[ɛgziʒɑ̃/ɛgziʒɑ̃t]	anspruchsvoll
la personnalité	[lapɛrsɔnalite]	Persönlichkeit, Charakter

impensable m/f	[ɛ̃pɑ̃sabl]	undenkbar
venir* à l'idée	[vniralide]	in den Sinn kommen
la situation	[lasituasjɔ̃]	*hier:* (An-)Stellung, Arbeit
la religion	[larəliʒjɔ̃]	Religion; Glaube
le statut social	[ləstatysɔsjal]	sozialer Status, gesellschaftliche Stellung
le bonheur	[ləbɔnœr]	Glück(seligkeit)
malheureux, -euse	[malœrø/malœrøz]	unglücklich
avoir du respect pour qn	[avwardyrɛspɛpur]	vor jdm Respekt, Achtung haben
le conservatoire	[ləkɔ̃sɛrvatwar]	Konservatorium, Musikhochschule
se revoir* (*wie* voir)	[sərəvwar]	sich wiedersehen
par hasard	[par'azar]	zufällig, durch Zufall
le hasard	[lə'azar]	Zufall
les fiançailles f	[lefjɑ̃saj]	Verlobung(szeit)
d'autant plus que	[dotɑ̃plykə]	um so mehr als
s'absenter*	[sapsɑ̃te]	sich entfernen (*hier:* vom Arbeitsplatz)
rajeunir (*wie* finir)	[raʒœnir]	jünger machen, verjüngen
uni, e	[yni]	einig, vereint
l'admiration f	[ladmirasjɔ̃]	Bewunderung
divorcer	[divɔrse]	sich scheiden lassen
se tromper*	[sətrɔ̃pe]	sich täuschen, irren
le conformisme	[ləkɔ̃fɔrmism]	Angepaßtheit, Konformismus
le consentement	[ləkɔ̃sɑ̃tmɑ̃]	Einwilligung, Einverständnis
triste m/f	[trist]	traurig
le drame	[lədram]	Drama; Tragödie
heureusement Adv	[œrøzmɑ̃]	glücklicherweise
l'expérience f	[lɛksperjɑ̃s]	Erfahrung
raté, e	[rate]	gescheitert; verdorben
la satisfaction	[lasatisfaksjɔ̃]	Befriedigung, Zufriedenheit
ressentir (*wie* partir*)	[rəsɑ̃tir]	(ver)spüren, empfinden
le besoin	[ləbəzwɛ̃]	Notwendigkeit, Bedürfnis
se remarier*	[sərəmarje]	erneut, wieder heiraten
éventuellement Adv	[evɑ̃tɥɛlmɑ̃]	möglicherweise, unter Umständen
s'installer*	[sɛ̃stale]	sich einrichten, niederlassen
voir d'un mauvais œil	[vwardɛ̃mɔvɛzœj]	ungern sehen; skeptisch betrachten
imposer	[ɛ̃poze]	aufzwingen
le choix	[ləʃwa]	(Aus-)Wahl
finir par faire qch	[finirparfɛr]	schließlich, endlich etw tun
accepter	[aksɛpte]	akzeptieren, annehmen
sérieux, -euse	[serjø/serjøz]	ernst(haft), seriös
concerné, e	[kɔ̃sɛrne]	betroffen
essentiel, le	[esɑ̃sjɛl]	wesentlich, äußerst wichtig
la légende	[laleʒɑ̃d]	Legende, Zeichenerklärung, Erläuterung
la belle-mère	[labɛlmɛr]	Schwiegermutter
la belle-fille	[labɛlfij]	Schwiegertochter
le petit-fils	[ləptifis]	Enkel(sohn)
avant de se marier*	[avɑ̃dsəmarje]	vor ihrer Hochzeit
avant de + Inf	[avɑ̃də]	bevor, ehe + *Nebensatz*
c'est le tour de …	[sɛlturdə]	… ist an der Reihe, ist dran

c'est à ... de faire qch	[sɛta ... dəfɛr]	... ist dran, etw zu tun
connaître	[kɔnɛtr]	*hier:* kennenlernen
(2) la constatation	[lakɔ̃statasjɔ̃]	Feststellung
se rapporter* à	[sərapɔrtea]	sich beziehen auf
(4) refaire (*wie* faire)	[rəfɛr]	noch einmal machen
se glisser* dans la peau de qn	[səglisedãlapodə]	in jds Haut schlüpfen
le personnage	[ləpɛrsɔnaʒ]	Charakter, Person
transformer	[trɑ̃sfɔrme]	umformen
(5) avant-hier	[avɑ̃tjɛr]	vorgestern
(6) le stress	[ləstrɛs]	Streß, (psychische) Anspannung
la séparation	[laseparasjɔ̃]	Trennung
la blessure	[lablɛsyr]	Verletzung
le licenciement	[ləlisɑ̃simɑ̃]	Entlassung
la réconciliation	[larekɔ̃siljasjɔ̃]	Ver-, Aussöhnung
la mise à la retraite	[lamizalarətrɛt]	Pensionierung
la grossesse	[lagrosɛs]	Schwangerschaft
la naissance	[lanɛsɑ̃s]	Geburt
financier, -ière	[finɑ̃sje/finɑ̃sjɛr]	finanziell
l'hypothèque *f*	[lipɔtɛk]	Hypothek
supérieur, e à	[syperjœra]	über; mehr als
le départ	[lədepar]	Abfahrt, Abreise, Weggehen
la difficulté	[ladifikylte]	Schwierigkeit
la belle-famille	[labɛlfamij]	angeheiratete Familie
la scolarisation	[laskɔlarizasjɔ̃]	Schulbesuch
le prêt	[ləprɛ]	Darlehen
inférieur, e à	[ɛ̃ferjœra]	unter
le sommeil	[ləsɔmɛj]	Schlaf
étonner	[etɔne]	erstaunen
stressant, e	[strɛsɑ̃/strɛsɑ̃t]	stressig
à l'aide de	[alɛddə]	mit Hilfe von
déprimé, e	[deprime]	deprimiert, niedergeschlagen
(7) demander	[dəmɑ̃de]	*hier:* verlangen
faire la bonne	[fɛrlabɔn]	das Haus-, Dienstmädchen spielen
chuis (*ugs für:* je suis)	[ʃɥi]	ich bin
t'en fais pas *ugs*	[tɑ̃fɛpa]	mach dir nichts draus
la concession	[lakɔ̃sɛsjɔ̃]	Zugeständnis, Konzession
à sens unique	[asɑ̃synik]	einseitig
le sens unique	[ləsɑ̃synik]	Einbahnstraße
en avoir sa claque	[ɑ̃navwarsaklak]	genug davon haben, es satt haben
(*ugs für:* en avoir assez)		
foutre (*ugs für:* faire)	[futr]	*hier:* tun, machen
vautré, e	[votre]	hingeflätzt
la corrida	[lakɔrida]	Stierkampf
j'ai la flemme *ugs*	[ʒelaflɛm]	ich habe keine Lust
(18) inventer	[ɛ̃vɑ̃te]	erfinden, ausdenken

1 le dolmen	[lədɔlmɛn]	Hünengrab
le Morbihan	[ləmɔrbiã]	*Departement der Bretagne*
le calvaire	[ləkalvɛr]	Kalvarienberg
les Côtes-du-Nord *f*	[lekotdynɔr]	*Departement der Bretagne*
la pointe	[lapwɛ̃t]	Landspitze, -zunge
le Finistère	[ləfinistɛr]	*Departement der Bretagne*
le duc, la duchesse	[lədyk/laduʃɛs]	Herzog(in)
la Loire-Atlantique	[lalwaratlãtik]	*Departement der historischen Bretagne*
le phare	[ləfar]	Leuchtturm
les Monts *m* d'Arrée	[lemõdare]	*Landschaft in der Bretagne*
les remparts *m*	[lerãpar]	Befestigungsanlagen
Ille-et-Vilaine *f*	[ilevilɛn]	*Departement der Bretagne*
1 le symbole	[ləsɛ̃bɔl]	Symbol, Sinnbild, Zeichen
côtier, -ière	[kotje/kotjɛr]	Küsten-
la chapelle	[laʃapɛl]	Kapelle
la forêt	[lafɔrɛ]	Wald
le chemin de fer	[ləʃmɛ̃dfɛr]	Eisenbahn
l'aérodrome *m*	[laerodrom]	Flughafen
mégalithique *m/f*	[megalitik]	Steinzeit-, steinzeitlich
le menhir	[ləmenir]	Menhir, aufgerichteter Stein
le port de plaisance	[ləpɔrdəplɛzãs]	Jachthafen
la plaisance	[laplɛzãs]	Vergnügen
3 dangereux, -euse	[dãʒrø/dãʒrøz]	gefährlich
la vague	[lavag]	Welle, Woge
le substantif	[ləsypstãtif]	Hauptwort, Substantiv
puissant, e	[pɥisã/pɥisãt]	mächtig
la végétation	[laveʒetasjõ]	Pflanzenwuchs; Vegetation
le genêt	[ləʒənɛt]	Ginster
la pierre	[lapjɛr]	Stein
le courant	[ləkurã]	Strömung
l'océan *m*	[lɔseã]	Ozean, Weltmeer
la marée	[lamare]	Gezeiten; Ebbe und Flut
le rocher	[lərɔʃe]	Felsen, Klippe
la falaise	[lafalɛz]	Steilküste, Felswand
le galet	[ləgalɛ]	Kiesel(stein)
humide *m/f*	[ymid]	feucht
sauvage *m/f*	[sovaʒ]	wild
fleuri, e	[flœri]	blühend
situer	[sitɥe]	situieren, die Lage bestimmen
se servir* de (*wie* partir*)	[səsɛrvirdə]	benutzen, sich … bedienen
le plus possible	[ləplypɔsibl]	soviel wie möglich
employer	[ãplwaje]	anwenden, benutzen
la côte sud/ouest/nord	[lakotsyd/wɛst/nɔr]	Süd-/West-/Nordküste
2 le maire	[ləmɛr]	Bürgermeister
Monsieur le Maire	[məsjølmɛr]	Herr Bürgermeister
l'économie se porte mal	[lekɔnɔmisəpɔrtmal]	der Wirtschaft geht es schlecht
l'économie *f*	[lekɔnɔmi]	Wirtschaft, Ökonomie
le bateau de pêche	[ləbatodpɛʃ]	Fischerboot, Fischdampfer

la pêche	[lapɛʃ]	Fischerei, Fischfang
constamment *Adv*	[kõstamã]	kontinuierlich, konstant
diminuer	[diminɥe]	abnehmen
le Marché Commun	[ləmarʃekɔmɛ̃]	EG = Europäische Gemeinschaft
importer	[ɛ̃pɔrte]	einführen, importieren
la Hollande	[la'ɔlɑ̃d]	Holland
le marin	[ləmarɛ̃]	Seemann, Matrose
faire vivre sept ou huit personnes	[fɛrvivrəsɛtuɥipɛrsɔn]	für 7 oder 8 Personen Arbeit schaffen
faire vivre	[fɛrvivr]	am Leben erhalten, ernähren
la construction de bateaux	[lakõstryksjõdbato]	Schiffbau
la réparation	[lareparasjõ]	Reparatur, Ausbesserung
les peintures *f*	[lepɛ̃tyr]	Malerarbeiten
le travail	[lətravaj]	*hier:* Verarbeitung
finalement *Adv*	[finalmã]	schließlich, endlich
la conserve	[lakõsɛrv]	Konserve(ndose)
la conséquence	[lakõsekɑ̃s]	Folge, Konsequenz
dramatique *m/f*	[dramatik]	dramatisch, katastrophal
heureusement que	[œrøzmãkə]	glücklicherweise, zum Glück
suffisant, e	[syfizɑ̃/syfizɑ̃t]	ausreichend
des milliers de	[demiljedə]	Tausende von
le marché du travail	[ləmarʃedytravaj]	Arbeitsmarkt
absolument *Adv*	[apsɔlymã]	absolut, ganz und gar

⑤
pessimiste *m/f*	[pɛsimist]	pessimistisch

⑥
attentivement *Adv*	[atãtivmã]	aufmerksam
l'adverbe *m*	[ladvɛrb]	Umstandswort, Adverb
évident, e	[evidã/evidãt]	offensichtlich
la crise	[lakriz]	Krise
cesser	[sese]	aufhören
lent, e	[lã/lãt]	langsam
désespéré, e	[dezɛspere]	verzweifelt; hoffnungslos

⑦
le bilan	[ləbilã]	Bilanz
à partir de	[apartirdə]	*hier:* ausgehend von
le secteur	[ləsɛktœr]	Sektor, Bereich; Gebiet
le taux	[ləto]	(Prozent-)Satz, Kurs
le contexte	[ləkõtɛkst]	Zusammenhang, Kontext

⑧
rassembler	[rasãble]	(ver)sammeln

④
celte *m/f*	[sɛlt]	keltisch
la grande cité	[lagrãdsite]	Großstadt
la Basse-Bretagne	[labasbrətaɲ]	*westlicher Teil der Bretagne*
le Pays Nantais	[ləpeinãtɛ]	*Gegend um Nantes*
le refrain	[lərəfrɛ̃]	Refrain, Kehrreim
la séance	[laseãs]	Sitzung, Versammlung
à jamais	[aʒamɛ]	für immer
s'aveugler*	[savœgle]	blind sein
le champ	[ləʃã]	Feld
la vision	[lavizjõ]	Sehen, Gesicht
la vérité	[laverite]	Wahrheit

l'univers *m*	[lynivɛr]	Welt(all)
l'humanité *f*	[lymanite]	Menschheit; Menschlichkeit
tyranniser	[tirɑnize]	tyrannisieren, unterdrücken
la Cornouaille	[lakɔrnwaj]	*Gebiet im Südwesten der Bretagne*
le/la conteur, -euse	[ləkɔ̃tœr/lakɔ̃tøz]	(Märchen-)Erzähler(in)
le concours	[ləkɔ̃kur]	Wettbewerb, Wettspiel
le costume	[ləkɔstym]	Tracht, Kostüm
la marionnette	[lamarjɔnɛt]	Marionette
la taverne	[latavɛrn]	Weinstube
le cabaret	[ləkabarɛ]	Konzert-Café
le fest-noz (*Plur:* les festou-noz) (bretonisch)	[ləfɛstnos/lefɛstounos]	Nachtfest *(mit breton. Musik und Tanz)*
la conférence	[lakɔ̃ferɑ̃s]	Vortrag; Konferenz
le colloque	[ləkɔlɔk]	Gespräch; Kolloquium
l'animation *f*	[lanimasjɔ̃]	Animation, belebende Unterhaltung
le luthier	[ləlytje]	Lautenbauer
l'excursion *f*	[lɛkskyrsjɔ̃]	Ausflug, Exkursion
le défilé	[lədefile]	Umzug, Festzug
l'université *f*	[lynivɛrsite]	Universität
en breton	[ɑ̃brətɔ̃]	auf bretonisch
gallois, e	[galwa/galwaz]	walisisch, aus Wales kommend
(le/la) fou, folle	[(lə)fu/(la)fɔl]	Verrückte(r); verrückt
le chœur	[ləkœr]	Chor
l'orchestre *m*	[lɔrkɛstr]	Orchester
la poésie	[lapɔezi]	Gedicht; Dichtung
la nocturne	[lanɔktyrn]	Nachtmusik
le sonneur	[ləsɔnœr]	Spieler *(eines Instruments)*
la bombarde	[labɔ̃bard]	Bombarde *(trad. Musikinstrument)*
le biniou	[ləbinju]	(bretonischer) Dudelsack
le/la Celte	[lə/lasɛlt]	Kelte, Keltin
l'Armorique *f*	[larmɔrik]	*französisierter bretonischer Name für die Bretagne*
conquérir	[kɔ̃kerir]	erobern
l'armée *f*	[larme]	Armee
romain, e	[rɔmɛ̃/rɔmɛn]	römisch
la romanisation	[larɔmanizasjɔ̃]	Romanisierung
le siècle	[ləsjɛkl]	Jahrhundert
l'ère *f*	[lɛr]	Zeitrechnung, Zeitalter
Cornouailles *m Plur*	[kɔrnwaj]	Cornwall
(le Pays de) Galles *f Plur*	[(ləpeid)gal]	Wales
chasser	[ʃase]	(ver)jagen, (ver)treiben
le/la Saxon, ne	[ləsaksɔ̃/lasaksɔn]	Sachse, Sächsin
s'établir* (*wie* finir)	[setablir]	sich niederlassen
indépendant, e	[ɛ̃depɑ̃dɑ̃/ɛ̃depɑ̃dɑ̃t]	unabhängig
la civilisation	[lasivilizasjɔ̃]	Kultur; Zivilisation
épouser	[epuze]	heiraten
la province	[laprɔvɛ̃s]	Provinz
officiel, le	[ɔfisjɛl]	offiziell; Amts-, amtlich
l'administration *f*	[ladministrasjɔ̃]	Verwaltung
la justice	[laʒystis]	Justiz, Rechtswesen, Gerichtsbarkeit
le latin	[ləlatɛ̃]	Latein

le peuple	[ləpœpl]	Volk
public, -que	[pyblik]	öffentlich; staatlich; allgemein
détruire (*wie* conduire)	[detrɥir]	zerstören
le langage	[ləlɑ̃gaʒ]	Sprache
le préfet	[ləprefɛ]	Präfekt
l'instruction *f*	[lɛ̃stryksjɔ̃]	Bildung; Erziehung; Unterricht
le document	[lədɔkymɑ̃]	Dokument; *Plur:* Unterlagen
la manifestation	[lamanifɛstasjɔ̃]	Veranstaltung
culturel, le	[kyltyrɛl]	kulturell, Kultur-
le cheval (*Plur:* les chevaux)	[ləʃval/leʃvo]	Pferd
l'orgueil *m*	[lɔrgœj]	Stolz
la mémoire	[lamemwar]	Erinnerung, Gedächtnis
le/la Breton, ne	[ləbrətɔ̃/labrətɔn]	Bretone, Bretonin
bigouden *m/f*	[bigudɛn]	*zum Pays Bigouden gehörig, aus dem P.B. stammend*
traduire (*wie* conduire)	[tradɥir]	übersetzen
l'auteur *m*	[lotœr]	Autor(in), Verfasser(in)
du moins	[dymwɛ̃]	zumindest, wenigstens
la stalle	[lastal]	(Pferde-)Box; Kirchengestühl
l'écurie *f*	[lekyri]	Pferdestall
l'aube *f*	[lob]	(Morgen-)Dämmerung
uniformément *Adv*	[ynifɔrmemɑ̃]	einheitlich; gleichförmig
appeler	[aple]	nennen
le/la Parisien, ne	[ləparizjɛ̃/laparizjɛn]	Pariser(in)
la manie	[lamani]	Verrücktheit, Besessenheit, Manie
qui ne laissent pas de leur attirer des quolibets	[kinlɛspadlœratiredekɔlibɛ]	die sie immer wieder zum Gegenstand von Witzen werden lassen
attirer	[atire]	anziehen
le quolibet	[ləkɔlibɛ]	Witz(elei), Kalauer
la boîte	[labwat]	Kasten, Kiste, Dose, Büchse
prendre la figure à qn	[prɑ̃drəlafigyr]	jdn fotografieren
la figure	[lafigyr]	Gesicht
l'habit *m*	[labi]	Kleidung(sstück)
ce n'est pas une chose à faire	[snɛpaynʃozafɛr]	das tut man nicht
on s'habille de son mieux	[ɔ̃sabijdsɔ̃mjø]	man zieht seine schönsten Kleider an
de son mieux	[dəsɔ̃mjø]	so gut man kann
on se met «sur ses sept meilleurs»	[ɔ̃smɛsyrsesɛtmɛjœr]	man wirft sich in Schale
durer	[dyre]	*hier:* bleiben, (es) aushalten
le bourg	[ləbur]	Ortschaft, Dorf
(se) tremper(*)	[(sə)trɑ̃pe]	(sich) naßmachen
le cul *vulg*	[ləky]	Hintern, Arsch
à ce compte	[asəkɔ̃t]	demzufolge
l'odeur *f*	[lɔdœr]	Geruch
(c'est) une honte	[(sɛt)yn'ɔ̃t]	das ist eine Schande
la honte	[la'ɔ̃t]	Schande, Schmach
le maillot (de bain)	[ləmajo(dbɛ̃)]	Badeanzug
l'air *m*	[lɛr]	Luft
en permission *mil*	[ɑ̃pɛrmisjɔ̃]	auf Urlaub, beurlaubt
la permission	[lapɛrmisjɔ̃]	Erlaubnis
filer *ugs*	[file]	abhauen
le fait est que	[ləfɛtɛkə]	Tatsache ist, daß

le fait	[ləfɛ]	Tatsache
commode *m/f*	[kɔmɔd]	bequem
le rouleau	[lərulo]	Welle; Rolle, Walze
le/la pêcheur, -euse	[ləpɛʃœr/lapɛʃøz]	Fischer(in)
affronter	[afrɔ̃te]	die Stirn bieten
gagner sa vie	[gaɲesavi]	seinen Lebensunterhalt verdienen
le diable	[lədjabl]	Teufel
se mettre* nu, e	[səmɛtrənu]	sich ausziehen
nu, e	[ny]	nackt
s'étendre* (*wie* attendre)	[setɑ̃dr]	sich aus-, erstrecken
alors que *Konj*	[alɔrkə]	während
montrer qn du doigt	[mɔ̃trekɛlkɛ̃dydwa]	mit dem Finger auf jdn zeigen
à terre	[atɛr]	an Land
le remue-ménage *uv*	[lərəmymenaʒ]	Durcheinander, Wirrwarr, Drunter und Drüber
impénétrable *m/f*	[ɛ̃penetrabl]	undurchdringlich
le/la paysan, ne	[ləpeizɑ̃/lapeizan]	Bauer, Bäuerin
la moisson	[lamwasɔ̃]	Ernte; Ausbeute
la grève	[lagrɛv]	(Kies-)Strand
interminable *m/f*	[ɛ̃tɛrminabl]	unendlich
se peupler*	[səpœple]	sich bevölkern
l'être *m* humain	[lɛtrymɛ̃]	menschliches Wesen, Mensch
peu à peu	[pøapø]	allmählich, Stück für Stück
l'herbe *f*	[lɛrb]	Gras; Kraut
s'ébattre* (*wie* mettre; *aber:* ébattu, e)	[sebatr]	sich tummeln, herumtollen
dénudé, e	[denyde]	entblößt, nackt
la bretelle	[labrətɛl]	(schmaler) Träger
à leur tour	[alœrtur]	ihrerseits; wiederum
timidement *Adv*	[timidmɑ̃]	schüchtern, ängstlich, vorsichtig
durci, e	[dyrsi]	verhärtet, hart
à force	[afɔrs]	gezwungenermaßen
le gars (*ugs für:* garçon)	[ləga]	Bursche, Kerl
sécher (*wie* préférer)	[seʃe]	trocknen
broder	[brɔde]	(be-, auf)sticken
la perle	[lapɛrl]	Perle
la cale	[lakal]	Dock
l'automobile *f*	[lɔtɔmɔbil]	Automobil
inspecter	[ɛ̃spɛkte]	inspizieren, mustern, überprüfen
autour de	[oturdə]	um, um … herum
exceptionnellement *Adv*	[ɛksɛpsjɔnɛlmɑ̃]	außergewöhnlich
remonter*	[rəmɔ̃te]	wieder einsteigen
le carrosse	[ləkarɔs]	Prachtkutsche, Karosse
ressortir* (*wie* partir*)	[rəsɔrtir]	wieder herauskommen
frappé, e de stupeur	[frapedstypœr]	völlig verdutzt
la stupeur	[lastypœr]	Betäubung, Verdutztheit, Erstarrung
courir	[kurir]	laufen
carrément *ugs Adv*	[karemɑ̃]	rundweg; frei heraus
se mettre* à faire qch	[səmɛtrafɛr]	anfangen, etw zu tun
Marie-Morgane	[marimɔrgan]	*Circe der breton. Legenden*
à demi	[admi]	halb, zur Hälfte
étonnant, e	[etɔnɑ̃/etɔnɑ̃t]	erstaunlich
cingler	[sɛ̃gle]	segeln; schneiden
la houle	[la'ul]	Dünung; Wogen

	brillant, e	[brijɑ̃/brijɑ̃t]	glänzend
	la baie	[labɛ]	Bucht
⑩	**rapide** *m/f*	[rapid]	schnell
	l'affirmation *f*	[lafirmasjɔ̃]	Aussage, Bestätigung
	prendre qn en photo	[prɑ̃drəkɛlkɛɑ̃fɔto]	jdn fotografieren
⑪	**inconnu, e**	[ɛ̃kɔny]	unbekannt
⑬	**le contraste**	[ləkɔ̃trast]	Gegensatz; Kontrast
	photographier	[fɔtɔgrafje]	fotografieren
⑭	**final, e**	[final]	abschließend, Schluß-
⑯	**près de**	[prɛdə]	beinahe, fast
	le questionnaire	[ləkɛstjɔnɛr]	Fragebogen
	en le parlant incidemment *Adv*	[ɑ̃ləparlɑ̃ɛ̃sidamɑ̃]	wobei sie es nur gelegentlich sprechen
	soit	[swa]	*hier:* es sind also
	interroger qn	[ɛ̃terɔʒe]	jdn befragen
	pour ce qui est de	[purskiɛdə]	was ... betrifft, angeht
	sauver	[sove]	retten, bewahren
	en ce qui concerne	[ɑ̃skikɔ̃sɛrn]	was ... betrifft, angeht
	concerner	[kɔ̃sɛrne]	betreffen
	se dire*	[sədir]	sich erklären
	opposé, e	[ɔpoze]	*hier:* dagegen
	contraire *m/f*	[kɔ̃trɛr]	gegensätzlich, entgegengesetzt
	disparaître (*wie* **connaître**)	[disparɛtr]	verschwinden
	ça n'a pas d'importance	[sanapadɛ̃pɔrtɑ̃s]	das ist nicht von Bedeutung
	l'importance *f*	[lɛ̃pɔrtɑ̃s]	Wichtigkeit
	les Bretons eux-mêmes	[lebrətɔ̃ømɛm]	die Bretonen selbst
⑱	**le far**	[ləfar]	*bretonische Spezialität*
	la température ambiante	[latɑ̃peratyrɑ̃bjɑ̃t]	Zimmertemperatur
	ambiant, e	[ɑ̃bjɑ̃/ɑ̃bjɑ̃t]	der Umgebung entsprechend
	l'obtention *f*	[lɔptɑ̃sjɔ̃]	Erlangen, Erwerb
	homogène *m/f*	[ɔmɔʒɛn]	gleichmäßig, homogen
	soigneux, -euse	[swaɲø/swaɲøz]	sorgfältig
	le plat	[ləpla]	*hier:* Teller
	en terre	[ɑ̃tɛr]	irden
	de préférence	[dəpreferɑ̃s]	vorzugsweise
	la préférence	[lapreferɑ̃s]	Vorliebe; Bevorzugung
	préchauffer	[preʃofe]	vorheizen
	incorporer	[ɛ̃kɔrpɔre]	füllen
	le pruneau	[ləpryno]	Back-, Dörrpflaume
	le raisin sec	[lərɛzɛ̃sɛk]	Rosine
	le raisin	[lərɛzɛ̃]	(Wein-)Traube
	préalable *m/f*	[prealabl]	vorangehend, vorherig
	la cerise	[lasriz]	Kirsche
	le blé noir	[ləblenwar]	Buchweizen
	le blé	[ləble]	Weizen
	délayer	[deleje]	verdünnen; strecken; ein-, verrühren
	la terrine	[latɛrin]	(tiefe) Schüssel
	allonger	[alɔ̃ʒe]	verlängern, länger machen

graisser	[grɛse]	(ein)fetten
le bilig *(bretonisch)*	[ləbilig]	Gußplatte, auf der Crèpes gebacken werden
le rozel *(bretonisch)*	[lərozəl]	Teigschaber
doucement *Adv*	[dusmã]	vorsichtig, behutsam; langsam
retourner	[rəturne]	umdrehen, wenden
le spanel *(bretonisch)*	[ləspanəl]	Pfannenschaufel
la noix	[lanwa]	*hier:* nußgroßes Stückchen

9

le/la citoyen, ne	[ləsitwajɛ̃/lasitwajɛn]	(Staats-)Bürger(in)
la baleine	[labalɛn]	Wal; *hier: Name einer Umweltzeitschrift*
naître*	[nɛtr]	geboren werden
le bitume	[ləbitym]	Bitumen
le béton	[ləbetɔ̃]	Beton
l'asphalte *m*	[lasfalt]	Asphalt
briller	[brije]	glänzen
défendre *(wie* **attendre**)	[defãdr]	verbieten
le paradis	[ləparadi]	Paradies
l'enfer *m*	[lãfɛr]	Hölle, Inferno
la mousse	[lamus]	Moos
le ruisseau	[lərɥiso]	Bach, Rinnsal
rafraîchir *(wie* **finir**)	[rafreʃir]	erfrischen
poursuivre *(wie* **suivre**)	[pursɥivr]	verfolgen
le cours	[ləkur]	Lauf
brûlant, e	[brylã/brylãt]	brennend
gelé, e	[ʒəle]	gefroren
jadis *Adv*	[ʒadis]	einst(mals)
insouciant, e	[ɛ̃susjã/ɛ̃susjãt]	sorglos, unbesorgt
désigner	[deziɲe]	bezeichnen
vivant, e	[vivã/vivãt]	lebend(ig)
l'insecte *m*	[lɛ̃sɛkt]	Insekt
la plante	[laplãt]	Pflanze
provoquer	[prɔvɔke]	hervorrufen; provozieren
transporter	[trãspɔrte]	transportieren; *hier:* übertragen
le pollen	[ləpɔlɛn]	Pollen, Blütenstaub
l'oiseau *m*	[lwazo]	Vogel
l'animal *m (Plur:* **les animaux**)	[lanimal/lezanimo]	Tier
la chlorophylle	[laklɔrɔfil]	Chlorophyll, Blattgrün
le tronc	[lətrɔ̃]	Stamm
la tige	[latiʒ]	Stengel, Stiel
la branche	[labrãʃ]	Ast
domestique *m/f*	[dɔmɛstik]	häuslich, Haus-
cultivé, e	[kyltive]	angebaut; kultiviert
le vers	[ləvɛr]	Wurm
le sol	[ləsɔl]	Boden, Grund, Erdreich
fouiller	[fuje]	(um)graben
l'humus *m*	[lymys]	Humus, Erdboden

la racine	[larasin]	Wurzel
le micro-organisme	[ləmikrɔɔrganism]	Mikroorganismus
puiser	[pɥize]	(aus)schöpfen
l'organisme *m*	[lɔrganism]	Organismus
invisible *m/f*	[ɛ̃vizibl]	unsichtbar
à l'œil nu	[alœjny]	mit bloßem Auge
décomposer	[dekɔ̃poze]	zersetzen
mort, e	[mɔr/mɔrt]	tot
nourrir (*wie* finir)	[nurir]	Nahrung geben, ernähren
le papillon	[ləpapijɔ̃]	Schmetterling
la vache	[lavaʃ]	Kuh
le pommier	[ləpɔmje]	Apfelbaum
le maïs	[ləmais]	Mais
le renard	[lərənar]	Fuchs
la fourmi	[lafurmi]	Ameise
le lapin	[ləlapɛ̃]	Kaninchen, Karnickel
l'abeille *f*	[labɛj]	Biene
le chat	[ləʃa]	Katze
le bourdon	[ləburdɔ̃]	Hummel
le trèfle	[lətrɛfl]	Klee
le chou	[ləʃu]	Kohl(kopf)
le mulot	[ləmylo]	Wald-, Feldmaus

⟨3⟩
écologique *m/f*	[ekɔlɔʒik]	ökologisch, Umwelt-
l'être *m* vivant	[lɛtrəvivɑ̃]	Lebewesen
manquer	[mɑ̃ke]	fehlen

⟨3⟩
l'écosystème *m*	[lekɔsistɛm]	Ökosystem
le mammifère	[ləmamifɛr]	Säugetier
sans que + *subj*	[sɑ̃k(ə)]	ohne daß
varier	[varje]	sich verändern
de façon sensible	[dəfasɔ̃sɑ̃sibl]	merklich, spürbar
sensible *m/f*	[sɑ̃sibl]	merklich, spürbar
le maillon	[ləmajɔ̃]	(Ketten-)Glied
s'écrouler*	[sekrule]	zusammenbrechen
la démonstration	[lademɔ̃strasjɔ̃]	Beweisführung
la récolte	[larekɔlt]	Ernte
la raison en est	[larɛzɔ̃ɑ̃nɛ]	der Grund dafür ist
féconder	[fekɔ̃de]	befruchten
l'ennemi *m*	[lɛnmi]	Feind
le nid	[ləni]	Nest
bien entendu	[bjɛ̃nɑ̃tɑ̃dy]	natürlich, selbstverständlich
la chasse	[laʃas]	Jagd
le naturaliste	[lənatyralist]	Naturforscher

⟨4⟩
la conclusion	[lakɔ̃klyzjɔ̃]	(Schluß-)Folgerung
plus …, plus …	[ply(z) … ply(z)]	je mehr …, desto mehr …
moins …, moins …	[mwɛ̃ … mwɛ̃]	je weniger …, desto weniger …

⟨5⟩
combiner	[kɔ̃bine]	zusammenstellen; kombinieren
l'espace *m*	[lɛspas]	Raum
fertile *m/f*	[fɛrtil]	fruchtbar

⟨6⟩
fin, e	[fɛ̃/fin]	fein, zart
certain(e)s	[sɛrtɛ̃/sɛrtɛn]	gewisse

polluer	[pɔlɥe]	verschmutzen *(durch Umweltgifte)*

l'environnement *m*	[lɑ̃virɔnmɑ̃]	Umwelt
la centrale	[lasɑ̃tral]	Kraftwerk; Zentrale
nucléaire *m/f*	[nyklɛɛr]	Atom-, Kern-, Nuklear-
la pollution	[lapɔlysjɔ̃]	(Umwelt-)Verschmutzung
l'agriculture *f*	[lagrikyltyr]	Landwirtschaft, Agrikultur
les déchets *m*	[ledeʃɛ]	Abfälle
la marée noire	[lamarenwar]	Ölpest
le dictionnaire	[lədiksjɔnɛr]	Wörterverzeichnis, -buch
quotidien, ne	[kɔtidjɛ̃/kɔtidjɛn]	alltäglich

*à la suite de	[alasɥitdə]	infolge von
acide *m/f*	[asid]	sauer
l'acide *m* sulfurique	[lasidsylfyrik]	Schwefelsäure
agricole *m/f*	[agrikɔl]	landwirtschaftlich
l'amélioration *f*	[lameljɔrasjɔ̃]	Verbesserung
l'art *m* plastique	[larplastik]	Bildhauerkunst; bildende Kunst
l'azote *m*	[lazɔt]	Stickstoff
la base	[labaz]	Basis, Grundlage
le bocage	[ləbɔkaʒ]	Gehölz, Gebüsch
brûler	[bryle]	(ver)brennen
le cadre	[ləkadr]	Rahmen
carbonique *m/f*	[karbɔnik]	kohlensauer
la centrale hydroélectrique	[lasɑ̃tralidrɔelɛktrik]	Wasserkraftwerk
le centre-ville	[ləsɑ̃trəvil]	Innenstadt, Stadtmitte
le champ	[ləʃɑ̃]	Feld
le charbon	[ləʃarbɔ̃]	Kohle
le/la chasseur, -euse	[ləʃasœr/laʃasøz]	Jäger(in)
le chauffage	[ləʃofaʒ]	Heizung
le chiffre	[ləʃifr]	Ziffer, (An-)Zahl
chimique *m/f*	[ʃimik]	chemisch
la combustion	[lakɔ̃bystjɔ̃]	Verbrennung
la conscience	[lakɔ̃sjɑ̃s]	Bewußtsein
considérer (*wie* préférer)	[kɔ̃sidere]	(ein)schätzen, betrachten; meinen
contenir (*wie* tenir)	[kɔ̃tnir]	beinhalten
contribuer à	[kɔ̃tribɥea]	beitragen zu
la création	[lakreasjɔ̃]	Schaffung, Bildung
démographique *m/f*	[demɔgrafik]	Bevölkerungs-, demografisch
le dépérissement	[ldeperismɑ̃]	(Ab-)Sterben, Eingehen
le désert	[lədezɛr]	Wüste, Einöde
la destruction	[ladɛstryksjɔ̃]	Zerstörung
se développer*	[sədevlɔpe]	sich entwickeln
le devoir	[lədəvwar]	Pflicht
la disparition	[ladisparisjɔ̃]	Verschwinden
doubler	[duble]	sich verdoppeln
doux, douce	[du/dus]	süß
l'échappement *m*	[leʃapmɑ̃]	*hier:* Auspuff
l'écologie *f*	[lekɔlɔʒi]	Ökologie
l'électricité *f*	[lelɛktrisite]	Elektrizität, Strom
électrique *m/f*	[elɛktrik]	elektrisch
l'emploi *m*	[lɑ̃plwa]	Gebrauch, An-, Verwendung
l'énergie *f*	[lenɛrʒi]	Energie
l'engrais *m*	[lɑ̃grɛ]	Dünger, Düngemittel

*Das neue Vokabular dieses Textes steht ausnahmsweise in alphabetischer Reihenfolge.

Tonmaterialien zu A bientôt 2 - Neu

Bei A bientôt 2 haben wir besonderen Wert darauf gelegt, daß die gesprochene Sprache angemessen präsentiert wird. Mit der Cassette zum Lehrbuch können Sie von Muttersprachlern gesprochenes Französisch hören und üben.

Die Cassette enthält alle mündlichen Texte aus dem Lehrbuch. Sogenannte schriftliche Texte (wie Zeitungsberichte, Sachtexte etc.) sind zwar im Lehrbuch abgedruckt, aber nicht auf Band aufgenommen.

Die Compact-Cassette zu A bientôt 2 - Neu enthält
- alle mündlichen Texte in normalem Sprechtempo
- die Hörverständnisübungen (im Lehrbuch nicht abgedruckt)
- die Hörverstehenstexte zu den Testblocks

Die Texte sind von französischen Muttersprachlern gesprochen.

Regelmäßige Informationen

Möchten Sie gerne regelmäßig über unser Fremdsprachenprogramm informiert werden? Dann tragen Sie bitte die entsprechende(n) Sprache(n) in die Postkarte ein und senden Sie uns die Karte mit Ihrem Namen und Ihrer Adresse zu. Als Dankeschön erhalten Sie von uns kostenlos das Buch:
(solange der Vorrat reicht)

P 551017
„Nachrichten aus dem Garten"
Ein ökologisches Gartenfachbuch von J. Dahl
150 Seiten, 64 Farbfotos

Unser Programm umfaßt Titel zu folgenden Fremdsprachen:

Arabisch	Niederländisch
Dänisch	Portugiesisch
Deutsch	Russisch
Deutsch als Fremdsprache	Schwedisch
Englisch	Serbokroatisch
Französisch	Spanisch
(Neu-)Griechisch	Türkisch
Italienisch	

Hiermit bestelle ich zur sofortigen Lieferung per Nachnahme (bitte ankreuzen)

A bientôt 2 - Neu Französisch für Erwachsene

☐ **52936** Ausgewählte Lehrbuchtexte
1 Compact-Cassette C 90, DM 27,--
(Lektion 1-10: alle mündlichen Texte und Testblocks 1-3)
beide Seiten besprochen,
Sprechzeit ca. 88 Minuten

Preise freibleibend; Stand 1. 1. 1989.
Lieferung durch jede Buchhandlung oder, wo dies auf Schwierigkeiten stößt, zuzüglich der Portokosten per Nachnahme vom Verlag.

☐ Ich bin interessiert an regelmäßigen Informationen zu folgenden Fremdsprachen (und erhalte kostenlos P 551017 „Nachrichten aus dem Garten")

___

Selbstverständlich erhalten Sie diese Informationen auch unabhängig von einer Bestellung.

Ort und Datum   Unterschrift

Bitte geben Sie Ihren Absender auf der Rückseite an.

Für Schule, Studium, Beruf und Reise.

Wortschatz Französisch
Das Vokabular basiert auf den Wortschatzlisten des Deutschen Volkshochschul-Verbandes und berücksichtigt besonders die gesprochene, aktuelle Sprache. Aussprache und Betonung werden nicht nur bei den Stichwörtern, sondern auch bei den Anwendungsbeispielen angegeben. Rund 2.200 Stichwörter, 171 Seiten. Klettbuch 51702.

Praxiswörterbuch Französisch
Klein aber oho. Paßt in jede Tasche. Aktueller Wortschatz. Rund 28.000 Stichwörter und Wendungen, speziell aus den Bereichen Alltag, Beruf und Umwelt, Reise und Freizeit.
509 Seiten. Klettbuch 517214.

Kompaktwörterbuch Französisch
Kompakt im Format. Universell einsetzbar. Unerläßlich zum Lernen und Nachschlagen. Rund 100.000 Stichwörter und Wendungen.
1.245 Seiten. Klettbuch 5172.

**PONS Wörterbücher
Grün. Schnell. Gründlich.**

PONS Wörterbücher Französisch

PONS Reise-Box Französisch

Die PONS Reise-Box Französisch (Klettnummer 51833) beinhaltet das PONS Reisewörterbuch Französisch (Klettbuch 51862) mit rund 5000 Stichwörtern auf 238 Seiten und die PONS Compact-Cassette Französisch (Klettnummer 51872).

Wer ein Land auf eigene Faust entdecken will, braucht Neugier, etwas Wagemut und den Kontakt mit der Bevölkerung. Das PONS-Reisewörterbuch Französisch hilft Kontakte schaffen, den Alltag im fremden Land bewältigen. In 14 Kapiteln bietet es Redewendungen zu typischen Situationen, ein französisch-deutsches und deutsch-französisches Mini-Wörterbuch gibt zusätzliches Sprachmaterial. Farbige Bebilderung und Texthinweise helfen das fremde Land besser verstehen. Das PONS-Reisewörterbuch Französisch ist daher auch ein nützliches Instrument, um einen Auslandsaufenthalt vorzubereiten. Damit Aussprache und Betonung leichter gelernt werden können, gibt es zum PONS-Reisewörterbuch Französisch die passende Compact-Cassette.

K 52931 (11/88)

GI		

Absender:

Vorname, Name

Straße, Hausnummer

PLZ, Ort

Antwort

An den
Ernst Klett Verlag, Stuttgart
Abt. Information u. Beratung
Expeditionslager
Postfach 1170

7054 Korb

Bitte als
Postkarte
freimachen

enlever (*wie* **acheter**)	[ãlve]	wegnehmen, entfernen
entraîner	[ãtrene]	mit sich bringen, nach sich ziehen
l'épuisement *m*	[lepɥizmã]	Ausbeutung, Ausschöpfung
l'épuration *f*	[lepyrasjɔ̃]	Reinigung, Klärung
épurer	[epyre]	reinigen, klären
l'espace *m* de vie	[lɛspasdəvi]	Lebensraum
l'espèce *f*	[lɛspɛs]	(Tier-)Art, Gattung
être à l'origine *f* de	[ɛtralɔriʒində]	verursachen, die Ursache sein von
étudier	[etydje]	untersuchen, studieren
exister	[ɛgziste]	existieren, dasein
l'exode *m*	[lɛksɔd]	Auszug, Auswanderung
l'exode rural	[lɛksɔdryral]	Landflucht
l'explosion *f*	[lɛksplozjɔ̃]	Explosion, Explodieren
exposer	[ɛkspoze]	aussetzen, exponieren
le facteur	[ləfaktœr]	Faktor, Anteil
la faune	[lafon]	Fauna, Tierwelt
le fer	[ləfɛr]	Eisen
la flore	[laflɔr]	Flora, Pflanzenwelt
le gaspillage	[ləgaspijaʒ]	Verschwendung, Vergeudung
le gaz	[ləgaz]	Gas
le gaz carbonique	[ləgazkarbɔnik]	Kohlenwasserstoff
la haie	[la'ɛ]	Hecke
hydroélectrique *m/f*	[idrɔelɛktrik]	hydroelektrisch
il existe	[ilɛgzist]	es existiert, es gibt
immense *m/f*	[imãs]	unermeßlich, immens
l'incendie *m*	[lɛ̃sãdi]	Brand
incontrôlé, e	[ɛ̃kɔ̃trɔle]	unkontrolliert
inépuisable *m/f*	[inepɥizabl]	unerschöpflich
l'intoxication *f*	[lɛ̃tɔksikasjɔ̃]	Vergiftung
jeter (*wie* **appeler**)	[ʒəte]	(weg)werfen
le lac	[ləlak]	(Binnen-)See
la lessive	[lalɛsiv]	(Wasch-)Lauge; *Plur:* Waschmittel
le littoral	[ləlitɔral]	Küstengebiet, -land
malsain, e	[malsɛ̃/malsɛn]	ungesund
marin, e	[marɛ̃/marin]	See-
la matière de base	[lamatjɛrdəbaz]	Grundstoff
la matière première	[lamatjɛrprəmjɛr]	Rohstoff
menacé, e	[mənase]	bedroht
ménager, -ère	[menaʒe/menaʒɛr]	Haushalts-
le milliard	[ləmiljar]	Milliarde
le mode	[ləmɔd]	Art und Weise, Modus
mondial, e	[mɔ̃djal]	weltweit, Welt-
national, e	[nasjɔnal]	national, landesweit
nettoyer	[netwaje]	reinigen
le nucléaire	[lənykleɛr]	Atomkraft
la nuisance	[lanɥizãs]	Belastung, Verunreinigung
l'ordure *f*	[lɔrdyr]	Unrat, Abfall
organique *m/f*	[ɔrganik]	organisch
l'origine *f*	[ɔriʒin]	Ursprung; Herkunft
l'oxyde *m*	[lɔksid]	Oxyd
périphérique *m/f*	[periferik]	am (Stadt-)Rand gelegen
le pétrole	[ləpetrɔl]	(Erd-)Öl, Petroleum
le pétrolier	[ləpetrɔlje]	Öltanker
piéton, ne	[pjetɔ̃/pjetɔn]	Fußgänger-
plastique *m/f*	[plastik]	plastisch, formbar

le/la pollueur, -euse	[ləpɔlɥœr/lapɔlɥøz]	Verschmutzer(in)
populaire *m/f*	[pɔpylɛr]	beliebt
la prise de conscience	[laprizdəkɔ̃sjɑ̃s]	Bewußtwerdung
la production	[laprɔdyksjɔ̃]	Herstellung, Produktion
la protection	[laprɔtɛksjɔ̃]	Schutz
protéger (*wie* préférer)	[prɔteʒe]	schützen
la qualité	[lakalite]	Qualität, Eigenschaft
radioactif, -ve	[radjɔaktif/radjɔaktiv]	radioaktiv
la radioactivité	[laradjɔaktivite]	Radioaktivität
le rapport	[lərapɔr]	Beziehung
le recyclage	[lərəsiklaʒ]	Wiederverwertung, Recycling
recycler	[rəsikle]	wiederverwerten, recyclen
le regroupement	[lərəgrupmɑ̃]	Neueinteilung, -aufteilung, Neugliederung
rejeter (*wie* appeler)	[rəʒəte]	(ins Wasser) zurückwerfen
le remembrement	[lərəmɑ̃brəmɑ̃]	Flurbereinigung
rendre (*wie* attendre) + *Adj*	[rɑ̃dr]	machen
reprocher qch à qn	[rəprɔʃe]	jdm etw vorwerfen
les ressources *f*	[lerəsurs]	*hier:* Quellen, Vorräte
réutiliser	[reytilize]	wiederverwenden
rural, e	[ryral]	ländlich, Land-
la science	[lasjɑ̃s]	Wissenschaft
le site	[ləsit]	Gegend, Landschaft
la société	[lasɔsjete]	Gesellschaft
la source	[lasurs]	Quelle
la station d'épuration	[lastasjɔ̃depyrasjɔ̃]	Kläranlage
la substance	[lasypstɑ̃s]	Stoff, Material, Substanz
sulfurique *m/f*	[sylfyrik]	schweflig, Schwefel-
tant … que	[tɑ̃kə]	sowohl … als auch
technique *m/f*	[tɛknik]	technisch
le territoire	[lətɛritwar]	Gebiet, Territorium
thermique *m/f*	[tɛrmik]	Wärme-, thermisch
toxique *m/f*	[tɔksik]	giftig, toxisch
tuer	[tɥe]	töten
l'uranium *m*	[lyranjɔm]	Uran
urbain, e	[yrbɛ̃/yrbɛn]	städtisch, urban
l'urbanisme *m*	[lyrbanism]	Städtebau
usé, e	[yze]	ge-, verbraucht
la voie piétonne	[lavwapjetɔn]	Fußgängerzone
la zone	[lazon]	Zone, Gebiet
⑤ inquiéter (*wie* préférer)	[ɛ̃kjete]	beunruhigen
le plus	[ləplys]	am meisten
les lettres *f* classiques	[lelɛtrəklasik]	Altphilologie, Sprache und Literatur der Antike
classique *m/f*	[klasik]	aus der Antike; klassisch
spécialement *Adv*	[spesjalmɑ̃]	besonders
la garrigue	[lagarig]	Heide, Ödland
l'arbuste *m*	[larbyst]	Strauch, Bäumchen
dévasté, e	[devaste]	zerstört, verwüstet
en partie	[ɑ̃parti]	zum Teil, teilweise
le mistral	[ləmistral]	Mistral *(kalter Nordwind im Rhonetal und in der Provence)*
enflammer	[ɑ̃flame]	anzünden, in Flammen setzen
la spéculation	[laspekylasjɔ̃]	Spekulation

foncier, -ière	[fɔ̃sje/fɔ̃sjɛr]	Grund-, Boden-
construire (*wie* **conduire**)	[kɔ̃strɥir]	bauen
des trucs comme ça	[detrykɔmsa]	solche Dinge; so etwas
fréquemment *Adv*	[frekamɑ̃]	häufig, oft
interdire (*wie* **dire**; *aber:* **vous interdisez**)	[ɛ̃tɛrdir]	verbieten
le coin	[ləkwɛ̃]	Ecke, *hier:* Gegend
à part ça	[aparsa]	abgesehen davon
la poubelle	[lapubɛl]	Mülleimer
à part	[apar]	außer, abgesehen von
hyper-compétent, e	[ipɛrkɔ̃petɑ̃/-kɔ̃petɑ̃t]	äußerst, höchst kompetent
le point de vue	[ləpwɛ̃dvy]	Standpunkt, Gesichtspunkt
l'acidité *f*	[lasidite]	Säure(gehalt)
fameux, -euse	[famø/famøz]	berühmt
catastrophique *m/f*	[katastrɔfik]	katastrophal
la perspective	[lapɛrspɛktiv]	Perspektive, Blickrichtung
de toutes façons	[dətutfasɔ̃]	auf alle Fälle, wie dem auch sei
par ailleurs	[parajœr]	übrigens, im übrigen
peuplé, e	[pœple]	bevölkert, besiedelt
la Mayenne	[lamajɛn]	*Departement im Westen Frankreichs*
dans l'immédiat	[dɑ̃limedja]	unmittelbar, unverzüglich, augenblicklich
relativement *Adv*	[rəlativmɑ̃]	relativ, vergleichsweise
notamment *Adv*	[nɔtamɑ̃]	insbesondere, namentlich
le bien	[ləbjɛ̃]	Gut
précieux, -euse	[presjø/presjøz]	wertvoll
sensible *m/f*	[sɑ̃sibl]	empfindsam
par rapport à	[parapɔra]	bezüglich
scientifique *m/f*	[sjɑ̃tifik]	wissenschaftlich
rigoureux, -euse	[rigurø/rigurøz]	peinlich genau, strikt, rigoros
le/la technicien, ne	[lətɛknisjɛ̃/latɛknisjɛn]	Techniker(in)
se désertifier*	[sədezɛrtifje]	zur Wüste, Einöde werden
intensif, -ve	[ɛ̃tɑ̃sif/ɛ̃tɑ̃siv]	intensiv
l'utilisation *f*	[lytilizasjɔ̃]	Benutzung, Gebrauch
le pesticide	[ləpɛstisid]	Pflanzenschutzmittel, Pestizid
l'insecticide *m*	[lɛ̃sɛktisid]	Schädlingsbekämpfungsmittel, Insektizid
maintenir (*wie* **tenir**)	[mɛ̃tnir]	beibehalten, aufrechterhalten
la pratique	[lapratik]	Verfahren, Brauch, Praxis
le péril	[ləperil]	Gefahr
le bois	[ləbwa]	*hier:* Gehölz
entretenir (*wie* **tenir**)	[ɑ̃trətnir]	pflegen, instandhalten, unterhalten
le développement	[ledevlɔpmɑ̃]	Wachsen, Wachstum, Entwicklung
par-dessus	[pardsy]	darüber hinaus, zusätzlich
originaire *m/f*	[ɔriʒinɛr]	gebürtig, herstammend
Cherbourg	[ʃɛrbur]	*Hauptstadt des Arrondissements Manche*
le retraitement	[lərətrɛtmɑ̃]	Wiederaufbereitung
atomique *m/f*	[atɔmik]	Atom-, atomar
La Hague	[la'ag]	*Ort in der Normandie*
Flamanville	[flamɑ̃vil]	*Ort in der Normandie*
maîtriser	[metrize]	beherrschen
lever (*wie* **acheter**)	[ləve]	(auf)heben, lüften

le voile	[ləvwal]	Schleier
l'ignorance f	[liɲɔrɑ̃s]	Unwissenheit, Ignoranz
de nombreux, -euses + *Subst*	[dənɔ̃brø/nɔ̃brøz]	viele, zahlreiche
sidérurgique m/f	[sideryrʒik]	Eisen-
le charbonnage	[ləʃarbɔnaʒ]	Steinkohlenzeche, Kohlenbergwerk
la fumée	[lafyme]	Rauch; Schwaden; Dampf
se dégager*	[sədegaʒe]	frei werden; sich entwickeln
de fait	[dəfɛt]	tatsächlich, in der Tat
par conséquent	[parkɔ̃sekɑ̃]	infolgedessen
en particulier	[ɑ̃partikylje]	besonders, insbesondere
le déboisement	[lədebwazmɑ̃]	Abholzung, Rodung
le/la Lorrain, e	[ləlɔrɛ̃/lalɔrɛn]	Lothringer(in)
Cattenom	[katənɔm]	*Ort an der Grenze zu Deutschland und Luxemburg*
inquiet, -iète	[ɛ̃kjɛ/ɛ̃kjɛt]	beunruhigt, unruhig
dès que *Konj*	[dɛkə]	sobald
le dérangement	[lədərɑ̃ʒmɑ̃]	Störung
la catastrophe	[lakatastrɔf]	Katastrophe
les feuillus m	[lefœjy]	Laubbäume
les résineux m	[lerezinø]	Nadelbäume
incendié, e	[ɛ̃sɑ̃dje]	verbrannt
annuel, le	[anɥɛl]	jährlich, pro Jahr
la Franche-Comté	[lafrɑ̃ʃkɔ̃te]	*Region im Osten Frankreichs*
le crépuscule	[ləkrepyskyl]	(Abend-)Dämmerung
la défense	[ladefɑ̃s]	Verteidigung
l'urgence f	[lyrʒɑ̃s]	Dringlichkeit
le bois	[ləbwa]	Wald
l'équateur m	[lekatœr]	Äquator
à travers	[atravɛr]	quer durch
le mal (*Plur:* les maux)	[ləmal/lemo]	*hier:* Krankheit
épargner	[eparɲe]	verschonen
le sapin	[ləsapɛ̃]	Tanne(nbaum)
le rapport	[lərapɔr]	Bericht
confidentiel, le	[kɔ̃fidɑ̃sjɛl]	vertraulich
l'office m	[lɔfis]	Amt
accablant, e	[akablɑ̃/akablɑ̃t]	niederdrückend, belastend
les Pyrénées f	[lepirene]	Pyrenäen
l'expert m	[lɛkspɛr]	Sachverständige(r), Fachmann, Experte/-in
la Chartreuse	[laʃartrøz]	*Bergmassiv in den Alpen*
le dégât	[lədega]	Schaden, Beschädigung
le/la directeur, -trice	[lədirɛktœr/ladirɛktris]	Direktor(in)
forestier, -ière	[fɔrɛstje/fɔrɛstjɛr]	Wald-, Forst-
la langueur	[lalɑ̃gœr]	Mattheit, Kränklichkeit
l'anémie f	[lanemi]	Blutarmut, Anämie
pernicieux, -euse	[pɛrnisjø/pɛrnisjøz]	schädlich, bösartig
l'aiguille f	[leɡɥij]	Nadel
jaunir (*wie* finir)	[ʒonir]	gelb werden, vergilben
prématuré, e	[prematyre]	vor-, vorzeitig; frühreif
accuser	[akyze]	anklagen
lourd, e	[lur/lurd]	schwer, Schwer-
le déséquilibre	[ldezekilibr]	Ungleichgewicht

l'étude f	[letyd]	Studium, Studie
l'anneau m	[lano]	(Jahres-)Ring
la croissance	[lakrwasɑ̃s]	Wachstum, Wachsen
le symptôme	[ləsɛ̃ptom]	Symptom, Krankheitszeichen
établir (wie finir)	[etablir]	auf-, erstellen
l'action f	[laksjɔ̃]	Handlung; hier: Wirkung
le diluant	[lədilɥɑ̃]	Verdünnungsmittel
déterminé, e (attributiv)	[detɛrmine]	bestimmt
tel, le	[tɛl]	solche(r,s)
la Tchécoslovaquie	[latʃekɔslɔvaki]	Tschechoslowakei
ravagé, e	[ravaʒe]	verwüstet, zerstört
le lignite	[ləliɲit]	Braunkohle
le soufre	[ləsufr]	Schwefel
la Maurienne	[lamorjɛn]	*Tal in Savoyen*
le fluor	[ləflyɔr]	Fluor
Lacq	[lak]	*Gemeinde im Departement Pyrénées-Atlantiques nahe Pau*
la solution	[lasɔlysjɔ̃]	Lösung
suffire	[syfir]	genügen
disperser	[dispɛrse]	verteilen, verstreuen
au lieu de + Inf/+ Subst	[oljødə]	anstatt zu/an Stelle von
s'accumuler*	[sakymyle]	sich ansammeln, akkumulieren
du coup	[dyku]	plötzlich, mit einem Schlag
l'hémisphère m	[lemisfɛr]	(Erd-)Halbkugel
participer à	[partisipea]	teilnehmen an
réduire (wie conduire)	[redɥir]	verringern, reduzieren
l'émission f	[lemisjɔ̃]	Ausstoß, Emission
intensifier	[ɛ̃tɑ̃sifje]	intensivieren
la cause	[lakoz]	Ursache, Grund
le remède	[lərəmɛd]	Gegenmittel, Heilmittel
s'adapter* à	[sadaptea]	sich anpassen, adaptieren an
le décalage	[lədekalaʒ]	Auseinanderklaffen, Abweichung
celui	[s(ə)lɥi]	der(jenige)
avoir failli faire qch	[avwarfajifɛr]	beinahe etw getan haben
périr (wie finir)	[perir]	unter-, zugrundegehen
le lendemain	[ləlɑ̃dmɛ̃]	der Tag darauf
rappeler qch à qn (wie appeler)	[raple]	jdn an etw erinnern
le code	[ləkɔd]	Gesetz(eswerk)
adapter à	[adaptea]	anpassen, adaptieren an
⑩ reconnaître (wie connaître)	[rəkɔnɛtr]	(wieder)erkennen
récent, e	[resɑ̃/resɑ̃t]	neu, frisch
l'invention f	[lɛ̃vɑ̃sjɔ̃]	Erfindung
⑪ apprendre qch à qn (wie prendre)	[aprɑ̃dr]	jdm etw beibringen, mitteilen, berichten
l'aspect m	[laspɛ]	Gesichtspunkt, Aspekt
⑫ les forêts en question	[lefɔrɛɑ̃kɛstjɔ̃]	die fraglichen, betreffenden Wälder
tirer au sort	[tireosɔr]	(aus)losen
⑬ le plutonium	[ləplytɔnjɔm]	Plutonium
l'autocollant m	[lɔtɔkɔlɑ̃]	Aufkleber
⑭ le décor	[lədekɔr]	Rahmen, Dekor

①	le calendrier	[ləkalɑ̃drije]	Kalender
	le jour férié	[ləʒurferje]	Feiertag, arbeitsfreier Tag
	le Jour de l'An	[ləʒurdəlɑ̃]	Neujahr(stag)
	l'Epiphanie f	[lepifani]	(Fest der) Heilige(n) Drei Könige
	le Mardi-Gras	[ləmardigra]	Fastnacht
	(le mercredi des) Cendres f	[(ləmɛrkrədide)sɑ̃dr]	Aschermittwoch
	le Carême	[ləkarɛm]	Fasten(zeit)
	la Mi-carême	[lamikarɛm]	Mittfasten
	(le dimanche des) Rameaux m	[(lədimɑ̃ʃde)ramo]	Palmsonntag
	le Vendredi-Saint	[ləvɑ̃drədisɛ̃]	Karfreitag
	le/la déporté, e	[lə/ladeporte]	Deportierte(r), Verschleppte(r)
	la Fête du Travail	[lafɛtdytravaj]	Tag der Arbeit
	l'Ascension f	[lasɑ̃sjɔ̃]	Christi Himmelfahrt
	la victoire	[laviktwar]	Sieg
	la Pentecôte	[lapɑ̃tkot]	Pfingsten
	la Trinité	[latrinite]	Trinitatis-, Dreifaltigkeitsfest
	la Fête des Mères	[lafɛtdemɛr]	Muttertag
	la Fête-Dieu	[lafɛtdjø]	Fronleichnam
	la Fête des Pères	[lafɛtdepɛr]	Vatertag
	la Fête Nationale	[lafɛtnasjɔnal]	Nationalfeiertag
	l'Assomption f	[lasɔ̃psjɔ̃]	Mariä Himmelfahrt
	la Nativité N. D.	[lanativitednɔtrədam]	Mariä Geburt
	N. D. = Notre Dame	[nɔtrədam]	Unsere Liebe Frau *(Maria)*
	la Toussaint	[latusɛ̃]	Allerheiligen
	Défunts m Plur	[defɛ̃]	Allerseelen
	l'armistice f	[larmistis]	Waffenstillstand
	l'avent m	[lavɑ̃]	Advent
	la Saint-Sylvestre	[lasɛ̃silvɛstr]	Silvester
①	le jour de fête	[ləʒurdəfɛt]	Fest-, Feiertag
	historique m/f	[istɔrik]	historisch
	religieux, -euse	[rəliʒiø]	religiös
	le plus de + *Subst*	[ləplydə]	am meisten
②	incontestable m/f	[ɛ̃kɔ̃tɛstabl]	unbestritten, unstreitig
	franc, franche	[frɑ̃/frɑ̃ʃ]	frank, frei
	le foyer du troisième âge	[ləfwajedytrwazjɛmaʒ]	Alten-, Seniorentagesstätte
	le troisième âge	[lətrwazjɛmaʒ]	(Renten-)Alter
	le mur	[ləmyr]	Mauer, Wand
	faire une farce	[fɛrynfars]	einen Streich spielen
	un jour ou l'autre	[ɛ̃ʒurulotr]	früher oder später
	la Nation	[lanasjɔ̃]	*die französische Nation*
	la nation	[lanasjɔ̃]	Nation
	la République	[larepyblik]	*die französische Republik*
	la république	[larepyblik]	Republik
	se placer*	[səplase]	sich plazieren, stellen
	enfin	[ɑ̃fɛ̃]	*hier:* nun
	tout au moins	[tutomwɛ̃]	wenigstens, mindestens
	(le/la) catholique	[(lə/la)katɔlik]	Katholik(in); katholisch
	pratiquant, e	[pratikɑ̃/pratikɑ̃t]	praktizierend

	marquer	[marke]	kennzeichnen, markieren
	le Christ	[ləkrist]	Christus
	la passion	[lapasjɔ̃]	Leiden
	la résurrection	[larezyrɛksjɔ̃]	Auferstehung
3	nommer	[nɔme]	nennen
	indiquer	[ɛ̃dike]	angeben
4	particulier, -ière	[partikylje/partikyljɛr]	besondere(r,s)
3	le pétard	[ləpetar]	Knallfrosch, -körper
6	le chauffeur de maître	[ləʃofœrdəmɛtr]	Chauffeur
	le/la châtelain, e	[ləʃatlɛ̃/laʃatlɛn]	Schloßherr(in)
	l'EDF *f* (Electricité de France)	[ledeɛf]	*französische Stromversorgungs-gesellschaft*
	le maire-adjoint	[ləmɛradʒwɛ̃]	Bürgermeister-Stellvertreter
	l'adjoint, e	[ladʒwɛ̃/ladʒwɛt]	Stellvertreter(in), Beigeordnete(r)
	la commune	[lakɔmyn]	Gemeinde, Kommune
	l'élève *m/f*	[lelɛv]	Schüler(in)
	l'horticulteur *m*	[lɔrtikyltœr]	(Kunst-)Gärtner
	le service militaire	[ləsɛrvismilitɛr]	Wehrdienst
	militaire *m/f*	[militɛr]	Militär-
	l'agent commercial *m*	[laʒɑ̃kɔmɛrsjal]	Handelsagent, -vertreter
	l'explication *f*	[lɛksplikasjɔ̃]	Erklärung
	le feu d'artifice	[ləfødartifis]	Feuerwerk
	faire la fête *ugs*	[fɛrlafɛt]	ein tolles Leben führen
	faire le fou, la folle *ugs*	[fɛrləfu/lafɔl]	verrückt spielen, Unfug treiben
	s'éclater* *ugs*	[seklate]	sich austoben
	l'éventail *m*	[levɑ̃taj]	Fächer
	le résumé	[lərezyme]	Zusammenfassung, Resümee
	grâce à	[grasa]	dank
	le bal	[ləbal]	Tanzveranstaltung, Ball
	se passer*	[səpase]	vorbeigehen, nicht lange dauern
	sortir qch (*wie* partir*)	[sɔrtir]	etw herausnehmen
	le chapeau	[ləʃapo]	Hut
	les confettis *m*	[lekɔ̃fɛti]	Konfetti
	précisément *Adv*	[presizemɑ̃]	genau
	le défilé	[lədefile]	Parade, Vorbeimarsch
	le soldat	[ləsɔlda]	Soldat
	intéresser qn	[ɛ̃terɛse]	jdn interessieren
	n'importe quel, le	[nɛ̃pɔrtəkɛl]	irgendeine(r,s)
	s'occuper*	[sɔkype]	sich beschäftigen
	l'époque *f*	[lepɔk]	Zeit(abschnitt), Epoche
	profiter de qch	[prɔfitedə]	von etw profitieren
	fêter	[fete]	feiern
5	à la veille de	[alavɛjdə]	im Vorfeld von; kurz vor
	la veille	[lavɛj]	Vorabend
	la monarchie	[lamɔnarʃi]	Monarchie
	Louis XVI	[lwisɛz]	*1754–1793; König von Frankreich 1774–1791*
	résider	[rezide]	residieren
	régner sur (*wie* préférer)	[reɲesyr]	herrschen über

le royaume	[lərwajom]	Königreich
l'Ancien Régime	[lɑ̃sjɛ̃reʒim]	*französische Herrschaftsform vor der Revolution*
le régime	[ləreʒim]	Regime
composer	[kɔ̃poze]	zusammensetzen
le clergé	[ləklɛrʒe]	Geistlichkeit
la noblesse	[lanɔblɛs]	Adel
posséder (*wie* préférer)	[pɔsede]	besitzen
le privilège	[ləprivilɛʒ]	Privileg, Vorrecht
le Tiers (Etat)	[lətjɛrzeta]	Dritter Stand
l'état *m*	[leta]	*hier:* Stand
la bourgeoisie	[laburʒwazi]	Bürgertum
avoir accès *m* à	[avwaraksɛa]	Zugang haben zu
le pouvoir	[ləpuvwar]	Macht
avoir faim	[avwarfɛ̃]	*hier:* hungern
convoquer	[kɔ̃vɔke]	zusammen-, einberufen
les Etats Généraux *m*	[lezetaʒenero]	Generalstände
réunir (*wie* finir)	[reynir]	vereinigen
le député	[lədepyte]	Abgeordnete(r)
élire (*wie* lire)	[elir]	(aus)wählen
l'arme *f*	[larm]	Waffe
la fonction	[lafɔ̃ksjɔ̃]	Funktion, Amt
la propriété	[laprɔprijete]	Eigentum
la terre	[latɛr]	*hier:* Land, Gut, Grundstück
le(s) revenu(s)	[lə/lerəvny]	Einkommen, Einnahme(n)
la dîme	[ladim]	Zehnte
la rente	[larɑ̃t]	Rente, Zins
le fruit	[ləfrɥi]	Frucht
l'œuvre *f*	[lœvr]	Werk
charitable *m/f*	[ʃaritabl]	wohltätig
la location	[lalɔkasjɔ̃]	Vermietung, Verpachtung

⑧
le nom	[lənɔ̃]	Hauptwort, Nomen
privilégié, e	[privileʒje]	privilegiert, mit Vorrechten ausgestattet
rentable *m/f*	[rɑ̃tabl]	rentabel, ertragreich, gewinnbringend

⑨
le tableau	[lətablo]	Übersicht, Tabelle
surprendre (*wie* prendre)	[syrprɑ̃dr]	überraschen
la lecture	[lalɛktyr]	Lesen, Lektüre

⑩
le/la noble	[lə/lanɔbl]	Adelige(r)
occuper	[ɔkype]	besetzen; einnehmen

①
le/la cordonnier, -ière	[ləkɔrdɔnje/lakɔrdɔnjɛr]	Schuhmacher(in), Schuster(in)
le maître	[ləmɛtr]	Herr; Meister
l'avocat, e	[lavɔka/lavɔkat]	Rechtsanwalt, -anwältin
prendre garde à	[prɑ̃drəgarda]	achtgeben auf
voter (pour)	[vɔte(pur)]	wählen
le jeune homme	[ləʒœnɔm]	junger Mann
de toute façon	[dətutfasɔ̃]	auf jeden Fall, wie dem auch sei
le/la domestique	[lə/ladɔmɛstik]	Hausangestellte(r), Bedienstete(r)
le déficit	[lədefisi]	Defizit; Fehlbetrag; Mangel
la voix	[lavwa]	Stimme

fermer qch à qn	[fɛrme]	jdm etw verschließen
décider de qch	[deside də]	über etw entscheiden, bestimmen
la constitution	[lakɔ̃stitysjɔ̃]	Verfassung
jurer	[ʒyre]	schwören
obéir à qn (*wie* **finir**)	[ɔbeira]	jdm gehorchen
se réunir* (*wie* **finir**)	[səreynir]	sich versammeln, vereinigen
le Jeu de Paume	[ləʒødpom]	*Teil der Versailler Schloßanlage*
se proclamer*	[səprɔklame]	sich ausrufen als
l'assemblée *f*	[lasɑ̃ble]	Versammlung
être fou, folle de rage	[ɛtrəfu/fɔldəraʒ]	außer sich sein vor Wut, vor Wut schäumen
la rage	[laraʒ]	Wut
des hommes *m* **de troupe**	[dezɔmdətrup]	Mann (Soldaten)
la troupe	[latrup]	Truppe
marcher	[marʃe]	marschieren
le régiment	[ləreʒimɑ̃]	Regiment
royal, e	[rwajal]	königlich, Königs-
se soulever* (*wie* **acheter**)	[səsulve]	sich erheben
le fusil	[ləfyzi]	Gewehr
le canon	[ləkanɔ̃]	Kanone
l'hôpital *m* **militaire**	[lɔpitalmilitɛr]	Lazarett
les Invalides *m*	[lezɛ̃valid]	*Gebäude in Paris, das ursprünglich der Beherbergung von Kriegsversehrten diente*
l'invalide *m*	[lɛ̃valid]	Invalide, Versehrter
la prise	[lapriz]	*hier:* Einnahme, Eroberung, Stürmung
la Bastille	[labastij]	*Staatsgefängnis in Paris und Symbol des Absolutismus*
le dépôt	[lədepo]	Depot, Lager
la poudre	[lapudr]	(Schwarz-, Schieß-)Pulver
la prison	[laprizʃ]	Gefängnis
la répression	[larepresjɔ̃]	Unterdrückung
apprends que	[aprɑ̃kə]	wisse, daß
rejoindre (*wie* **plaindre**)	[rəʒwɛ̃dr]	*(einer Organisation)* beitreten
la garde	[lagard]	Garde, Wache
l'ordre *m*	[lɔrdr]	Ordnung
la confusion	[lakɔ̃fyzjɔ̃]	Verwirrung, Unordnung
se cacher*	[səkaʃe]	sich verstecken
abolir (*wie* **finir**)	[abɔlir]	abschaffen
égal, e	[egal]	gleich(wertig)
juridique *m/f*	[ʒyridik]	juristisch, Rechts-
La Fayette	[lafajɛt]	*französischer General und Politiker (1757–1834)*
la déclaration	[ladeklarasjɔ̃]	Erklärung, Verkündung
le droit	[lədrwa]	Recht
la cocarde	[lakɔkard]	Abzeichen
tricolore *m/f*	[trikɔlɔr]	dreifarbig
le décret	[lədekrɛ]	Dekret, Beschluß
la division	[ladivizjɔ̃]	Ein-, Aufteilung
partout	[partu]	überall
engager des troupes	[ɑ̃gaʒedetrup]	Truppen ausheben
engager	[ɑ̃gaʒe]	engagieren, einstellen
combattre (*wie* **mettre**; *aber:* **combattu**)	[kɔ̃batr]	(be)kämpfen

se regrouper*	[səregrupe]	sich zusammenschließen, formieren
la fédération	[lafederasjɔ̃]	Föderation, Bund, Zusammenschluß
fier, fière (de)	[fjɛr]	stolz (auf, darauf)
tousser	[tuse]	husten
le garde	[ləgard]	Wachsoldat
fédéré, e	[federe]	föderiert; verbündet
vers	[vɛr]	nach
parmi	[parmi]	unter, zwischen, als eine(r) von
supplier qn de faire qch	[syplije]	jdn anflehen, etw zu tun
guérir (wie finir)	[gerir]	heilen, gesund machen
l'emporter sur	[lɑ̃pɔrtesyr]	den Sieg über … davontragen, übertreffen, überlegen sein
le Champ-de-Mars	[ləʃɑ̃dmars]	Marsfeld
fidèle m/f	[fidɛl]	treu, ergeben
défiler	[defile]	vorbeimarschieren, paradieren
le/la spectateur, -trice	[ləspɛktatœr/laspɛktatris]	Zuschauer(in)
le serment	[ləsɛrmɑ̃]	Schwur, Eid
prêter	[prete]	hier: (Schwur) leisten
trembler	[trɑ̃ble]	beben, zittern
la pensée	[lapɑ̃se]	Gedanke
respecter	[rɛspɛkte]	respektieren, achten
la loi	[lalwa]	Gesetz
l'uniforme m	[lynifɔrm]	Uniform
en armes f	[ɑ̃narm]	in Waffen, gerüstet, bewaffnet
royaliste m/f	[rwajalist]	königstreu, royalistisch
⑪ rédiger	[rediʒe]	abfassen, verfassen
correspondre (wie attendre)	[kɔrɛspɔ̃dr]	übereinstimmen
⑬ révolutionnaire m/f	[revɔlysjɔnɛr]	Revolutions-
⑭ l'extrait m	[lɛkstrɛ]	Auszug, Ausschnitt
② la festivité	[lafɛstivite]	Festlichkeit, Festivität
l'ampleur f	[lɑ̃plœr]	Weite, Umfang
d'année en année	[daneɑ̃nane]	von Jahr zu Jahr
le lancement	[ləlɑ̃smɑ̃]	Start, Einführung, Kreierung
l'opération f	[lɔperasjɔ̃]	Unternehmen, Operation
l'organisation f	[lɔrganizasjɔ̃]	Organisation, Planung
la municipalité	[lamynisipalite]	Gemeindeverwaltung, Stadtrat
le square	[ləskwar]	hier: Platz
le cercle	[ləsɛrkl]	Kreis, Zirkel
l'allure f	[lalyr]	Gang(art)
martial, e	[marsjal]	kriegerisch
la cérémonie	[laseremɔni]	Feierlichkeit, Zeremonie
la parade	[laparad]	Parade, Vorbeimarsch
aérien, ne	[aerjɛ̃/aerjɛn]	Luft-
la capitale	[lakapital]	Hauptstadt
puisque Konj	[pɥiskə]	da (ja)
remonter	[rəmɔ̃te]	hier: hinaufliegen
les Champs-Elysées m	[leʃɑ̃zelize]	berühmte Straße in Paris, die zum Arc de Triomphe führt
négocier	[negɔsje]	hier: ausführen

le virage	[ləviraʒ]	Wendung, Drehung, Kurve
se mettre* en ordre	[səmɛtrãnɔrdr]	*hier:* sich formieren
le tonnerre	[lətɔnɛr]	Donner(schlag)
se tasser*	[sətase]	sich zusammendrängen, anhäufen
le déplacement	[lədeplasmã]	Ortswechsel
s'embraser*	[sãbraze]	erglühen, aufflammen
le jet	[ləʒɛ]	Wurf, Guß, Strahl
multicolore *m/f*	[myltikɔlɔr]	mehr-, vielfarbig
la béguine	[labegin]	Beguine *(volkstüml. Tanz)*
endiablé, e	[ãdjable]	vom Teufel besessen
se former*	[səfɔrme]	sich bilden
le lampion	[ləlãpjõ]	Lampion
le cristal	[ləkristal]	Kristall
la lumière	[lalymjɛr]	Licht, Lampe
le minuit	[ləminɥi]	Mitternacht
tournant, e	[turnã/turnãt]	drehend, kreisend
le disc-jockey	[lədiskʒɔkɛ]	Diskjockey
toujours aussi + *Adj*	[tuʒurosi]	immer noch genauso
efficace *m/f*	[ɛfikas]	wirkungsvoll, leistungsfähig, effizient
sacré, e *ugs*	[sakre]	*hier:* verdammt gut
la jeunesse	[laʒœnɛs]	Jugend
pur, e	[pyr]	rein, pur
le carton	[ləkartõ]	Pappe
le discours	[lədiskur]	Rede
prendre modèle *m* sur qch	[prãdrəmɔdɛlsyr]	etw als Muster, Beispiel nehmen
populaire *m/f*	[pɔpylɛr]	volkstümlich, Volks-
en arrière	[ãnarjɛr]	in den Nacken geschoben
Rachel	[raʃɛl]	*hier etwa:* Zentrum der allgemeinen Aufmerksamkeit *(nach einer bekannten Schauspielerin des 19. Jh.)*
la paupière	[lapopjɛr]	(Augen-)Lid
le comptoir	[ləkõtwar]	Tresen, Theke
boire un coup *ugs*	[bwarɛ̃ku]	einen heben
le coup	[ləku]	*hier:* Schluck
se reboire* un coup *ugs*	[s(ə)rəbwarɛ̃ku]	noch einen trinken
rigoler *ugs*	[rigɔle]	scherzen, Spaß haben
l'air *m*	[lɛr]	Melodie
l'accordéon *m*	[lakɔrdeõ]	Akkordeon
le tango	[lətãgo]	Tango
se foutre* de *ugs* (*wie* attendre; *aber:* je me fous)	[səfutrədə]	sich nichts machen aus, sich nicht scheren um
faire des manières *f*	[fɛrdemanjɛr]	sich zieren
le barman	[labarman]	Kellner, Barmixer
s'endormir* (*wie* partir*)	[sãdɔrmir]	einschlafen

Mon journal de la Fête Nationale

le dé	[lədé]	Würfel
le stylo	[ləstilo]	Füllfederhalter, Füller
l'imagination *f*	[limaʒinasjõ]	Einbildung(skraft), Phantasie

à plusieurs reprises *f*	[aplyzjœrəpriz]	wiederholt, mehrmals
annoncer	[anɔ̃se]	ankündigen
imprimé, e en caractères gras	[ɛ̃primeɑ̃karaktɛrgra]	fettgedruckt
le caractère	[ləkaraktɛr]	Buchstabe
animé, e	[anime]	belebt
se déshabiller*	[sədezabije]	sich ausziehen
ça alors! *ugs*	[saalɔr]	*hier:* auch das noch!
à côté de chez vous	[akotedʃevu]	neben Ihnen
réveillé, e	[reveje]	wach
il y a plein de monde *m*	[iljaplɛ̃dəmɔ̃d]	es sind viele Leute da
l'averse *f*	[lavɛrs]	Platzregen, Regenschauer
trempé, e	[trɑ̃pe]	durchnäßt
faire un rêve	[fɛrɛ̃rɛv]	einen Traum haben
bizarre *m/f*	[bizar]	seltsam, sonderbar
le car de police	[ləkardəpɔlis]	Streifenwagen
arrêter qn	[arete]	jdn festnehmen, verhaften
le cri	[ləkri]	Schrei
se disputer*	[sədispyte]	sich streiten
se battre* (*wie* mettre; *aber:* battu, e)	[səbatr]	sich schlagen; miteinander kämpfen
prendre qn	[prɑ̃dr]	jdn festnehmen, verhaften
la bagarre	[labagar]	Krawall; Schlägerei
constater	[kɔ̃state]	feststellen
à plat	[apla]	platt *(Reifen)*
la messe	[lamɛs]	Messe
se réveiller*	[səreveje]	aufwachen
terrible *m/f*	[tɛribl]	schrecklich, furchtbar
la soif	[laswaf]	Durst
le/la mort, e	[ləmɔr/lamɔrt]	Verstorbene(r); Tote(r)
se mettre*	[səmɛtr]	*hier:* sich setzen
suivre	[sɥivrə]	verfolgen
l'intérêt *m*	[lɛ̃terɛ]	Interesse; Anteilnahme
le portefeuille	[ləpɔrtəfœj]	Brieftasche
vous n'avez plus un sou	[vunaveplyɛ̃su]	Sie haben keinen Pfennig mehr
le sou	[ləsu]	Sou *(5 Centimes)*
la réception	[larɛsɛpsjɔ̃]	Empfang
remettre (*wie* mettre)	[rəmɛtr]	aushändigen, überreichen
le télégramme	[lətelegram]	Telegramm
le jogging	[ləʒɔgiŋ]	Jogging, Dauerlauf
se rendormir* (*wie* partir*)	[sərɑ̃dɔrmir]	wieder einschlafen
la terrasse	[latɛras]	Terrasse(ncafé)

Alphabetische Wortliste

Die fettgedruckten Zahlen verweisen auf die *Section*, in der das betreffende Wort erstmalig vorkommt.
F bedeutet „Filtertext", H bedeutet „Haupttext", Ü bedeutet „Übung", G bedeutet „Grammatik".
Fettgedruckte Wörter gehören der Wortschatzliste des „Grundbausteins" (GBS) an.

A

à ce compte 8 H
à demi 8 H
à deux 5 F 1
à force 8 H
à force de 4 F 2
à jamais 8 F 4
à l'aide de 7 Ü 16
à l'essai 7 F 3
à l'heure 5 Ü 14
à l'œil nu 9 F 2
à la bordelaise 6 F 1
à la place de 5 Ü 12
à la suite de 9 F 4
à la va-vite 1 F 2
à la veille de 10 F 5
à leur tour 8 H
à mi-temps 2 F 2
à nouveau 3 Ü 17
à part (ça) 9 F 5
à partir de 2 F 5; 8 Ü 7
à plein temps 2 F 2
à présent 2 F 1
à quel point 5 H
à sens unique 7 Ü 17
à temps partiel 2 F 2
à terre 8 H
à travers 9 H
abeille 9 F 2
abolir 10 H 1
s'absenter 7 H
absolument 8 F 2
absurde 3 Ü 7
accablant, e 9 H
accepter 7 H
accès 10 F 5
accompagner 6 Ü 21
accordéon 10 Ü 15
accorder 2 F 5
accueillir 7 F 2, 7 G
s'accumuler 9 H
accuser 9 H
achat 6 Ü 8
acide 9 F 4
acidité 9 F 5
acier 5 H
acteur, -trice 3 Ü 16

actif, -ve 1 Ü 9
action 9 H
activité 3 H
actualités 2 F 1
actuel, le 7 Ü 8
actuellement 1 Ü 11
(s')adapter 9 H
adjectif 4 Ü 18
adjoint, e 10 Ü 6
administratif, -ve
  4 Ü 15
administration 8 F 4
admiration 7 H
admirer 7 F 1
adolescent, e 7 F 2
adresse 5 H
adulte 3 Ü 16
adverbe 8 Ü 6
aérien, ne 10 H 2
aérodrome 8 Ü 1
affaire 5 H
affaires 2 F 1
affirmation 8 Ü 10
affronter 8 H
agacer 5 H
âgé, e 1 F 4
agence 5 H
agent commercial
  10 Ü 6
agent de maîtrise
  2 Ü 3
s'agir de 5 Ü 1
agréable 4 F 2
agréer 2 F 5
agricole 9 F 4
agriculteur, -trice
  5 F 1
agriculture 9 Ü 8
aide 7 F 1
aide-ménagère 2 F 5
aider 7 F 1
aiguille 9 H
aimable 7 F 2
aîné, e 7 H
ainsi 6 F 6
air 6 H, 8 H; 10 Ü 15
aire de jeux 7 F 4
album 7 H

alcool 6 Ü 21
aliment 6 Ü 21
alimentaire 6 Ü 14
alimentation 6 Ü 19
s'alimenter 6 H
aller 2 F 4; 5 H
Allier 4 F 4
allocation 7 F 4
allocations familiales
  7 F 4
allonger 8 Ü 18
allure 10 H 2
alors 3 H
alors que 8 H
alphabet 1 F 3
Alsace 6 F 1
alsacien, ne 6 Ü 1
altitude 4 F 4
ambiant, e 8 Ü 18
amélioration 9 F 4
améliorer 4 F 5
amitié(s) 4 F 3
amour 3 Ü 16
ampleur 10 H 2
amusant, e 1 Ü 9
s'amuser 4 Ü 5
analyste-program-
  meur 2 Ü 3
ananas 6 H
ancien, ne 4 F 4
Ancien Régime 10 F 5
anecdote 7 F 1
anémie 9 H
Angers 5 F 1
animal 9 F 2
animation 8 F 4
anneau 9 H
annuel, le 9 Ü 9
A.N.P.E. 2 F 4
anticipé, e 1 Ü 12
AOC 6 F 5
apparaître 7 F 2
apparent, e 5 H
appartement 1 H
appeler 8 H
appétit 6 Ü 21
apprendre 2 Ü 12;
  9 Ü 11; 10 H 1

appui 7 F 1
arbuste 9 F 5
Ardèche 4 F 4
arme 10 F 5
armée 8 F 4
armistice 10 F 1
Armorique 8 F 4
arracher 1 Ü 4
arriver à 3 Ü 13
arrondissement 5 F 1
arroser 6 F 3
art 9 F 4
artisan, e 3 H
artisanal, e 4 H
ascenseur 5 Ü 14
Ascension 10 F 1
aspect 9 Ü 11
asphalte 9 F 1
aspirine 1 Ü 3
assemblée 10 H 1
s'asseoir 1 F 1, 1 G
assistant, e 1 F 3
assister à 6 F 6
association 7 F 2
Assomption 10 F 1
assurance 1 F 1, 5 F 1
assuré, e 1 F 1
atelier 2 F 1
atmosphère 3 Ü 17
atomique 9 F 5
attaquer 4 F 4
attendre 7 Ü 3
attente 2 F 5
attention 2 F 5
attentivement 8 Ü 6
attirer 8 H
au bout de 4 F 2
au cours de 1 F 1
au début 4 F 3
au-delà de 7 F 4
au-dessus de 7 F 4
au lieu de 9 H
au moins 3 F 2
au moment où 4 Ü 8
au profit de 6 F 6
aube 8 H
aucun, e 6 H
augmentation 2 F 3

237

augmenter 6 Ü 21
auprès de 7 F 2
autant que 2 Ü 3
auteur 8 H
autocollant m 9 Ü 13
automobile 8 H
autonomie 6 H
autour de 8 H
autre 7 Ü 9
autre chose 2 Ü 5
autrefois 6 Ü 17
autrement 7 F 2
Autun 4 Ü 7
auvergnat, e 6 Ü 1
Auvergne 4 F 4
avant de 7 Ü 11
avant-hier 7 Ü 15
avec précaution 3 Ü 11
avec soin 6 F 2
avenir 6 Ü 22
avent 10 F 1
aventure 3 Ü 16
s'aveugler 8 F 4
avocat m 6 F 3
avocat, e 10 H 1
avoir confiance en 1 F 2
avoir envie de 3 F 3
avoir failli 9 H
avoir faim 10 F 5
avoir mal à 1 F 1
avoir marre de 2 H
avoir raison 3 H
avoir répétition 3 F 1
avoir sa claque 7 Ü 17
azote 9 F 4

B

baie 8 H
se baigner 4 F 2
baignoire 5 F 2
bain 5 Ü 8
baiser 7 F 1
baisse 7 Ü 8
bal 10 Ü 6
baleine 9 F 1
ballet 3 F 2
ballon 1 Ü 4
banlieue 5 F 1
banquette 5 F 3
barman 10 Ü 15
barre 6 H

bas, se 5 F 3
base 9 F 4
basque 4 Ü 17
Basse Bretagne 8 F 4
Bastille 10 H 1
bâtiment 2 F 4
Beaune 4 Ü 7
bébé 5 F 2
béguine 10 H 2
belle-famille 7 Ü 16
belle-fille 7 Ü 10
belle-mère 7 Ü 10
Besançon 4 F 3
besoin 7 H
bête 5 H
béton 9 F 1
beurrer 6 H
bicyclette 4 Ü 5
bidet 5 F 2
bien 1 H; 3 F 1
bien entendu 9 F 3
bien m 9 F 5
bientôt 1 H
bigouden 8 H
bijou 4 H
bilan 8 Ü 7
bilig 8 Ü 18
biniou 8 F 4
bise 4 F 3
bistro(t) 1 Ü 12
bitume 9 F 1
blanquette 6 F 4
blé (noir) 8 Ü 18
blessure 7 Ü 16
bloc 4 F 4
bocage 9 F 4
bœuf 6 F 4
bof 2 Ü 5
boire un coup 10 Ü 15
bois 1 Ü 10; 9 F 5; 9 H
boîte 8 H
bol 6 H
bombarde 8 F 4
bonheur 7 H
bonne 7 Ü 17
bonsoir 3 H
Bordeaux 6 F 1
Bordelais 6 Ü 11
bouche 1 F 1
bouillabaisse 6 F 1
bouillon 7 F 1
boules 1 Ü 12
boulot 2 H
bourbonnais, e 6 F 2
bourdon 9 F 2

bourg 8 H
bourgeoisie 10 F 5
Bourgueil 6 F 3
bourguignon, ne 6 Ü 1
bout 2 F 1
bouton 3 Ü 23
branche 9 F 2
bras 1 F 1
bretelle 8 H
breton, ne 6 Ü 1
Breton, ne 8 H
bricolage 6 H
bricoler 3 F 1
bricoleur, -euse 3 Ü 26
brillant, e 8 H
briller 9 F 1
brocanteur, -euse 6 H
broccio 6 F 1
broder 8 H
bruit 2 F 1
brûlant, e 9 F 1
brûler 9 F 4
bruyant, e 5 Ü 3
buffet 5 F 3
bulletin météo(rologique) 4 Ü 8
buveur, -euse 6 F 5

C

c'est à 7 Ü 11
c'est le tour de 7 Ü 11
ça doit être 3 F 3
cabaret 8 F 4
cabinet 1 F 3
se cacher 10 H 1
cadeau 7 F 1
cadre 9 F 4
Caen 1 H
cafétéria 2 H
cahier (de recettes) 6 H
calculer 5 F 3
cale 8 H
calendrier 10 F 1
calme 5 Ü 3
calorique 6 Ü 21
calotte 6 F 2
calvaire 8 F 1
campagne 4 Ü 18
camping 4 Ü 5; 4 F 3
Canal du Centre 4 F 3
canapé 5 F 3
canard 6 F 4

cancer 1 F 4
candidat, e 2 H
canon 10 H 1
Cantal 4 F 4
canyon 4 F 4
capitale 10 H 2
caractère 5 H
caractéristique 4 Ü 11
carbonique 9 F 4
cardiaque 6 Ü 21
Carême 10 F 1
caricaturer 7 F 3
carrément 8 H
carrière 2 Ü 13
carrosse 8 H
carte postale 4 Ü 7
carton 10 H 2
casquette 4 Ü 1
casser 1 Ü 20
cassoulet 6 F 1
cataracte 1 H
catastrophe 9 F 5
catastrophique 9 F 5
catégorie 2 F 3
catholique 10 F 2
Cattenom 9 F 5
cause 9 H
causer 1 H
cave 6 F 5
ce que 2 F 1
ce qui 2 F 2
célibataire 6 H
celle 7 Ü 8
celte 8 F 4
Celte 8 F 4
celui 9 H
Cendres 10 F 1
central, e 4 F 4
centrale 9 Ü 8, 9 F 4
centre 4 F 4
centre aéré 7 F 4
centre-ville 9 F 4
cèpe 6 F 1
cercle 10 H 2
céréale 6 H
cérémonie 10 H 2
cerise 8 Ü 18
certainement 7 F 3
certain(e)s 7 F 3; 9 Ü 6
cervelle 1 Ü 20
cesser 8 Ü 6
cette fois-ci 4 Ü 18
chacun, e 3 Ü 7
chaîne 2 F 1; 3 F 3

chaise 5 F 2
chaleur 4 F 2
chaleureux, -euse
   7 F 2
champ 8 F 4; 9 F 4
Champ-de-Mars
   10 H 1
champignon 6 F 3
Champs-Elysées
   10 H 2
chansonnier 3 F 2
chanter 3 F 1
chantier 6 H
chapeau 10 Ü 6
chapelle 8 Ü 1
chaque 2 Ü 18
charbon 9 F 4
charbonnage 9 F 5
chargé, e 3 Ü 15
charges 5 F 2
charitable 10 F 5
charmant, e 5 H
charme 5 H
Chartreuse 9 H
chasse 9 F 3
chasser 8 F 4
chasseur, -euse 9 F 4
chat 9 F 2
château 4 H
Château Faubernet
   6 Ü 11
châtelain, e 10 Ü 6
chauffage 9 F 4
chauffeur de maître
   10 Ü 6
chef-lieu 4 Ü 15
chemin de fer 8 Ü 1
cheminée 5 H
cher, chère 1 H
Cherbourg 9 F 5
cheval 8 H
chevalier 6 F 5
chevreuil 6 F 4
chez soi 1 F 4
chez-soi 5 Ü 21
chiffre 9 F 4
chimique 9 F 4
chirurgien, ne 1 Ü 4
chlorophylle 9 F 2
chocolat 6 H
chœur 8 F 4
choix 7 H
chômage 2 F 3
chômeur, -euse
   2 F 3

chorale 3 F 1
chou 9 F 2
choucroute 6 F 1
Christ 10 F 2
ci-dessous 7 Ü 9
ci-dessus 4 Ü 12
cidre 6 F 6
cingler 8 H
circulatoire 6 Ü 21
cirque 3 F 2
citoyen, ne 9 F 1
civilisation 8 F 4
clafoutis 6 F 1
clan 7 F 1
classe 5 Ü 11
classement 4 Ü 15
classique 9 F 5
clergé 10 F 5
Clermont-Ferrand
   4 Ü 13
client, e 1 Ü 7
climat 7 F 4
clinique 5 F 1
Cluny 4 F 3
cocarde 10 H 1
cocon 7 F 1
code 9 H
code postal 4 Ü 16
cœur 1 F 1
cohabitation 7 F 3
coiffure 5 H
coin 9 F 5
colloque 8 F 4
colonie de vacances
   7 F 4
combattre 10 H 1
combiner 9 Ü 5
combustion 9 F 4
comité 4 F 5
commande 2 F 1
comme 1 Ü 11; 1 H
comme ça 9 F 5
comme si 5 H
comme tout 5 F 3
commencement 3 Ü 7
commerce 2 F 5
commercial, e 2 F 1
commode 8 H
commun, e 7 F 1
commune 10 Ü 6
compagnie
   (d'assurance) 5 F 1
complication 1 H
complicité 7 F 1
comportement 7 F 1

comporter 6 Ü 19
se comporter 5 Ü 17
composer 3 Ü 16;
   10 F 5
comprendre 4 F 4
comprimé 1 F 1
compromis 5 H
compter 2 F 3
compter sur 7 F 1
comptoir 10 Ü 15
concerné, e 7 H
concerner 8 Ü 16
concession 7 Ü 17
conclusion 9 Ü 4
concours 8 F 4
condition 2 H
conférence 8 F 4
confettis 10 Ü 6
confiance 1 F 2
confidentiel, le 9 H
se confirmer 7 F 3
conflit 2 H
conformisme 7 H
confort 5 F 1
confusion 10 H 1
conjoint, e 7 F 3
connaissances 2 F 5
connaître 7 Ü 11
conquérir 8 F 4, 8 G
conquête 6 H
consacrer 6 H
conscience 9 F 4
conseil 6 Ü 21; 7 F 2
conseiller 1 F 2
consentement 7 H
conséquence 8 F 2
conservatoire 7 H
conserve 8 F 2
conserver 4 F 4
considérer 9 F 4
consommation 6 Ü 12
constamment 8 F 2
constant, e 2 F 3
constatation 7 Ü 12
constituant 6 Ü 21
constitution 10 H 1
construction 8 F 2
construire 9 F 5
consultation 1 Ü 4
consulter 6 H
contemporain, e
   7 Ü 8
contenir 6 Ü 11; 9 F 4
conteur, -euse 8 F 4
contexte 8 Ü 7

contraire 1 Ü 9;
   8 Ü 16
contrairement à
   6 Ü 21
contraste 8 Ü 13
contribuer 9 F 4
convenir 2 F 5; 6 Ü 4
convoquer 10 F 5
cordonnier, -ière
   10 H 1
Cornouaille 8 F 4
Cornouailles 8 F 4
corps 1 F 1
corps gras 6 Ü 21
correspondance
   1 Ü 14; 2 H
correspondant, e
   3 Ü 2
correspondre 10 Ü 11
corrida 7 Ü 17
corriger 5 Ü 14
Corse 4 Ü 17
corse 6 Ü 1
costaud 6 Ü 18
costume 8 F 4
côté 5 F 2
Côtes-du-Nord 8 F 1
côtier, -ière 8 Ü 1
cou 1 F 1
coulée 4 F 4
couloir 5 F 2
coup 10 Ü 15
coup de téléphone
   1 Ü 18
couper les vivres 7 F 2
couple 5 F 2
courant *m* 2 F 5;
   8 Ü 3
courant, e 6 F 6
courir 8 H, 8 G
courrier 2 H
cours 3 F 4; 9 F 1
couvrir 4 F 4
cratère 4 F 4
création 9 F 4
crèche 7 F 4
crédit 5 F 3
créer 7 F 4
crème fraîche 6 F 2
crépi 5 H
crépuscule 9 H
creuser 1 Ü 20
crevé, e 3 F 1
crevette 6 H
crise 8 Ü 6

239

cristal **10** H 2
croissance **9** H
croissanterie **6** F 7
croque-madame **6** F 7
croque-monsieur
  6 F 7
croûte **6** F 2
croûton **1** H
cuisine 6 F 1
cuisinière **5** F 2
cuisson **6** F 2
cul **8** H
cultivé, e **9** F 2
culturel, le **8** Ü 9
cyclotourisme **4** H

D

d'année en année
  10 H 2
d'après **2** F 3
d'autant plus que
  7 H
d'autre part **2** F 3
d'un autre côté **5** F 2
d'une part **2** F 3
dangereux, -euse
  8 Ü 3
dans l'immédiat **9** F 5
dans la journée **4** Ü 8
date **1** Ü 7
de caractère **5** H
de ce côté-là **7** F 2
de cette façon **5** H
de façon sensible
  9 F 3
de fait **9** F 5
de masse **6** F 7
de moins en moins
  6 F 6
de plus en plus 2 Ü 6;
  6 F 6
de préférence **8** Ü 18
de son mieux **8** H
de suite **2** F 1
de telle sorte que **5** H
de temps en temps
  1 Ü 11
de toute(s) façon(s)
  9 F 5, **10** H 1
débat **7** F 1
déboisement **9** F 5
débouché **2** H
debout **6** H

début **2** Ü 11
décalage **9** H
déchets **9** Ü 8
décider 4 F 2, **10** H 1
Decize **4** F 3
déclaration **10** H 1
décomposer **9** F 2
décor **9** Ü 14
découper **6** F 2
découvrir **4** Ü 15
décret **10** H 1
décrire **4** Ü 1
déçu, e 1 H
défendre **3** Ü 24; **9** F 1
défense **9** H
déficit **10** H 1
défilé **8** F 4; **10** Ü 6
défiler **10** H 1
définition **2** Ü 6
Défunts **10** F 1
se dégager **9** F 5
dégât **9** H
déguster **6** F 2
dehors **7** Ü 3
déjeuner d'affaires
  6 H
délaisser **6** F 6
délayer **8** Ü 18
demande **2** F 1
demander 7 Ü 17
demandeur d'emploi
  2 F 3
déménager **5** Ü 5
démographique **9** F 4
démonstration **9** F 3
dent 1 F 1
dénudé, e **8** H
départ 7 Ü 16
département **4** F 5
dépayser **4** Ü 17
dépendance **5** Ü 21
dépérissement **9** F 4
déplacement **10** H 2
déplier **3** Ü 7
déporté, e **10** F 1
dépôt **10** H 1
déprimé, e **7** Ü 16
depuis que **1** Ü 11
député **10** F 5
dérangement **9** F 5
se dérouler **6** Ü 21
dès que **9** F 5
descente **6** F 6
déséquilibre **9** H
désert **9** F 4

se désertifier **9** F 5
désespéré, e **8** Ü 6
design **5** H
désigner **9** Ü 1
désir **2** Ü 9
désormais **6** Ü 17
dessiner **5** Ü 7
destruction **9** F 4
détail **4** Ü 16
détente **3** Ü 23
déterminé, e **9** H
déterminer **7** F 1
détester **7** Ü 5
détruire **8** F 4
dette **5** Ü 21
deux-pièces **5** H
dévasté, e **9** F 5
développement **9** F 5
se développer **9** F 4
devenir **2** H
deviner **5** Ü 1
devoir 1 F 1; **1** H;
  3 F 3; **9** F 4; **1** G
diable **8** H
dictionnaire **9** Ü 8
différence **3** Ü 9
différent, e 5 H;
  5 Ü 17
difficulté 7 Ü 16
Dijon **4** Ü 7
diluant **9** H
dîme **10** F 5
diminuer **8** F 2
se dire **8** Ü 16
directement 5 H
directeur, -trice **9** H
diriger **2** F 1
disc-jockey **10** H 2
discours **10** Ü 15
disparaître **8** Ü 16
disparition **9** F 4
disperser **9** H
disponible **3** F 2
distingué, e **4** F 5
distinguer **2** F 3
distribuer **2** H
division **10** H 1
divorce **7** F 3
divorcé, e **5** F 1
divorcer **7** H
document **8** Ü 9
documentation **4** F 5
doigt **1** F 1
dolmen **8** F 1
domaine **6** F 6

domestique **9** F 2;
  10 H 1
domicile **6** Ü 19
donnée **4** Ü 11
dont **2** F 5
dormir 1 Ü 3
dos **1** F 1
dossier **3** F 3
doubler **9** F 4
doucement **8** Ü 18
doute 6 H
doux, douce 9 F 4
dramatique **8** F 2
drame **7** H
droit **10** H 1
du coup **9** H
du moins **8** H
du reste **5** H
duc, duchesse **8** F 1
dur, e 2 F 2
durci, e **8** H
durée **2** F 3
durer 3 Ü 12; **8** H

E

s'ébattre **8** H
échappement **9** F 4
échec **7** F 3
s'éclater **10** Ü 6
écologie **9** F 4
écologique **9** Ü 3
économie 8 F 2
économique 7 F 2
Ecosse **4** Ü 17
écosystème **9** F 3
écran **3** F 3
écrémé, e **6** H
écrire 1 F 3, **1** G
écrivain **7** F 2
s'écrouler **9** F 3
écurie **8** H
EDF **10** Ü 6
éducation **6** H
effet **1** F 1
efficace **10** H 2
égal, e 10 H 1
également **6** F 6
Egypte **4** Ü 17
électricité 9 F 4
électrique **9** F 4
élément **5** H
élève **10** Ü 6
élevé, e **4** F 4

s'élever à **5** H
élire **10** F 5
elle-même 1 Ü 11
embaucher **2** F 1
embêtant, e **7** F 1
embêter **3** H
embouteillage **3** H
s'embraser **10** H 2
embrasser **1** H
émission 9 H
emménager **5** F 2
emmener **5** H
emploi **2** F 3; **9** F 4
emploi du temps **3** Ü 14
employer **8** Ü 3
s'en aller 5 H
l'emporter sur **10** H 1
en armes **10** H 1
en arrière **10** Ü 15
en augmentation **2** F 3
en baisse **7** Ü 8
en bon état **7** F 2
en bonne santé 1 Ü 11
en breton **8** F 4
en ce moment **2** F 1
en ce qui concerne **8** Ü 16
en chômage **2** Ü 6
en détail **4** Ü 16
en effet **1** F 1
en moyenne **3** F 1
en particulier **9** F 5
en partie **9** F 5
en permission **8** H
en plein air **6** H
en question **9** Ü 12
en terre **8** Ü 18
en tête **6** Ü 12
en tout cas **3** H
enceinte **7** F 2
encore une fois **3** Ü 3
endiablé, e **10** H 2
endormi, e **4** Ü 1
s'endormir **10** Ü 15
énergie **9** F 4
énerver **7** Ü 5
enfer **9** F 1
enfin 10 F 2
enflammer **9** F 5
engagement **7** F 3
engager **10** H 1
engrais **9** F 4
enlever **9** F 4

ennemi **9** F 3
ennui **2** H
ennuyer **7** Ü 5
s'ennuyer **3** F 1
ennuyeux, -euse 3 F 3; **7** F 1
enseigne **5** F 1
enseignement **2** H
ensemble 1 H
ensemble *m* **2** Ü 17; **5** H
s'entendre **7** F 2
enterrer **6** F 5
enthousiasme **5** H
entier, -ière 6 H
entraîner **9** F 4
entrée 5 F 2
entrepreneur, -euse **6** H
entreprise **2** F 1
entretenir **9** F 5
entrevue **2** F 5
enveloppée **6** Ü 18
envie 3 F 3
environnement **9** Ü 8
environs **5** F 1
envoyer 1 Ü 11
épargner **9** H
épeler **1** F 3
Epiphanie **10** F 1
époque **10** Ü 6
épouser **8** F 4
épuisement **9** F 4
épuration **9** F 4
épurer **9** F 4
équateur **9** H
équilibré, e **6** Ü 19
ère **8** F 4
érosion **4** F 4
esclavage **5** Ü 21
espace **9** Ü 5, **9** F 4
espèce **9** F 4
essai **7** F 3
essentiel, le **7** H
estomac **1** F 1
établir **9** H
s'établir **8** F 4
établissement **6** Ü 11
étape **4** F 3
état **7** F 2; **10** F 5
Etat **4** Ü 17
Etats Généraux **10** F 5
s'étendre **8** H
éternel, le **7** F 1

étiquette **6** Ü 11
étonnant, e **8** H
étonner **7** Ü 16
être à l'origine de **9** F 4
être en train de **2** F 1
être *m* humain **8** H
être logé, e (à la même enseigne) **5** F 1
être obligé, e **2** F 2
être situé, e 4 F 3
être *m* vivant **9** Ü 3
Ets **6** Ü 11
étude(s) 2 H; **9** H
étudier **9** F 4
Europe **4** F 4
européen, ne **4** F 4
eux-mêmes 8 Ü 16
événement **1** H
éventail **10** Ü 6
éventuellement **7** H
évident, e **8** Ü 6
évier **5** F 2
évoluer **7** F 1
exact, e 1 Ü 7
excepté **1** Ü 4
exceptionnellement **8** H
excès **6** Ü 21
excessif, -ve **6** Ü 21
excursion 8 F 4
exigeant, e **7** H
exister **9** F 4
exode (rural) **9** F 4
expansion **2** F 1
expérience **7** H
expert **9** H
explication **10** Ü 6
explosion **9** F 4
exposer **9** F 4
exposition **3** H
exprimer **3** Ü 11
extrait **10** Ü 14

F

F3 **5** F 1
fabrication **2** F 1
se fâcher **3** H
facile 5 F 1
facilement **5** H
faciliter **2** H
façon **5** H, **9** F 3
facteur **9** F 4

faible **1** Ü 11; **6** Ü 18
failli **9** H
faim 10 F 5
faire des études **2** H
se faire des idées **5** F 3
faire des manières **10** Ü 15
faire du camping 4 Ü 5
faire la fête **10** Ü 6
faire le fou, la folle **10** Ü 6
faire les achats **6** Ü 8
faire les 3 x 8 **2** F 1
faire partie **7** Ü 1
faire scandale **7** F 3
faire une farce **10** F 2
faire vivre 8 F 2
faisan **6** F 4
fait **8** H
falaise **8** Ü 3
falloir **4** G
fameux, -euse **9** F 5
familial, e **3** Ü 17
famille 4 Ü 14
far **8** Ü 18
farce **10** F 2
fast food **6** H
fatigant, e **2** F 1
fatigué, e 1 F 1
faune **9** F 4
fauteuil **5** F 3
faveur **5** Ü 21
favorable **7** F 4
féconder **9** F 3
fédération **10** H 1
fédéré, e **10** H 1
femme au foyer **2** Ü 19
femme de ménage **2** Ü 3
fenêtre 5 F 2
fenouil **6** F 3
fer **9** F 4
ferme **4** Ü 5
fermer 10 H 1
fertile **9** Ü 5
fest-noz **8** F 4
festival **3** F 2
festivité **10** H 2
festou-noz **8** F 4
fête **7** Ü 5; **10** Ü 6
Fête des Mères **10** F 1
Fête des Pères **10** F 1
Fête-Dieu **10** F 1

241

Fête du Travail **10** F 1
Fête Nationale **10** F 1
fêter **10** Ü 6
fêtes **1** H
feu d'artifice **10** Ü 6
feuille d'impôts **7** F 3
feuille de maladie **1** F 1
feuilleton **1** Ü 11
feuillus **9** Ü 9
fiançailles **7** H
fiche **2** Ü 18
se ficher de **5** H
fidèle **10** H 1
fier, fière **10** H 1
fièvre **1** F 1
Le Figaro **5** H
figure **8** H
filer **8** H
filiale **2** H
film vidéo **3** Ü 24
fin, e **6** F 6; **9** Ü 6
final, e **8** Ü 14
finalement **8** F 2
financier, -ière **7** Ü 16
finir par **7** H
Finistère **8** F 1
fixer **5** H
flamand, e **6** Ü 1
Flamanville **9** F 5
Flandre **6** F 1
flemme **7** Ü 17
fleuri, e **8** Ü 3
fleuve **4** Ü 7
flore **9** F 4
fluor **9** H
foie **1** F 1
foie gras **6** F 1
folk **3** F 2
foncier, -ière **9** F 5
fonction **10** F 5
fonctionnel, le **5** Ü 9
fondateur, -trice **7** F 2
fonder **7** F 2
footing **3** H
force **7** F 1
forestier, -ière **9** H
forêt **8** Ü 1
formation **2** F 5
forme **7** Ü 1
se former **10** H 2
fort **1** F 1
fort, e **6** H
fortement **4** F 4
fou, folle **8** F 4, **10** Ü 6;
   10 H 1

fouiller **9** F 2
foule **4** Ü 1
four à micro-ondes
   5 Ü 9
fourmi **9** F 2
foutre **7** Ü 17
se foutre de **10** Ü 15
foyer **2** F 5; **2** Ü 19
foyer du troisième âge
   10 F 2
franc, franche **10** F 2
Franche-Comté **9** Ü 9
frappé, e de stupeur
   8 H
fréquemment **9** F 5
fréquenter **3** F 2
frères **6** Ü 11
frigo **3** H
froid, e **4** F 3
fromage blanc **6** H
fruit **10** F 5
fruits de mer **6** F 4
fumé, e **5** H
fumée **9** F 5
fusil **10** H 1

G

gagner **2** Ü 3
gagner sa vie **8** H
galet **8** Ü 3
Galles **8** F 4
gallois, e **8** F 4
garde **10** H 1
garder la ligne **4** Ü 5
se garer **5** H
garni, e **6** F 1
garrigue **9** F 5
gars **8** H
gaspillage **9** F 4
gaz **9** F 4
gazeux, -euse **6** F 6
gelé, e **9** F 1
général, e **1** F 1
généralement **6** H
génération **7** F 1
genêt **8** Ü 3
génie **2** H
genou **1** F 1
genre **7** F 3
géologique **4** Ü 12
geste **5** Ü 11
gibier **6** F 4
Gironde **6** Ü 11

se glisser **7** Ü 14
gorge **1** F 1; **4** F 4
goût **7** F 1
goûter **6** F 5; **6** H
goutte **4** F 3
grâce à **10** Ü 6
graisse **6** Ü 19
graisser **8** F 18
grand ensemble **5** F 1
grande cité **8** F 4
Grande Motte **4** F 2
grandir **7** F 1
granitique **4** F 4
gras, se **6** F 1
grève **8** H
grill **5** Ü 9
grippe **1** F 1
gros rouge **6** F 6
grosses bises **4** F 3
grossesse **7** Ü 16
guérir **10** H 1
gueule **1** Ü 20
guider **7** F 1

H

habit **8** H
habitant, e **5** F 1
habitat **5** F 1
habitation **5** F 1
habiter **5** Ü 20
hacher **6** F 2
haie **9** F 4
haïr **7** F 2, **7** G
hamburger **6** H
hasard **7** H
haut, e **4** Ü 10
Hawaï **4** Ü 17
hebdomadaire **3** Ü 25
hémisphère **9** H
herbe **8** H
hésiter **1** F 2
heureusement **7** H,
   8 F 2
historique **10** Ü 1
hit-parade **6** F 4
H.L.M. **5** F 1
Hollande **8** F 2
homard **6** F 4
homme **1** F 4
homogène **8** Ü 18
honte **8** H
hôpital **1** Ü 3, **10** H 1
horaire **7** F 4

horrible **1** Ü 4
hors **7** F 3
horticulteur, -trice
   10 Ü 6
hot dog **6** F 7
houle **8** H
humain, e **1** F 1
humanité **8** F 4
humide **8** Ü 3
humour **4** Ü 18
humus **9** F 2
hydroélectrique **9** F 4
hyper-compétent, e
   9 F 5
hypothèque **7** Ü 16

I

ici gît **6** F 5
idée **4** Ü 5
idée reçue **6** Ü 21
idiot, e **4** F 1
ignorance **9** F 5
il s'agit de **5** Ü 1
il est question de
   3 Ü 16
il existe **9** F 4
il fait bon **7** F 1
il faut que **5** F 2
il paraît que **2** F 2
il pleut **4** F 3
il vaut mieux **5** F 2
Ile-de-France **6** F 1
Ille-et-Vilaine **8** F 1
immense **9** F 4
immeuble **5** F 1
immigré, e **2** F 3
immobilité **5** Ü 21
impeccable **5** H
impénétrable **8** H
impensable **7** H
importance **8** Ü 16
importer **8** F 2
imposer **7** H
impossible **3** H
impôt **7** F 3
impression **5** H
inattendu, e **5** Ü 20
incendie **9** F 4
incendié, e **9** Ü 9
incidemment **8** Ü 16
inconnu, e **8** Ü 11
incontestable **10** F 2

incontrôlé, e 9 F 4
incorporer 8 Ü 18
indépendance 5 Ü 21
indépendant, e 8 F 4
indifférent, e 7 Ü 1
indiquer 10 Ü 3
indirect, e 1 Ü 17
individuel, le 5 Ü 2
industriel, le 4 Ü 3
inépuisable 9 F 4
inférieur, e 7 Ü 16
infini, e 4 Ü 1
infirmier, -ière 2 F 5
informatique 2 F 2
inquiet, -iète 9 F 5
inquiéter 9 F 5
s'inquiéter 4 F 3
inscrire 6 F 5
insecte 9 F 2
insecticide 9 F 5
insister 3 Ü 11
insolent, e 3 H
insouciance 7 F 1
insouciant, e 9 F 1
inspecter 8 H
installer 5 Ü 9
s'installer 7 H
instant 3 F 1
instinctivement 5 H
institution 4 Ü 14
instruction 8 F 4
insuffisant, e 6 Ü 21
intellectuel, le 3 H
intensif, -ve 9 F 5
intensifier 9 H
interdire 9 F 5
intéresser 10 Ü 6
intérieur m 5 F 2
interminable 8 H
interne 1 Ü 4
interroger 8 Ü 16
s'interrompre 7 F 2
interviewer 6 Ü 8
intoxication 9 F 4
invalide 10 H 1
Invalides 10 H 1
inventer 7 Ü 18
invention 9 Ü 10
investissement 5 Ü 21
invisible 9 F 2
isolé, e 3 F 1

J

jadis 9 F 1
jambe 1 F 1
jardin 3 F 1
jardinage 6 H
jaunir 9 H
jet 10 H 2
jeter 9 F 4
Jeu de Paume 10 H 1
jeu de rôles 3 Ü 20
jeu télévisé 3 F 1
jeune fille 4 Ü 1
jeune homme 10 H 1
jeunesse 10 H 2
jouer (au ballon)
  1 Ü 4
jouer (du piano) 3 F 1
jour de fête 10 Ü 1
Jour de l'An 10 F 1
jour férié 10 F 1
un jour ou l'autre
  10 F 2
joyeusement 6 Ü 21
jurer 10 H 1
juridique 10 H 1
justice 8 F 4

K

Kenya 4 Ü 17
kitchenette 5 H

L

l'emporter sur 10 H 1
La Fayette 10 H 1
La Hague 9 F 5
La Rochelle 6 F 1
lac 9 F 4
Lacq 9 H
lait entier 6 H
laitier, -ière 6 Ü 21
lampadaire 5 H
lampion 10 H 2
lancement 10 H 2
Landes 4 Ü 17
langage 8 F 4
langouste 6 F 4
langue 1 F 1; 2 F 5
Languedoc-Roussillon
  4 Ü 3
langueur 9 H

lapin 9 F 2
latin 8 F 4
lavage 6 H
lave 4 F 4
lave-vaisselle 5 Ü 9
laver 2 H
lecture 10 Ü 9
légende 7 Ü 10
léger, -ère 6 H
lendemain 9 H
lent, e 8 Ü 6
lequel, laquelle
  2 Ü 17; 6 Ü 21
lessive 9 F 4
lettre 1 F 3; 1 H
lettres classiques
  9 F 5
lettres (modernes)
  2 H
lever 9 F 5
librement 5 Ü 10
licencié, e 2 F 3
licenciement 7 Ü 16
lien 7 F 2
lieu (de travail) 2 Ü 11
ligne 4 Ü 5
lignite 9 H
Limoges 4 Ü 13
Limousin 6 F 1
lire 3 F 1, 3 G
liste 4 Ü 16
littoral 9 F 4
livre m 5 F 2
location 10 F 5
logé, e 5 F 1
logement 5 Ü 1
loi 10 H 1
Loire 4 F 3
Loire-Atlantique 8 F 1
loisirs 3 F 1
lorrain, e 6 Ü 1
Lorrain, e 9 F 5
Lorraine 6 F 1
lorsque 6 F 4
louer 4 F 2
Louis XVI 10 F 5
lourd, e 9 H
loyer 5 F 1
lumière 10 H 2
luxueux, -euse 5 Ü 3
lycéen, ne 3 Ü 15

M

machine à laver
  5 F 2
Mâcon 4 F 3
maçon 2 F 4
maçonnerie 6 H
magasinier 2 F 1
magnifique 1 H
maigre 6 Ü 18
maillon 9 F 3
maillot (de bain) 8 H
main 1 F 1
maintenir 9 F 5
maire 8 F 2
maire-adjoint 10 Ü 6
maïs 9 F 2
maison de retraite
  1 F 4
maison individuelle
  5 Ü 2
maître 10 H 1
maîtriser 9 F 5
majorité 2 H
mal m 1 F 1; 9 H
malade 1 F 1
maladie 1 F 1
malgré 2 F 1
malheureux, -euse
  7 H
malheureusement
  5 H
malsain, e 9 F 4
mammifère 9 F 3
manie 8 H
manifestation 8 Ü 9
manquer 9 Ü 3
Marché Commun
  8 F 2
marcher 10 H 1
Mardi-Gras 10 F 1
marée 8 Ü 3
marée noire 9 Ü 8
mariage 7 F 1
marié, e 5 Ü 20;
  7 F 3
Marie-Morgane 8 H
se marier 7 F 3
marin m 8 F 2
marin, e 9 F 4
marionnette 8 F 4
marquer 10 F 2
marseillais, e 6 Ü 1
Marseille 4 Ü 13
martial, e 10 H 2

masse **6** F 7
masseur, -euse **1** Ü 4
massif **4** F 4
Massif Armoricain **4** Ü 13
Massif Central **4** F 4
maternel, le **2** F 5
matière **2** H; **9** F 4
Maurienne **9** H
mauvais, e 1 Ü 4
maximum **1** Ü 19, **5** H
Mayenne **9** F 5
méchoui **6** F 4
médecin 1 F 1
médecine **1** F 1
médical, e **3** F 1
médicament 1 Ü 3
meeting **3** H
se méfier de **1** F 2
mégalithique **8** Ü 1
membre **2** Ü 18
même **1** Ü 11; **1** H
mémé **1** Ü 18
mémoire **8** H
menacé, e **9** F 4
menager, -ère **9** F 4
mendiant, e **5** F 3
menhir **8** Ü 1
menteur, -euse **6** Ü 21
mentionner **4** Ü 12
Mesdames **2** F 5
mesure **7** F 4
mètre carré **5** F 2
se mettre à **8** H
mettre à la porte **7** F 2
se mettre d'accord sur **3** Ü 13
mettre dehors **7** Ü 3
se mettre en ordre **10** H 2
se mettre nu, e **8** H
meuble 1 H
meubler **5** F 2
Mi-carême **10** F 1
micro-onde **5** Ü 9
micro-organisme **9** F 2
migraine **1** Ü 4
milieu 7 F 1
militaire **10** Ü 6
milliard 9 F 4
milliers **8** F 2
million **2** F 3
mince **6** Ü 18
mini- **3** Ü 9

minimum **6** H
ministre **7** F 4
minuit 10 H 2
minuscule **5** F 2
miracle **2** F 4
mise à jour **7** F 4
mise à la retraite **7** Ü 16
mistral **9** F 5
mode *m* **9** F 4
modèle **10** Ü 15
modéré, e **5** F 1
moderne 4 Ü 1
modeste **5** Ü 3
moindre **1** H
moins 9 Ü 4
moins que 2 Ü 3
moisson **8** H
monarchie **10** F 5
monde 2 F 5
Le Monde **2** F 5
mondial, e **9** F 4
monotonie **2** H
montagne **4** F 4
montant **7** F 4
monter 4 Ü 8; **5** Ü 2, **5** H
Montpellier **4** F 3
Monts d'Arrée **8** F 1
moral, e **7** F 1
Morbihan **8** F 1
mort *f* **1** F 4
mort, e **1** F 4; **9** F 2
mouclade **6** F 1
Moulins **4** Ü 7
mourir **6** F 5, **6** G
mousse **9** F 1
mouvement **6** F 6
moyenne **2** F 3
mulot **9** F 2
multicolore **10** H 2
municipalité **10** H 2
mur **10** F 2
muraille **6** F 5
music-hall **3** F 2
musicien, ne **7** H
mutuel, le **7** F 1

N

n° **7** F 2
N.D. **10** F 1
n'importe quel, le **10** Ü 6

naissance **7** Ü 16
naître **9** F 1, **9** G
Nantes **5** F 1
nation **10** F 2
national, e 9 F 4
Nativité **10** F 1
naturaliste *m* **9** F 3
naturel, le **6** H
naturellement **5** H
nautique **4** H
navigable **4** H
ne … ni **5** Ü 20
ne … personne 1 F 4
ne … que **2** H
nésessaire 4 H
négatif, -ve **2** Ü 14
négocier **10** H 2
nerf **2** F 1
nerveux, -euse **1** Ü 3
nettoyer 9 F 4
neuf, neuve 5 F 3
Nevers **4** F 3
nez **1** F 1
nid **9** F 3
noble **10** Ü 10
noblesse **10** F 5
nocturne *f* **8** F 4
Noël **1** H
noix **6** H; **8** Ü 18
nom **10** Ü 8
nombreux, -euse **6** Ü 21, **9** F 5
nommer **10** Ü 3
non pas **2** H
nord 8 Ü 3
normand, e **6** Ü 1
notamment **9** F 5
Notre Dame **10** F 1
(se) nourrir **6** Ü 21; **9** F 2
nouvelle **1** H
nu, e **8** H
nuage 4 F 3
nucléaire **9** Ü 8; **9** F 4
nuisance **9** F 4

O

obéir **10** H 1
obligé, e **2** F 2
obtention **8** Ü 18
occupé, e 3 Ü 14
occuper 10 Ü 10
s'**occuper 10** Ü 6

océan **8** Ü 3
odeur **8** H
œil 1 F 1
œuf au plat **6** F 7
œuvre **10** F 5
office **9** H
officiel, le **8** F 4
offres d'emploi **2** F 5
oignon **6** F 2
oiseau 9 F 2
opération **1** Ü 11; **10** H 2
opérette **3** F 2
opinion 2 Ü 8
opposé, e **8** Ü 16
orage 4 F 3
orchestre **8** F 4
ordinateur **2** F 1
ordonnance **1** F 1
ordre **10** H 1; **10** H 2
ordure **9** F 4
oreille **1** F 1
organique **9** F 4
organisation 10 H 2
organiser **3** F 4
organisme **4** F 5; **9** F 2
orgueil **8** H
originaire **9** F 5
origine **9** F 4
Orléans **4** F 5
où 3 Ü 17
ouest 8 Ü 3
ouvrier, -ière 2 F 1
ouvrir 1 F 1, **1** G
oxyde **9** F 4

P

paella **6** F 4
paix **3** H
Palinges **4** F 3
panse **6** F 1
papa **6** H
papier 3 Ü 7
papier peint **5** H
papillon **9** F 2
par 3 F 2
par ailleurs **9** F 5
par conséquent **9** F 5
par-dessus **9** F 5
par hasard **7** H
par rapport à **9** F 5
parade **10** H 2
paradis **9** F 1

paraître **2** F 2; **2** F 5
Paray-le-Monial
  4 F 3
parc 3 F 4
parcmètre **4** Ü 1
pareil, le 1 Ü 12
parental, e **7** F 1
parfaitement **6** Ü 21
parfois **7** F 1
Parisien, ne **8** H
parlote **6** H
parmi **8** Ü 7
parpaing **6** H
part **6** H
partager **6** H
participant, e **6** F 3
participer **9** H
particulier, -ière
  10 Ü 4
particulièrement
  4 F 5
partie **1** Ü 9
partout 10 H 1
pas grand-chose
  6 F 3
passé **1** H
passer 2 Ü 5
se passer 1 Ü 8;
  10 Ü 6
passion **10** F 2
passionnant, e **4** Ü 18
pâte feuilletée **6** F 2
pâtes **6** H
pâtisseries **6** F 7
paupière **10** Ü 15
pause **2** H
pauvre 4 Ü 3
pavillon **5** F 1
payant, e **3** F 2
Pays Basque **4** Ü 17
(Pays de) Galles **8** F 4
Pays Nantais **8** F 4
paysage 4 Ü 17
paysan, ne **8** H
PDG **2** F 1
peau **7** Ü 14
pêche **8** F 2
pêcheur, -euse **8** H
pédestre **4** H
peintures **8** F 2
pelleteuse **6** H
pénible **1** H
pensée **10** H 1
Pentecôte **10** F 1
Périgord **6** F 1

péril **9** F 5
périphérique **9** F 4
périr **9** H
perle **8** H
permission **8** H
pernicieux, -euse **9** H
Pernod **2** Ü 5
persévérer **7** F 1
persil **6** F 2
personnage **7** Ü 14
personnalité **7** H
personnel *m* **2** F 1
personnel, le **2** F 5
perspective **9** F 5
pessimiste **8** Ü 5
pesticide **9** F 5
pétard **10** F 3
petit, e ami, e **7** F 2
petit-fils **7** Ü 10
petite-fille **1** H
pétrole **9** F 4
pétrolier **9** F 4
peu à peu **8** H
peuple **8** F 4
peuplé, e **9** F 5
se peupler **8** H
peur **5** H
peut-être que 1 Ü 4
phare **8** F 1
pharmacie **1** F 1
pharmacien, ne **3** F 1
photographier **8** Ü 13
piano **3** F 1
pièce **2** F 1; **5** Ü 2
pierre **8** Ü 3
piéton, ne **9** F 4
pigeon **5** H
piperade **6** F 1
pique-niquer **3** H
pire 2 Ü 8
pittoresque **4** Ü 18
placard **5** F 2
place 5 F 2; **6** H
se placer **10** F 2
plage 4 Ü 1
plaidoyer **5** Ü 21
se plaire **1** F 4, **1** G
plaisance **8** Ü 1
planche (à voile)
  4 F 2
plante 9 F 2
plastique **9** F 4
plat **6** Ü 3; **8** Ü 18
plein, e 2 F 1; **5** H
pleuvoir 4 F 3, **4** G

plexiglas **5** H
plier **3** Ü 7
plombier **3** H
pluie 4 F 3
plus 9 Ü 4; **9** F 5,
  10 Ü 1
plutonium **9** Ü 13
plutôt **3** F 1
poésie **8** F 4
poétique **5** H
poids **6** Ü 18
point **5** H
point de vue **9** F 5
pointe **8** F 1
poireau **6** F 1
politique 3 H
pollen **9** F 2
polluer **9** Ü 6
pollueur, -euse **9** F 4
pollution **9** Ü 8
pommier **9** F 2
populaire **9** F 4;
  10 Ü 15
population **2** F 3
port 8 Ü 1
se porter **8** F 2
portion **6** H
portrait **6** Ü 19
poser **2** Ü 18; **6** F 2
positif, -ve **2** Ü 14
position **6** Ü 12
posséder **10** F 5
possibilité **2** H
possible 1 Ü 20
postal, e **4** Ü 7
poste *m* **2** Ü 15; **3** Ü 13
pot **6** F 4
pot au feu **6** F 4
potage **6** H
poubelle **9** F 5
poudre **10** H 1
poule **3** Ü 7
pour ce qui est de
  8 Ü 16
pour l'instant **3** F 1
pour que **5** H
pourcentage **2** Ü 7
poursuivre **9** F 1
poutre **5** H
pouvoir *m* **10** F 5
pratiquant, e **10** F 2
pratique *f* **9** F 5
pratiquer **6** H
préalable **8** Ü 18
précaution **3** Ü 11

précédent, e **7** F 2
préchauffer **8** Ü 18
précieux, -euse **9** F 5
précis, e **4** F 5
précisément **10** Ü 6
préciser **5** H
préférence **8** Ü 18
préfet **8** F 4
prématuré, e **9** H
prendre (des kilos)
  4 F 2
prendre en photo
  8 Ü 10
prendre garde **10** H 1
prendre son temps
  1 F 2
prendre un bain
  5 Ü 8
prendre un rendez-
  vous **1** F 3
prendre une douche
  5 H
près de 8 Ü 16
présent, e **2** H
présentation **2** F 5
présenter 4 F 4
presse **2** F 1
prêt *m* **7** Ü 16
prêter 10 H 1
prévoir **3** F 4
prier 2 F 5
Prifix **2** H
principal, e **4** Ü 11
prise **10** H 1
prise de conscience
  9 F 4
prison **10** H 1
privilège **10** F 5
privilégié, e **10** Ü 8
se proclamer **10** H 1
production **9** F 4
produire **6** Ü 11
produit **6** F 6
professeur **7** F 2
profession **2** Ü 11
professionnel *m* **3** F 2
professionnel, le
  2 Ü 15
profit **6** F 6
profiter **10** Ü 6
profond, e **4** F 4
projet **4** Ü 16
promettre 3 F 4
proposition **3** Ü 11
propre 4 F 2; **6** Ü 9

propriétaire **5** Ü 21
propriété **10** F 5
prospectus **2** H
protection **9** F 4
protéger **9** F 4
protéine **6** Ü 19
provençal, e **6** Ü 1
Provence **6** F 1
province **8** F 4
provoquer **9** F 2
pruneau **8** Ü 18
public, -que **8** F 4
puiser **9** F 2
puisque **10** H 2
puissant, e **8** Ü 3
pur, e **10** H 2
Pyrénées **9** H

Q

qu'est-ce qui **1** F 1
qualité **9** F 4
quartier **1** F 4
quelqu'un **1** F 2
quelques **1** H
questionnaire
  8 Ü 16
quiche **6** F 1
quoi **1** F 4
quolibet **8** H
quotidien, ne **9** Ü 8

R

Rachel **10** Ü 15
racine **9** F 2
radioactif, -ve **9** F 4
radioactivité **9** F 4
rafraîchir **9** F 1
rage **10** H 1
raisin (sec) **8** Ü 18
raison **3** H; **7** F 3,
  9 F 3
rajeunir **7** H
Rameaux **10** F 1
randonnée **4** Ü 5
rangée **4** Ü 1
ranger **5** F 3
rapide **8** Ü 10
rappeler **9** H
rapport **9** F 4; **9** H
se rapporter à **7** Ü 12

rapt **3** Ü 16
rassembler **8** Ü 8
ratatouille **6** F 1
raté, e **7** H
ravagé, e **9** H
rayon **4** Ü 17
réagir **5** Ü 12
réaliser **5** Ü 11
se reboire un coup
  10 Ü 15
récent, e **9** Ü 10
réceptionniste **2** F 5
recevoir **1** H; **7** Ü 3;
  4 G
recherche **2** F 3
rechercher **2** Ü 11
récolte **9** F 3
recommencer **2** F 2
réconciliation **7** Ü 16
reconnaissant, e **2** F 5
reconnaître **9** Ü 10
recouvrir **6** F 2
recyclage **9** F 4
recycler **9** F 4
se recycler **2** F 2
rédiger **10** Ü 11
redistribuer **2** Ü 18
réduction **2** H
réduire **9** H
refaire **5** Ü 5; **7** Ü 14
refrain **8** F 4
refuge **7** F 1
refuser **3** Ü 11
regard **7** F 1
régime **6** Ü 19; **10** F 5
régiment **10** H 1
régional, e **2** F 1
régner **10** F 5
regroupement **9** F 4
se regrouper **10** H 1
régulier, -ière **6** H
rejeter **9** F 4
rejoindre **10** H 1
relation **7** Ü 3
relativement **9** F 5
religieux, -euse **10** Ü 1
religion **7** H
relisez **1** Ü 17
se remarier **7** H
remarquer **2** Ü 15;
  3 H
rembourser **1** F 1
remède **9** H
remembrement **9** F 4
remettre **2** F 1

remonter **8** H; **10** H 2
remparts **8** F 1
remplacer **5** Ü 13
remue-ménage **8** H
renard **9** F 2
se rencontrer **1** F 4
rendre **9** F 4
rendre service à
  7 F 1
rendre visite à **5** F 2
rénover **5** H
rentable **10** Ü 8
rente **10** F 5
réparation **8** F 2
répartir **6** H
répétition **3** F 1
se replier **3** Ü 23
reportage **2** Ü 1
se reposer **4** F 3
répression **10** H 1
reproche **1** Ü 17
reprocher **9** F 4
république **10** F 2
réputation **1** F 2
résidence (secondaire)
  5 F 1
résider **10** F 5
résineux **9** Ü 9
respect **7** H
respecter **10** H 1
respectueux, -euse
  2 F 5
respirer **1** F 1
responsabilité **2** H
responsable **2** F 1
ressentir **7** H
ressortir **8** H
ressources **9** F 4
restauration **6** F 7
reste **5** H
résumé **10** Ü 6
se résumer à **6** H
résurrection **10** F 2
retapisser **6** H
retenir **2** F 5
retirer **2** F 1
retourner **8** Ü 18
retraite **1** F 4
retraite anticipée
  1 Ü 11
retraitement **9** F 5
retravailler **2** F 2
retrouver **3** Ü 21
se retrouver **2** Ü 6;
  5 H

réunion **3** H
réunir **10** F 5
se réunir **10** H 1
réussir **6** Ü 5; **7** Ü 6
réutiliser **9** F 4
revenu(s) **10** F 5
rêver **5** H
se revoir **7** H
révolution **3** H
révolutionnaire
  10 Ü 13
rez-de-chaussée
  5 F 1
Rhône **4** Ü 13
rhumatismes **1** Ü 4
rhume **1** F 1
riche **3** Ü 6
rigoler **10** Ü 15
rigoureux, -euse **9** F 5
rillettes **6** F 7
rire **6** Ü 21, **6** G
ris de veau **6** H
risque **6** Ü 21
rivière **4** F 4
robe de mariée **7** F 3
robinet **6** F 5
rocher **8** Ü 3
rock **3** F 2
roi **4** F 3
rôle **3** Ü 20
romain, e **8** F 4
roman **3** F 1
romanisation **8** F 4
romantique **4** Ü 18
rond *m* **6** F 2
rond, e **5** H
rondelle **6** F 2
rôtir **4** F 2
rouleau **8** H
roulotte **4** H
royal, e **10** H 1
royaliste **10** H 1
royaume **10** F 5
rozel **8** Ü 18
ruiner **4** F 4
ruisseau **9** F 1
rural, e **9** F 4
russe **3** H

S

sable **4** F 2
sacré, e **10** H 2
saint, e **6** Ü 21

246

Saint-Etienne 4 Ü 13
Saint-Loubès 6 Ü 11
Saint-Pourçain 6 F 2
Saint-Sylvestre 10 F 1
saisir 5 H
salaire 2 Ü 3
sale 5 F 3
saler 6 F 2
salir 5 H
salle 2 H
salle d'eau 5 Ü 5
salle de séjour 5 F 2
salon 5 F 3
sans doute 6 H
sans que 9 F 3
santé 1 F 1
sapin 9 H
sarrasin 6 F 1
satisfaction 7 H
satisfaire 2 F 1
sauce tomate 6 F 3
saucisse 6 F 7
saucisson 6 F 7
saucisson sec 6 H
sauf 1 Ü 4
Saumur (Champigny) 6 F 3
sauté, e 6 H
sauvage 8 Ü 3
sauver 8 Ü 16
Savoie 6 F 1
savoir 4 F 2
savoyard, e 6 Ü 1
Saxon, ne 8 F 4
scandale 7 F 3
scène 1 Ü 8
science 9 F 4
science-fiction 3 F 1
scientifique 9 F 5
scolaire 7 F 4
scolarisation 7 Ü 16
sculpture 4 H
séance 8 F 4
sec, sèche 6 H
sécher 8 H
secondaire 5 F 1
secrétariat 4 Ü 17
secteur 8 Ü 7
sein 1 F 1
Seine 4 Ü 13
séjour 5 F 3
séjourner 4 F 5
semblable 3 Ü 20
sembler 6 Ü 19
sens (unique) 7 Ü 17

sensible 9 F 3; 9 F 5
sentiment 2 F 5
(se) sentir 1 F 1; 5 Ü 8; 5 H
séparation 7 Ü 16
sérieux, -euse 7 H
serment 10 H 1
serrer 1 Ü 20
service 4 Ü 14; 10 Ü 6
serviette 4 F 2
servir 2 H; 6 F 2; 7 F 1
se servir de 8 Ü 3
seul, e 5 F 2
si 2 Ü 8
sidérurgique 9 F 5
siècle 8 F 4
sieste 1 Ü 12
signification 1 Ü 20
sinon 7 F 1
site 9 F 4
situation 2 Ü 7; 7 H
situé, e 4 F 3
situer 8 Ü 3
ski nautique 4 H
SMIC 2 F 4
social, e 5 F 1
société 9 F 4
sociologue 7 F 2
soigner 1 F 2
soigneux, -euse 8 Ü 18
soin 6 F 2
soit 8 Ü 16
sol 9 F 2
soldat 10 Ü 6
solution 9 H
sommeil 7 Ü 16
sonneur 8 F 4
sophistiqué, e 6 F 6
sort 9 Ü 12
sorte 5 H
sortir 10 Ü 6
souci 1 H
soudeur, -euse 2 F 1
souffler 4 F 4
souffrir 1 Ü 4
soufre 9 H
souhait 3 Ü 18
souhaiter 2 F 5
soulever 6 H
se soulever 10 H 1
source 9 F 4
sourire 5 H; 7 F 1
sous 2 F 1
spanel 8 Ü 18
speaker, ine 2 F 1

spécialement 9 F 5
spécialiste 1 Ü 3
spécialité 6 F 1
spectacle 3 F 2
spectateur, -trice 10 H 1
spéculation 9 F 5
spontanément 7 Ü 2
square 10 H 2
squash 4 H
stable 2 F 4
stage 4 F 5
stalle 8 H
standing 5 H
station d'épuration 9 F 4
statistique f 3 Ü 8
statut social 7 H
stress 7 Ü 16
stressant, e 7 Ü 16
stupeur 8 H
substance 9 F 4
substantif 8 Ü 3
sucré, e 6 H
sud 8 Ü 3
suffire 9 H, 9 G
suffisant, e 8 F 2
suivre un conseil 6 Ü 21
suivre un régime 6 Ü 19
sujet 5 Ü 17
sulphurique 9 F 4
superficie 4 F 4
supérieur, e 6 Ü 11; 7 Ü 16
superlatif 4 Ü 13
supplier 10 H 1
supporter 3 F 1
sur place 6 H
surface 5 Ü 5
surprendre 10 Ü 9
symbole 8 Ü 1
symptôme 9 H
système 4 Ü 15

T

tableau 3 Ü 9; 10 Ü 9
Taizé 4 F 3
talent 3 Ü 5
tango 10 Ü 15
tant... que 9 F 4
Tarn 4 F 4

tartine 6 H
tasse 6 H
se tasser 10 H 2
taux 8 Ü 7
taverne 8 F 4
Tchécoslovaquie 9 H
technicien, ne 9 F 5
technique 9 F 4
tel, le 9 H
tel, le que 6 Ü 21
télévisé, e 3 F 1
tellement 1 F 2
température 4 Ü 8
tendance 6 Ü 21
tendrement 1 H
tendresse 7 F 2
terrain 1 Ü 4
terre 4 Ü 17; 8 H; 8 Ü 18; 10 F 5
terre cuite 4 H
terrine 8 Ü 18
territoire 9 F 4
testament 6 Ü 21
tête 1 F 1; 6 Ü 12
textile m 5 F 1
TGV 2 F 1
thermique 9 F 4
Tiers (Etat) 10 F 5
tige 9 F 2
timidement 8 H
tirer 1 F 1
tirer au sort 9 Ü 12
tissage 4 H
titre 5 Ü 14
toit 5 H
tolérant, e 7 F 2
tombe 6 F 5
tomber 6 F 4
tomber malade 1 H
tonnerre 10 H 2
Toscane 4 Ü 3
total m 2 Ü 17
total, e 5 H
toujours aussi 10 H 2
Toulouse 6 F 1
tour m 3 F 1; 7 Ü 11
tourisme 4 F 5
tournant, e 10 H 2
tourneur 2 F 1
Tournus 4 F 3
Toussaint 10 F 1
tousser 10 H 1
tout à fait 6 Ü 18
tout au moins 10 F 2

tout juste **3** H
toxique **9** F 4
tradition **7** F 1
traditionnel, le **6** F 1
traduire **8** H
tranquille 5 Ü 10
transformer **7** Ü 14
transporter **9** F 2
travail 8 F 2
travailleur (immigré) 2 F 3
trèfle **9** F 2
trembler **10** H 1
(se) tremper **8** H
tricher **5** H
tricolore **10** H 1
trilingue **2** F 5
Trinité **10** F 1
tripes **6** F 1
triste 7 H
trois-pièces **5** Ü 2
troisième âge **10** F 2
se tromper **7** H
tronc **9** F 2
troupe **10** H 1
trousseau de clés **5** H
Truyère **4** F 4
T.U.C. **2** F 3
tuer **9** F 4
type **5** Ü 3
typiquement 6 Ü 19
tyranniser **8** F 4

U

uni, e **7** H
uniforme *m* **10** H 1
uniformément **8** H
union (libre) **7** F 3
unique **7** Ü 17
univers **8** F 4
université **8** F 4
uranium **9** F 4
urbain, e **9** F 4
urbanisme **9** F 4
urgence **9** H
urgent, e 1 F 3
usé, e **9** F 4
usine **2** F 1
utile 3 H
utilisation **9** F 5

V

vache **9** F 2
vague **8** Ü 3
valeur **7** F 2
vallée **4** F 4
valoir 5 F 2, **5** G
variation **1** Ü 18
varié, e **4** F 4
varier **9** F 3
variétés **3** F 2
vaste **4** F 4

se vautrer **7** Ü 17
végétation **8** Ü 3
veille **10** F 5
Vendredi-Saint **10** F 1
venir chercher **1** H
venir de 6 F 3
venir voir **5** F 1
vent **4** F 3
vente **2** F 1
ventre **1** F 1
verdure **5** F 1
vérité **8** F 4
vers *m* **9** F 2
vers 10 H 1
verser **6** F 2
vétérinaire **7** H
veuf, veuve **7** H
Vézelay **4** F 3
victoire **10** F 1
vide *m* **1** H
vidéo **3** Ü 24
vie active **1** Ü 9
vieillesse **1** H
vieillir **1** F 4
vieux, vieil, vieille 1 H
village 5 Ü 4
virage **10** H 2
vision **8** F 4
visite **1** Ü 18
vitamine **6** Ü 19
vitre **2** H
vivant, e **9** F 2

vivre 1 F 4, **1** G
voici 5 F 2
voie navigable **4** H
voie piétonne **9** F 4
voile *m* **9** F 5
voisin, e **5** H
voix 10 H 1
volaille **6** F 4
volcan **4** F 4
Vosges **4** Ü 13
voter **10** H 1
vue 4 F 2

W

WC **5** F 2

Y

yaourt **6** H
yeux 1 F 1

Z

zone **9** F 4
zoo **3** Ü 10

Bild- und Textquellen

Albin Michel, Paris (Reiser: On vit une époque formidable): 25 – Amis de la Terre, Paris: 113,2 – ANIVIT, Paris: 118 – Bourgogne Voies Navigables, Auxerre: 53,1 – Chamina, Clermont-Ferrand: 53,2 – C.E.D.R.I., Paris: 44,1; 45,1,7; 48 – CLM BBDO, Paris: 86 – Coordination Antinucléaire de Bretagne, Pont-l'Abbé: 115,10 – Courant alternatif, Lyon: 115,1,7 – diatec, Lyon: 92,3 – Explorer, Paris: 21,1; 22,3,7; 29,2; 30,6; 44,6,7; 45,3,4; 63; 92,1,2,4; 97,1; 98,1,2; 103 – FFSPN, Paris: 115,9 – Le Figaro, Paris: 62 – France-Soir, Paris: 20 – André Franquin/Ed. Dupuis, Charleroi: 39 – Gamma, Paris: 22,4; 27; 84; 96 – Michael Görg, Perl: 108,1 – Greenpeace, Hamburg: 115,8 – Greenpeace, Paris: 115,5 – Ed. Hachette, Paris: 48 – Detmar Hönle, Lich: 11,3; 46,2 – Françoise Hönle-Grosjean, Lich: 92,5; 97,2 – Institut National de la Consommation, Paris: 79 – Jürgen Kleine, Ammerbuch: 56,2–6; 57,1–4,6; 75,4; 87,1–6; 88,1–4; 108,3,6; 113,1 – Klett-Archiv (Görg): 11,1,2,4; 75,2 – Klett-Archiv (Huter): 20,2; 22,1 – Claude Lapointe, Straßburg: 19 – Lappan Verlag, Oldenburg: 42 – LEDA Productions, Paris: 35 – Loisirs Accueil, Blois: 52,2 – Maison de la France, Paris: 54; 55 – Michelin, Karlsruhe: 46 – Le Monde, Paris: 115,6 – J.-P. Nacivet, Paris: 29,3 – Paris-Normandie: Rouen: 126 – PTT-SIC: 75,5 – Rapho, Paris: 30,1–5,7; 38; 44,2–5; 45,2,5; 46,1; 56,1; 57,5; 75,1,3; 93,1; 108,2,4,5,7,8 – R.E.A., Paris: 25; 29,1 – René Robert, Paris: 21,2; 22,2 – Achim Rothacker, Aix-en-Provence: 11,6; 45,6 – Rowohlt Verlag, Hamburg/Brétécher: 91; 102 – Klaus Schachtsiek, Düsseldorf: 11,5 – Hubert Sigros, Paris: 92,6; 93,2 – SOPEXA, Zürich: 73 – Ed. de Vecchi, Paris: 52,1 – Verley, Montrouge: 36 – Les Verts – Fédération écologiste bretonne, Rennes: 115,2 – WWF-Suisse, Genf/Panda Nouvelles V/1986: 115,4 – Thomas Zörlein, Stuttgart: 20,1; 22,5,6,8

Umschlagfoto: R. Truchot, Explorer, Paris.